과도한 부

과도한 부 Überreichtum

초판 1쇄 인쇄　2021년 7월 29일
초판 1쇄 발행　2021년 8월 5일
—

지은이　마르틴 쉬르츠
옮긴이　권오용
펴낸이　이방원
편　집　정우경·김명희·안효희·정조연·송원빈·최선희·조상희
디자인　손경화·박혜옥·양혜진　　**영　업**　최성수

펴낸곳　세창미디어

　　신고번호 제2013-000003호　주소 03736 서울시 서대문구 경기대로 58 경기빌딩 602호
　　전화 02-723-8660　팩스 02-720-4579　이메일 edit@sechangpub.co.kr　홈페이지 http://www.sechangpub.co.kr
　　블로그 blog.naver.com/scpc1992　페이스북 fb.me/Sechangofficial　인스타그램 @sechang_official
—

ISBN　978-89-5586-684-1　03320

ⓒ 권오용, 2021

ÜBERREICHTUM

과도한 부

마르틴 쉬르츠Martin Schürz 지음 | 권오용 옮김

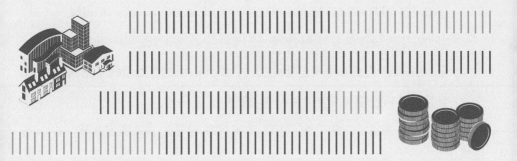

세창미디어 MEDIA

'과도한 부'라는 제목은 혼란스럽다. 지나치게 부유하다는 것은 무엇을 뜻할까? 부유함에 도덕적 잣대를 들이댈 수 있을까? 과도하지 않은, 마땅한 부유함이 있는 것일까? 이렇게 꼬리를 무는 여러 가지 의문이 이 책의 출발점이 되고 있다. 저자인 쉬르츠는 '얼마나 버는가'의 문제보다는 '얼마나 가지고 있는가'의 문제가 더 중요하다고 역설한다. 경제적 불평등에서 소득불평등보다 자산불평등의 정도가 훨씬 크기 때문이다. 그러나 자산과 관련된 논의는 시작부터 불충분할 수밖에 없다. 세계 각국에서 자산에 대한 믿을 만한 자료를 얻을 수 없기 때문이다. 가난한 사람들의 경우 사회보조금을 받기 위해, 또는 일반적인 은행이자보다 조금 더 할인된 금리로 대출을 받기 위해 온갖 종류의 자산심사를 거치며 그들의 자산정보를 낱낱이 보고해야 하는 데 비해, 자산가들은 단순히 누가 어떤 자산을 얼마나 가지고 있는지와 같은 아주 기초적인 정보조차 확인할 수 없는 것이다. 이러한 상황에서는 자산분배에 대한 건설적인 논의가 불가능하다.

이러한 문제의식에도 불구하고, 부에 대한 명확한 자료를 확보하려는 시도는 사생활에 대한 국가권력의 침해라는 주장 앞에 정치적인 동력을 잃고 번번이 실패하고 있다. 여기서 우리는 부가 이성이 아닌 감정과 깊은 관련을 맺고 있음을 알 수 있다. 저자는 경제학자이자 심리분석가인 자신의 전공을 십분 활용하여 부와 관련된 감정에 대한 논의를 이어 간다. 우리는 감정의 문제를 개인적인 것으로 오해하곤 하지만, 과거 신분제 사회에서 '명예'라는 감정이 귀족계급에만 해당되던 것이었음을 상기한다면, 감정이야말로 사회적인 것이다. 즉 명예로움을 누구나 추구할 수 있게 된 것도, 인간의 천부적 평등을 위한 싸움에서 얻어 낸 사회적 전리품 중 하나인 것이다. 사실 이렇게 복잡한 이야기를 하지 않아도, 우리는 이미 부유함이 감정적인 문제와 연관되어 있음을 알고 있다. 주머니에 돈이 있다는 것만으로도 사람들은 자신감이 넘치는 경험을 하게 된다. 반대로 돈이 부족하면 괜히 움츠러들고 자존감이 위협받는다. 이 원인은 우리가 살아가는 사회가 부유한 사람이 대접받는 곳이기 때문이다. 부유한 사람들에게 사회적 수치심이 주어지지 않는 사회이기 때문에 그들은 탈세를 '국민 스포츠'인 것처럼 스스럼없이 이야기하며 웃을 수 있는 것이다.

그러나 저자는 부유함 자체를 공격하려 하지 않는다. 과도한 부와 관련하여 저자가 지적하는 것은, 과도한 부라는 것은 사치스럽거나 과시적인 소비와는 관련이 없다는 것이다. 사유재산권이 기본권인 사회에서 부의 소비방식은 그 소유자의 권리에 해당한다. 오히려 중요한 것은 그 부가 어디서 비롯되었는가이다. 개인이 평생을 근면 성실하게 살아오며 일군 재산과 타인을 착취하면서 획득한 재산은 구분되어야 한다는 것이다. 무엇이 '마땅한 부'인가에 대한 의견은 다양할 수 있지만, 부의 분배상황에 대한 정확한 자료가 없이는 건설적인 논의를 이어 가기 불가능하다.

저자는 이 복잡한 문제에 대한 대안으로 생각해 볼 만한 사례로서 미국에서도 거의 잊혀 가던 정치인 휴이 롱을 소환한다. 그는 "우리의 부를 나누자"라는 슬로건으로 활동했던, 루스벨트의 강력한 경쟁자로서 자산보유의 최대 한계치를 설정하였다. 개인이 보유할 수 있는 자산의 최대치는 그 보유자의 증손까지 별일 없이 풍족함을 누릴 수 있는 수준으로, 자산순위 상위 0.1퍼센트에 해당한다. 그러나 전체 사회 구성원의 99.9퍼센트가 평생 만져 볼 수도 없는 수준의 자산이라도 여전히 사회의 다수는 이에 대한 과세에 반대하는 입장을 보인다. 사람들은 이 거대한 부에 대해 '나도 언젠가 그렇게 되고 싶다'는 희망의 감정을 품고 있기 때문이다. 이러한 상황에서는 자산의 형성과정에 재산 보호, 규약, 관습, 계약 신뢰도 등 특정한 사회적 조건이 필요하기 때문에 사유재산 속에는 '정당한 사회의 몫'이 있다고 아무리 주장해 보아야 아무런 현실적인 대책을 세울 수 없다. 자산에 대한 과세에 특히 격렬하게 반대하는 집단이 감정적 측면에서 가장 취약한 중간계급이라는 저자의 분석은 의미심장하다. 중간계급은 상류계급이 될 수 있다는 희망과 하류계급으로 전락할 수 있다는 두려움이라는 이중의 감정에 시달리는 사람들로서, 이 중간계급의 설득에는 여러 감성적인 장치들이 필요하다. 루스벨트의 뉴딜이 완전한 형태는 아니지만 실현될 수 있었던 것도 중간계급의 감성을 자극하는 여러 캠페인의 역할이 컸던 것이다. 그러나 감성은 일관된 정책수단으로 실현되기에는 너무도 변화무쌍한 것이다. 그렇기 때문에 저자는 칸트가 제시하는 인간존엄의 측면에서 과도한 부 문제를 바라볼 것 또한 제안하고 있다.

이 책이 제시하는 대안이 무조건 옳다고 할 수는 없을 것이다. 그러나 저자의 제안에 동의하기 어렵더라도, 편중된 부에 대한 올바른 논의가 사회적으로 일어나기 위한 선결조건으로서 명확한 자산자료의 확보를 제시해 준 것은 이 책이 높이 평가되어야 할 이유이다. 실제로 경제적 불평등에 대한 책은 많지만, 보통 소득불평등을 다루고 있었다. 소득의 경우 소득세에 대한 과세자료 등이 존재하기 때문에 확인이 가능하지만 자산불평등의 경우 그 정도와 사회에 끼치는 악영향이 한층 더 심각함에도 불구하고 정확한 자료가 없어 제대로 논의될 수 있는 기회조차 없었다. 이 책은 자료의 한계 때문에 불충분했던 경제적 불평등에 대한 논의를 활성화시키는 데 기여할 수 있을 것이다.

이 책은 부유함이라는 딱딱한 주제를 다루고 있지만, 고대, 중세, 근대를 아우르는 여러 철학자들과 문학가들을 소환하여 부유함을 주제로 이야기를 나누는 것도 충분히 즐거운 경험이 될 수 있음을 우리에게 보여 주고 있다. 이 흥미로운 책을 번역할 수 있는 기회를 주신 세창미디어 김명희 선생님과 정우경 선생님께 감사드린다.

2021년 7월 대전에서
권오용

🔵 차례

일러두기

◆ 이 책은 2019년 독일 Campus Verlag GmbH에서 출간된 마르틴 쉬르츠 Martin Schürz의 *Überreichtum*을 번역한 것이다.

◆ 책 끝의 주와 참고문헌은 모두 원서의 것이다.

◆ 번역문에서 '[　]'로 표시된 보조문의 내용은 단어와 문장 및 문맥에 대한 옮긴이의 추가이다.

'과도한 부'라는 말은 어색한 단어다. 고대 그리스 철학자인 플라톤은 '과도한 부자'라는 용어를 품행이 올바르지 못한 부자라는 뜻으로 사용하였다.[1] 오늘날에는 경이로움을 담아 '초부자'라는 용어가 사용되고 있는데, 여기서 과거 플라톤의 비판적인 개념은 상실된 상태이다. 이 책은 21세기의 극적인 재산 집중 현상을 조금 더 잘 이해하기 위해 이 '과도한 부'라는 애매한 개념을 새롭게 규정하고자 한다.

불평등한 사회질서를 정당화하는 과정에서 과도한 부자들은 항상 많은 상상력을 발휘해 왔다. 그러나 과도한 부는 개인의 도덕적 실패가 아닌 국가질서의 문제로 다루어졌다. 이 경향은 전체 사회에 영향을 끼쳤는데, 왜냐하면 과도한 부는 정의원칙을 훼손하고 민주주의를 위협하기 때문이다. 이 책의 주요 주제는 다음과 같다. 무엇이 민주주의 체제에서 과도한 부자들의 높은 사회적 지위를 보장하는가? 그리고 이 책의 가설은 다음과 같다. 재산집중에 아무런 조치를 취하지 않는 경멸의 정치 이외에도, 부자들에게 유리한 감정정치가 과도한 부자들의 높은 사회적 지위에 기여했다. 감정정치의 측면은 매우 과소평가되어 왔다. 왜냐하면, 감정의 영역에는 정의원칙과 경제적 이해에 적용되는 다른 구분선이 존재하기 때문이다. 정의와 불의, 부와 가난 등의 구분에서 볼 수 있듯이 정의와 경제는 모두 이분법적인 특성을 가지고 있다. 그러나 질투, 탐욕, 또는 분노와 같은 것들은 모든 사람들이 동시에 가지고 있는 것으로, 이 감정에는 부자와 가난한 사람의 차이가 없다. 21세기의 과도한 부자들은 자신의 사회적 특권을 정당화할 때 자신들이 미덕을 갖고 있음을 공공연히 연출한다. 그들은 자신을 공감능력이 있고 아량이 넘치는 사람으로 포장하며 민주시민들은 이러한 모습에 감탄한다.

특히 일부 자산가의 박애주의는 넘치는 아량과 공감능력을 그 중심에 세운다. 이로써 자산가는 착한 자산가와 악한 자산가로 나누어진다.[2] 자산가들의 선행은 대부분의 경우 환영받고, 악한 부자는 파렴치와 방종으로 비난받는다. 부자가 자신의 부를 도덕적으로 구분하는 전통은 고대 시절까지 거슬러 올라간다. 플라톤은 과도한 부자를 수치스러운 것으로 보았고 아리스토텔레스는 부자의 소유욕을 비난하였다. 일반적으로도 탐욕은 지난 수백 년간 부의 사악한 뿌리로 낙인찍혀 왔다.

그러나 부자에 대한 비판은 더 포괄적이고 면밀하게 될 수도 있다. 1925년 발표된 소설 『부잣집 아이*The Rich Boy*』에서 프랜시스 스콧 피츠

제럴드는 "진짜 부자들에 대해 이야기해 볼게요. 그들은 저나 당신 같은 사람들이 아니에요. 그들은 소유하고 즐기는 인생을 일찍부터 누리고 이것이 그들을 변화시키죠. 우리가 거칠게 나가는 일에서 그들은 부드럽게 대하고, 우리가 낙관적인 지점에서 그들은 냉소적이죠. 그들의 방식은 부유함 속에서 태어나 보지 않은 사람들은 이해하기 어려워요. 그들은 마음속 깊은 곳에서부터 우리 같은 사람들보다 무언가 더 우수하다는 확신을 가지고 있어요. 우리 같은 사람들은 어떻게 하면 우리 삶을 일구어 나갈 수 있을지, 우리 삶을 손해 보지 않고 유지할 수 있는지 시간을 들여 발견해 나가야 하지만, 이들은 그럴 필요가 없거든요. 그들은 우리 같은 사람들의 세상에 깊숙이 들어오거나 심지어는 우리 아래로 몰락할 수도 있겠지만, 그럼에도 불구하고 스스로를 우리보다 더 우수하다고 믿을 거예요. 그들은 확실히 다르니까요."[3]

부유함은 사회적 명망을 동반한다. 경제학의 아버지인 애덤 스미스는 1766년에 출간된 자신의 주저 『국부론』에서 다음과 같이 확언하였다. "부자의 명망은 물론 모든 시대에 걸쳐 존재했던 사회에서 높았지만, 특히 상스러운 시대에 더욱 높았다. 왜냐하면 이러한 시대에는 의미심장한 자산불평등이 나타나기 때문이다."[4] 이 문장은 현재에도 들어맞는다. 전 세계 인구에서 가장 부자인 사람들의 자산은 나머지 모든 인구의 자산을 합친 것과 비슷하다.[5] 그리고 세계에서 가장 부자인 3명의 사람이 미합중국 국민 하위 50퍼센트의 자산을 모두 합친 것과 맞먹는 재산을 보유하고 있다.[6] 자산가들은 조세피난처를 이용한 세금 회피전략도 나머지 다른 사람들보다 훨씬 더 쉽게 이용할 수 있다. 이 과도한 부자들의 세금을 줄여 주는 업무는 하나의 독자적인 산업 부문으로 발전하였다.[7] 또한 대기업의 시장지배력은 심상치 않은 수준으로 증가하고 있다. 몇 개의 거대 기업이 이익의 대부분을 독점한다. 이 승자가 세계의 대부분을 차지해 버리는 경향은 심지어 2019년 IMF 세계경제보고서에서 문제 삼을 정도로 심각하다. 소득불평등이 심화되고 있으며 자산집중이 전 세계에서 극단적으로 나타나고 있다.

스미스의 1759년 저작 『도덕감정론』에서는 오늘날 부유함이라는 주제의 복합성을 이해하는 데 도움이 될 수 있는 도덕심리학적 고찰들을 발견할 수 있다. 특정한 감정들은 과도한 부를 유지하는 데 도움이 된다. 스미스는 많은 사람들이 보이는 한 감정적 경향을 언급한다. 즉 "돈 있고 힘 있는 사람을 경외하고 거의 신과 같이 섬기며, 가난하고 힘 없는 사람들을 경멸하거나 최소 냉대한다"[8]라는 것이다. 스미스는 부자가 도덕적인지 사악한지 여부는 중요하지 않다는 것을 알고 있었다. 이보다 더 중요한 것은 대부분의 사람들은 가난한 사람보다는 주로 부자를 숭배한다는 점이다. 이들의 분노도 너무 많은 것을 가진 소수의 사람들보다는 너무 적은 것을 가진 다수의 사람들에게 향하게 된다. "우리는 세계에 존재하는 존경이 가득한 관심이 지혜롭고 도덕적인 사람들에게 향하기보다는 부자와 높은 신분에 있는 사람들에게로 향하는 것을 종종 보게 된다. 우리는 힘 있는 사람들의 죄악과 멍청함이 죄없는 사람들의 가난과 허약함보다 훨씬 더 적게 혐오의 대상이 되는 것을 본다."[9]

과도한 부자의 방탕함에 대한 분노의 도덕감정은 그러나 부자와 가난한 사람을 가르는 구분점은 물론 아닐 것이다. 테오도어 W. 아도르노Theodor W. Adorno는 그의 책『한 줌의 도덕』에 실린 "미덕을 비추는 거울Tugendspiegel"이라는 짧은 글Aphorismus에서 "선한 존재로서 부유함이란 세계를 접착시켜 주는 경화제의 한 성분이다. 이 동일성이라는 끊어 내기 힘든 허상은 도덕관념이 부자가 옳다는 규칙과 갈등하는 것을 방지하며, 동시에 부자들로부터 동떨어진 또 다른 도덕적인 것의 구체적인 규칙들이 구상될 수 없도록 만든다."[10]

경제적 관점에서 부유함은 사실 미덕이나 죄악이 아니라 단지 자산에 대한 정확한 통계적 측정과 간명한 분석 등과 관련이 있는 것으로 보인다. 자산 관련 통계자료의 경제학적 분석은 부가 형성된 원인을 찾고 부가 경제성장과 금융안정성에 어떠한 영향을 끼칠지를 탐구한다. 최근에는 불평등에 대한 수많은 경제분석들이 이루어졌다.[11]

사회학에서는 문제의 초점이 권력 문제에 놓인다. 과도한 부자들은 권력을 동원하고 자신이 사는 사회에 영향력을 행사한다. 거대한 자산 집중은 법인세 감면이나 민영화, 조세피난처의 방치, 허약한 경쟁 유발 정책, 금융자유화, 규제철폐 및 완화 등과 같은 정치적 과정에 의해서 가능했던 것이다. 1980년대 이래 공적 자산은 급격히 감소하였으며 사적 자산은 증가하였다. 토마 피케티Thomas Piketty와 가브리엘 주크먼Gabriel Zucman은 몇몇 산업국가에서 자산이 소득보다 훨씬 더 중요해졌다는 사실을 발견했다. 1970년대에는 가구당 자산이 국민소득보다 2-3배 정도 높았는데, 2010년에는 이미 4-6배까지 상승했다는 것이다.[12]

재산소유자와 과거 형성된 자산의 무게는 증가하고 있으며 이미 존재하는 자본에 비해 소득은 의미를 잃어 가고 있다. 일단 형성되어 존재하게 되면 자본은 자기 자신만의 동학을 가지고 움직인다. 미국에서도 유럽에서도 지도자급 정치인들은 증가하는 불평등한 자산분배에 눈길을 돌리지 않았다. 자산집중이 사회에 끼치는 부정적 영향의 증거가 수많은 사회과학 저서에서 나타났음에도 불구하고,[13] 이러한 종류의 불평등에 대응하기 위한 대책들은 거의 터부시되었다.

　누가 무엇을 벌어들이는가, 그리고 몇몇 사람들이 그렇게 많은 것을 가지고 많은 사람들은 그렇게 적게 가지는 것이 정의로운가 하는 의문은 부유함에 대한 규범적 이해를 필요로 하고 과도한 부라는 주제로 우리를 이끈다. 대부분의 철학자들은 일종의 재분배가 필요하다고 역설한다. 과도한 부에 대한 비판은 그러나 단순히 정의원칙에 입각한 것만일 수 없다. 종종 우리의 판단규준은 경험에 기반하고 분위기에 영향을 받으며 감정에 의해 휩쓸리게 된다.

　수많은 사람들이 고작 하루 1달러로 생계를 유지해야 하는데 일부 소수의 사람들이 수백억 달러의 자산을 소유하고 있는 상황은 그 어느 누구도 감정적 동요를 전혀 느끼지 않은 채 받아들일 수 없다. 분노, 낙담 혹은 경외감 같은 것들이 드러나게 된다. 대다수 사람들의 일상생활 속에서는 철학적으로 공정한 물적자원의 분배가 아니라 사회적 지위를 놓고 벌어지는 갈등, 정의롭지 않다는 느낌, 경멸 같은 것들이 중심에 놓이게 된다. 이러한 갈등들은 물질적 의문들을 넘어서서 개인 전체와 연관되고 과도한 부에 대한 태도에 영향을 끼친다.

자유정치이론가인 주디스 슈클라Judith Shklar는 그의 책『불의에 대하여』에서 정의 문제에 초점을 맞추는 것은 사회비판을 위한 아르키메데스식 기초를 구성하는 것이 아니라고 지적한 바 있다. "불의의 치료제가 없는 이유는, 설사 매우 분별 있는 시민이라 해도 그것을 원하지 않기 때문이다. 이는 우리가 정의롭지 못한 것이 무엇인가에 대해 통일된 답을 가지고 있지 않기 때문이라기보다는 불의를 유발할 수 있고, 또 유발하는 평화와 평온을 포기할 준비가 되지 않았기 때문이다."[14]

이에 따르면 부유함이 정의로운가, 정의롭지 않은가는 결정적인 질문이 아니며, 평온이 불의를 유발하는가라는 질문이 지속적으로 나타날 것이다. 만약 가난한 사람들이 부자들에게 경외하는 자세로 호의를 보인다면, 자산집중 현황을 측정하고 그 원인을 경제적으로 연구하며 부유함의 불의함을 비판하는 것만으로는 충분하지 않다. 인간 본성에 대한 합리주의적 관점의 반대편에는 의심이 자리하고 있다. 과도한 부에 대해 사람들은 매우 상이한 도덕감정들을 일으킨다. 감정정치 또한 과도한 부자들의 사회적 특혜를 받아들이는 분위기에 의미 있는 영향력을 행사한다. 엘리트와 정치는 특정 역사적 단계에서 몇몇 감정들을 바람직한 것으로 규정하고 나머지를 기각하였다. 그리하여 질투나 분노 같은 적대감정이 고무되기도 하고, 다른 시대에는 동정심이나 공감이 강화되기도 했다. 이와 반대로 감정의 분류는 기존에 주어진 범주화 기준을 따라 이루어졌다. 질투나 미움 같은 부정적 감정은 보통 가난한 사람들에게 죄악의 형태로 귀속되었고, 관대함과 동정은 과도한 부자들에게 미덕의 형태로 귀속되었다.

특정 자산기준을 넘어선 사람은 과도한 부자가 될 수 있다. 과도하게 부유하다는 개념은 누군가가 너무 많이 가졌다는 판단을 포함한다. 이 너무 많이는 특정한 자산의 크기와 질적으로 연관된다. 그러나 사람들이 자신의 자산에 기반하여 정의원칙을 훼손하고 민주주의를 위협하며 다른 사람들을 경멸하게 되면, 이들 또한 과도한 부자가 된다. 민주주의는 정치적 평등의 원칙이 적용된다. 역사적으로 정치적 평등과 경제적 불평등 간에는 항상 긴장관계가 있어 왔다. 그러나 과도한 부는 정치적 평등의 이념을 그 근본부터 파괴하고 정치의 불평등한 응답성이라는 전형적 구성으로 이끈다. 정치는 부자가 아닌 대부분 사람들의 소망보다는 과도한 부자와 관련된 문제에 더 적극적으로 반응한다.[15] 최신 경험연구들에서 확인된 사실은 애덤 스미스의 『국부론』에서 나온 판결과 상응한다. "시민 정부가 사유재산의 보호를 위해 들어선 이상, 이 정부는 실제로 부자들을 가난한 자들로부터 보호하기 위해, 혹은 사유재산 소유자를 무산자로부터 보호하기 위해 들어선 것이 된다."[16]

부유함에 대해서 이야기를 시작하면 곧 숫자에 대한 질문이 들어온다. 얼마부터가 부자인가? 오스트리아에서 진행된 한 가계 표본조사에서 응답자들은 80만 유로의 자산부터 부자라고 답했다.[17] 이 정도의 자산으로는 과도한 부자라고 할 수 없을 것이다. 물론 언제부터 부자가 과도한 부자가 되는지에 대해서도 숫자로 대답할 수 있을 것이다. 그러나 여기서 나온 숫자가 무엇이든, 5억 유로이든 10억 유로이든 간에 그 대답은 맹렬한 토론을 발생시킬 것이다. 일부 사람들에게는 1천만 유로 정도가 너무 많은 것으로 보이지만, 또 다른 사람들에게는 1억 유로의 기준선도 하찮게 보이거나, 혹은 개인의 정당한 자유를 부당하게 구속하는 것처럼 느껴진다.

통계자료만으로는 부의 문제를 명확히 할 수 없다. 부의 문제는 그 규범적 차원 속에서 바라보아야 한다. 부자들은 단순히 자원만을 더 가지고 있는 것이 아니라 더 많은 기회 또한 가지고 있다. 자산이란 사유재산에 기초한 일종의 가능성을 의미하는 것이다. 독일 사회학자 게오르크 지멜Georg Simmel은 자신의 저서 『돈의 철학』에서 자산은 무엇인가를 가능케 하는 것이라고 지적했다. 부자는 "그가 무엇을 하는가뿐만 아니라 무엇을 할 수 있을 것인가"로 영향력을 행사한다.[18] 재산은 권력을 준다.

"부자는 자신의 돈이 구체적으로 가져다줄 수 있는 향유의 정도를 넘어서는 혜택을 누린다. 상인은 가난한 사람보다는 부자와 더 신용 있고 더 저렴하게 거래한다. 그의 부유함을 통해 이득을 취하는 사람뿐만 아니라 모든 이들이 가난한 사람보다는 부자들에게 더 싹싹한 태도를 보인다. 물어볼 필요조차 없는 우대로 가득 찬 이상적 공간이 그를 감싼다."[19]

황금의 20년대를 기록한 미국 작가 마크 트웨인은 이처럼 자산이 대접받는 경향을 한 짧은 이야기의 주제로 삼았다. 두 명의 부유한 기인이 백만 파운드짜리 지폐 한 장이 가난한 사람 한 명의 삶에서 무엇을 이끌어 낼지를 놓고 내기를 걸게 되는데,[20] 곧 실제로 눈에 보이는 자산이 다른 사람들에게 끼치는 영향이 엄청나다는 것이 드러난다. 내기 대상이 된 사람은 [두 기인이 빌려 준 백만 파운드짜리 지폐를 보여 주는 것만으로] 저녁식사를 공짜로 대접받고 어디에서나 따뜻한 환영을 받으며, 마지막에는 심지어 한 부유한 상속녀의 손을 잡게 된다. 그는 대영은행이 발행한 백만 파운드짜리 지폐에서 단 한 푼도 사용할 필요가 없었다. 그의 부유함을 인지하는 것만으로도 사회적 혜택들이 주어진 것이다.

과도한 부가 사회에 끼치는 단점은 명확하다. 이는 부자에게 사회적 혜택을 줌으로써 민주주의를 지속적으로 위협한다. 미국 철학자 존 롤스John Rawls에 따르면, "자유의 가치는 모두에게 평등하지 않다. 누군가는 더 많은 권력과 부를 가지며, 그에 따라 자신의 목표를 달성하는 데 있어 더 많은 가능성을 가진다."[21] 사회 속에서 자산이 넓게 퍼져 있지 않기 때문에 "사회의 한 작은 부분이 경제, 그리고 간접적으로 정치 또한 조종하는 것"[22]을 방지할 수 없다.

과도한 부는 사회적 결속을 파괴한다. 노벨경제학상 수상자인 앵거스 디턴은 "만약 부자들이 규칙을 만들 수 있다면 우리는 정말로 심각한 문제에 직면하게 된다"라고 말한다.[23] 과도한 부자들의 수단과 영향력은 선거운동 지원에서부터 로비와 정당 자금 지원, 문화적 헤게모니를 넘어 일상생활에서 이루어지는 다층적 배제 메커니즘에 이른다. 과도한 부는 거대한 정치적 영향력 행사의 가능성을 내재하고 있다. 여기서 우리가 눈으로 확인할 수 있는 형태는 오직 과도한 부자들이 정치적으로 중요한 지위를 획득하는 것뿐이다. 그러나 보다 더 근본적인 것은, 이미 1980년대부터 세금체계와 한계세율이 부자들에게 유리한 방향으로 강화되었다는 사실이다. 과도한 부자들의 권력은 의결 민주주의의 가능성들을 제거해 버린다. 부와 민주주의에 대한 합리적 토론은 거의 형성될 수 없다. 셀 수 없이 불의를 경험한 가난한 사람들의 목소리는 아무도 들어 주지 않고 지식인 엘리트들은 권력의 그림자 안에서 논쟁한다. 이 논쟁의 대부분은 자산분배에 대한 만족스러운 자료를 제시하지 못한 채 진행된다.

과도한 부에 대한 감정들

오노레 드 발자크Honoré de Balzac의 소설 『고리오 영감』에서 뉘싱겐 남작부인 델핀은 으젠 라스티냐크에게 말한다. "돈과 감정을 서로 결합시키는 게 끔찍하지 않나요?"[24] 그녀는 양자 간의 공생 이외에는 다른 것을 상상할 수 없었던 것이다.

감정은 부유함에 대한 처신에서 무시할 수 없는 역할을 한다. 부자에 대한 존경은 나머지 사람들의 개인적 이해관계를 넘어서는 것이라고 이미 18세기 스코틀랜드의 철학자이자 경제학자인 데이비드 흄 David Hume이 주장한 바 있다. 우리는 부자들이 우리에게 실현시켜 주는 여러 안락함들뿐만 아니라, 우리의 환상 속 부유함이 부자들에게 가져다주는 쾌락에 대해서도 관심이 있다. 우리의 상상 속에서는 행복, 쾌적함, 권력과 모든 소망의 충족 등이 생겨난다.[25] 우리는 부자들을 존경을 다해 대하면서 부유함을 상상할 때 무엇보다도 "넘치는 잉여, 만족, 깨끗함, 단아하게 꾸며진 친절한 가정의 따뜻함과 사려 깊은 대접, 그리고 무엇보다 탐나는 요리와 음료, 옷"[26] 등을 떠올린다. 흄은 "우리가 부자들에게 갖는 존경은 그들이 소유한 혜택과 쾌락에 대한 공감에서 유래한다"[27]라고 본다. 그에 따라 "부에 대한 공익적이지 않은 존경심"[28]이 나타난다.

그러나 어떤 감정들은 부를 획득하는 데 있어 전략적으로 쓸모가 있는 것으로 드러난다. 부자들은 "오두막보다는 궁전에서 배를 더 잘 채울 수 있고 잠을 더 건강히 잘 수 있다고 믿는가?"[29] 스미스의 관점에 따르면 그들은 그렇게 생각하지는 않지만 궁전은 작은 집보다는 훨씬 더 뽐내기에 적합하다. 토머스 홉스 또한 전략적 계산과 눈에 보이는 자산 사이의 연관을 찾아냈다. 그는 1651년 자신의 주 저작인 『리바이어던』에서 다음과 같이 말했다. "부는 너그러움 및 권력과 결합되어 있는데, 왜냐하면 부는 하인과 친구를 마련해 주기 때문이다. 너그러움이 없는 부는 권력이라 할 수 없는데, 왜냐하면 그런 부는 그것에 대해 시기, 질투하는 사람을 막아서지 않고 고무하기 때문이다."[30] 관대함은 부자로 하여금 그의 부를 유지할 수 있게 해 줄 것이다. 시기, 질투는 부를 위협할 수 있다.

현재 자선은 특히 미국에서 사회적으로 인정된 부의 지배적인 기본 규격이다. 박애는 대외적 전시를 위해 조성된 공감을 만들어 낸다. 애덤 스미스는 자신의 『도덕감정론』에서 동정심을 주요 주제로 삼았다. 공감은 무조건 가난한 사람과 관계있을 필요는 없으며 부자에 대해 일어날 수도 있다. 스미스의 추측에 따르면 부자의 매력은 불평등한 사회질서를 안정화시킨다. "사람들이 부자 및 권력자의 격정에 참여하고자 희망하는 경향에 기초하는 것은 그러나 신분의 구분과 사회의 질서이다."[31]

탐욕, 인색함, 교만은 철학의 역사와 문학 작품에서 종종 도덕적인 것으로 표현된다. 그러나 이 불편한 특징들뿐만 아니라 다정함, 겸손, 공감 또한 과도한 부자에게 부여되어 왔다. 바로 이 감정들은 자산을 지키는 데 있어 중요하다. 피상적으로 보았을 때 공감이나 다정함 같은 환영의 감정들이 한 측면에 있고 질투나 분노, 탐욕 같은 평판이 나쁜 감정들이 이와 구분된다. 그러나 좋은 감정과 적대감정의 이분법은 너무 단순한 것이다. 왜냐하면 인간의 감정이란 보통 다의적이고 다층적이기 때문이다.

부자와 가난한 사람 사이에 굳어진 사회질서를 바꾸고자 하는 사람은 무엇보다 우선적으로 다음과 같은 점들을 이해해야 한다. 즉 자산집중이 어떻게 인식되는지, 과도한 부자에 대해 어떠한 감정들이 부여되는지, 이 작은 집단에 어떠한 미덕과 죄악이 귀속되는지를 이해해야만 한다. 부에 대한 고찰은 부자의 탐욕을 지탄하거나 그들의 관대함을 찬미하거나 가난한 자들의 시기, 질투를 비난하는 데 그치는 경우가 너무나 많다. 이는 몹시 피상적인 방식이다. 탐욕 없는 부[독일 좌파당 당수인 자라 바겐크네히트Sahra Wagenknecht가 2016년에 출간한 책의 제목이기도 함]는 탐욕스럽게 증식하는 부보다 덜 훼손적인가? 관대한 부자들은 인색한 자산가들보다 자산보유세 도입과 관련된 사회적 사안들에 있어서 더 협조적인가?

이 두 질문에 대한 대답은 모두 '아니오'이다. 우리의 초점은 과도한 부를 획득하는 데 있어서 특정한 감정들이 갖는 기능적 성질에 맞춰져야 한다. 한 가지 예를 들자면, 명예란 본디 배제적이고 귀족적인 감정이었으나 20세기에 들어 그 의미를 상실하였다. 그러나 오늘날까지도 과도한 부자들에게 공경이 바쳐지고 있으며, 그들에게 영광을 돌리는 일이 비일비재하다.

——————— 미덕과 죄악

과도한 부는 자산에 기반한다. 본래 자산의 반대말은 무산이 아니라 무능이었다. 그러나 무능은 개인적 책임과 무책임에 대한 사회적 단죄와 깊이 관련되어 있었다. 무능은 가난한 사람들에게 적용되었다. 무산이라는 개념이 고정소득이 충분히 높을 경우 일종의 걱정 없는 라이프스타일을 가능케 한다면, 무능은 사람을 부끄럽게 만든다. 부 개념에 도덕적으로 내포된 의미에 대해 애덤 스미스는 다음과 같이 말했다. "우리는 영어로 한 부유한 사람을 가리켜 비싼 값을 한다고 표현하고 가난한 사람들을 싸구려로 표현한다."[32]

스미스는 자산가들의 높은 사회적 지위에서 출발한다. 개인의 자산은 존엄 같은 것과 마찬가지로 그에 대한 침해에 맞서 지켜 내야 하는 것이다. 애덤 스미스에게 있어 사유재산권은 자유권과 분리 불가능한 것이다. "세계 속에서 편안히 살아가기 위해서는 모든 경우에 우리의 존엄과 지위를 지키는 것이 필수적인 것과 마찬가지로 우리의 생명 또는 자산을 지키는 것이 필요하다."[33]

플라톤에게 과도한 부는 미덕을 행하는 데 있어 방해가 되는 것이었다. 덕이 있는 사람—플라톤의 사고에서는 오직 남자만을 의미하는데—은 결코 과도하게 부유할 수 없는 것이다. 플라톤에게 과도한 부자의 인성적 결함은 그의 부족한 미덕에 기인한다. 삶의 진정한 행복은 "끊임없이 부유함을 추구하는 것이 아니라, 부와 정의, 사려 깊음을 연결시키는 데 있다."[34] 플라톤은 극단적인 빈곤과 과도한 부 중간에서 인간이 게을러지거나 되는대로 살지 않는 정도에 도달하는 것을 선호했다. "한 도공이 부자가 된다면, 너는 그 사람이 전에 해 오던 것처럼 자신의 기술에 전념할 욕구를 느낄 것이라고 생각하느냐?"[35]

오늘날에도 공적 토론에서는 종종 과도한 부자들에 대한 미담이 언급되곤 한다. 미덕은 사회적 책임이나 관대함같이 그들의 사회적 인식을 드높인다. 이는 정치가 사회 속에 존재하는 거대한 자산 차이를 정당화하는 데 투여하는 노력을 절약해 준다. 이렇게 정치는 부자들의 낮은 세금 부담을 정당화하기 위해 과도한 부자들의 칭찬할 만한 이야기를 소환할 수 있다. 즐겨 사용되는 한 의미론적 구분은 예를 들어 독일 연방정부의 빈곤과 부에 대한 보고서에서 찾아볼 수 있다. 사람들은 "부자를 자산가와 구분하는 것"[36]을 배워야 한다는 것이다. 부자들이 단순히 자신의 개인적 혜택만을 생각한다면, 자산가들은 공동체를 위해 가치 있는 일을 한다는 것이다. 이에 따르면 부자는 비도덕적으로 행동하며 자산가는 수익지향적임에도 불구하고 공동체의 행복을 추구한다. 이 덕성이 바로 자산가와 부자를 가르는 결정적인 요소인 것이다.[37] 이 관점에서는 도덕적 부자와 악덕 부자라는 내적인 구분선을 따르고 있다.

의미 있는, 이른바 덕이 있는 삶을 찾고자 하는 이러한 노력은 부유한 사람들의 자서전에서 종종 중요한 역할을 한다. 수많은 자산가들의 아마도 가장 유명한 모범은 미국의 거대 산업가인 앤드루 카네기 Andrew Carnegie일 것이다. 그는 공공의 복리를 지향해야 한다고 선전하였다. "개인주의는 승리할 것이다. 그러나 백만장자는 가난한 사람들의 신탁 관리인으로 기능할 것이다."[38]

부유한 사람들은 자신의 삶 속에서 분명 자산을 늘리는 것뿐만 아니라 삶의 의미를 찾고자 한다. 부가 특정한 수준에 도달하게 되면 존재론적 의미상실의 감정이 생겨날 수 있다. 이러한 부분은 사회과학적 고찰에서 종종 무시되어 왔다. 그러나 이 부분은 수많은 사람들에게 부유함 그 자체가 목표가 될 수 없으며, 오히려 부유함은 다른 목적들을 위한 수단이라는 점에서 중요하다. 이들이 추구하는 것은 부유함을 도구로 해서 좀 더 쉽게 얻을 수 있는 것으로서, 주로 지위, 권력, 명예 같은 것이다. 이 역설적인 동경이 바로 끝없이 부유함을 추구하도록 채찍질하는 동력일 수 있을 것이다. 확실히 소비는 부차적인 기능밖에 하지 못하는 경우가 많다. 대부분의 경우 과도한 부자들의 소득은 이러한 소비를 하고도 남을 정도로 높다.

자산가와 부자를 도덕적으로 구분하는 경향은 헤겔에게서도 발견된다. 그는 1821-1822년에 걸친 강의에서 간결하게 언급하였다. "부유한 천민도 물론 있다."[39] 이들은 "부유함의 힘을 수많은 사람들로부터 빼앗기 위해 사용하며, 이는 다른 이들에게 역겨움을 유발한다."[40] 부유한 천민은 자신의 자산에 의해 무례하고 타락하게 되었으며, 자신에게 모든 것이 허용될 수 있다고 생각한다. "이렇게 부유한 천민은 자신의 순수한 경제적 권력의 자주권을 국가와 국가기관의 자주권에 대치시킨다."[41]

부유함과 관련된 부정적인 인성은 아리스토텔레스에게서도 손쉽게 확인할 수 있다. "바로 부자들은 주제를 모르며 건방지다. 왜냐하면 부의 소유가 그들에게 어떤 방식으로든 영향을 끼치기 때문이다. 그래서 그들은 자신들의 위치에서 모든 산물들을 결집시킬 수 있다고 믿는다. 부는 다른 모든 것들에 대한 일종의 가치측정 기준이 되며 그러므로 모든 것을 부를 가지고 사들일 수 있을 것 같은 인상이 생겨난다." 아리스토텔레스에게는 자립적인 인성이라는 이상과 삶에서 미덕윤리적 입장이 중심적인 것이었다. 그에게는 성격 형성이 인간의 최종 목표가 되며, 부는 그 성격 형성의 정도에 있어서 추가적으로 포함되는 것이었다. 이에 반해 부자들이란 잘난 척하지 못해 안달이 난 사람들인데, "왜냐하면 그들은 다른 사람들이 모두 자신들과 같은 사람들에 대한 시기와 질투로 가득 차 있다고 망상하기 때문이다."[42] 그러나 아리스토텔레스의 설명은 부자들이 다른 사람들의 시기, 질투를 그저 망상한 것만은 아니라는 점에서 생각할 거리를 던져 준다. 그들은 생활 속에서 그럴 만한 느낌을 통해 그런 생각을 하게 된 것이다. 그렇다면 현명한 사람이 부자가 되는 것인가? 그 반대가 아니라?

물론 모든 사람들이 부자의 죄악을 비난의 대상으로 여기지는 않았다. 버나드 맨더빌Bernard Mandeville의 비범한 분석들에 대해 카를 마르크스Karl Marx 또한 경의를 표한 바 있는데, 맨더빌은 자신의 중심적 고찰을 1714년에 출간된 『꿀벌의 우화Bienenfabel』에서 짧고 설득력 있게 요약하고 있다. "사적 죄악, 공적 혜택." 공공의 미덕으로 변신하는 사적 죄악에 대한 맨더빌의 가설은 일부 사람들에게 자본주의 사회의 설립 근거로 여겨지기도 한다.[43]

맨더빌의 도전적인 관점은 덕성이 높은 삶보다 스스로의 죄악을 무분별하게 추구하는 것이 더욱 공공 복리에 복무한다는 것이었다. 이러한 가설은 경제학에서 맨더빌의 역설로 유명해졌다. 당시 영국 사회는 격변에 처해 있었다. 상류시민계급이 귀족에 비해 더 중요하게 되었기 때문이었다. 맨더빌은 당시 사회가 성실하지만 가난한 사람과 향락을 추구하는 썩어 빠진 부자로 나뉘었다고 보았다. 그러나 그는 부자들의 사치지향을 복권시키고 미덕의 명확한 한계를 보여 주었다. "이는 나로 하여금 위대한 인물들의 미덕을 우리가 가진 거대한 중국 항아리에 비교해 보도록 했다. 이 항아리들은 찬란한 외양을 가졌고 그 자체로 대단히 장식적이다. 그 육중함과 가치[가격]에 입각하여 평가하자면, 사람들은 이 항아리들이 매우 쓸모 있으리라고 생각하고 싶을 것이다. 그러나 수천 개의 항아리들 속을 아무리 살펴본다고 해도 그 속에서는 먼지와 거미줄밖에 볼 수 없을 것이다."[44]

죄악은 인성을 타락시킨다. 그러나 죄악은 미덕의 반대말이 아니다.

부유한 박애주의자들의 고매함과 가난한 사람에 대한 동정심은 모두 과도한 부자들이 가진 죄악과도 같은 미덕이 될 수 있다. 양자 모두 무엇보다 과도한 부의 사회적 문제를 덮어 버리도록 돕기 때문이다.

제1장

무엇이
'과도'한가?

약 40년 전 경제학자 존 케네스 갤브레이스John Kenneth Galbraith는 저서 『불확실성의 시대』에서 "모든 계급에서 부자들은 대체로 존중되고 그렇지 않더라도 최소한 분석의 대상이 된다. 이전에도 그러했고 앞으로도 쭉 그럴 것이다"[1]라고 했다. 오늘날 불평등은 사회과학에서 유행하는 하나의 주제가 되었다. 그러나 연구를 위한 경험적 데이터베이스는 여전히 불충분하며, 경제학자들도 부에 대한 지식에 제한적으로만 접근할 수 있다.[2]

독일 대학에서 교수직에 있는 경제학자들은 정기적인 경제학자 패널조사에서 다양한 경제 주제들에 답하고 있다.[3] 2016년 4월에 있었던 조사에서는 다음과 같은 질문이 있었다. "자산불평등이 새로운 밀레니엄 이래 증가했는가?" 이러한 종류의 중요한 질문에 대해서 우리는 자료로 뒷받침되는 답변을 기대하게 된다.

그러나 명확한 판정은 이루어지지 않았다. 정반대로, 전문가들 사이에 상당한 의견 차이가 드러났다. 71퍼센트의 경제학자들은 새로운 밀레니엄 이래로 자산불평등이 증가했다고 답변했다. 나머지는 전혀 다른 의견이었다. 이어지는 질문은 다음과 같았다. "현재 독일의 자산불평등에 대해서 어떻게 평가하십니까?" 이 질문에는 겨우 절반의 경제학자들이 자산불평등 정도가 높다고 답변했다. 이 조사에 참여한 개개인의 학자들이 높다와 낮다라는 평가 항목에 대해 어떻게 생각하는지는 알려져 있지 않다. 몇몇에게는 최고로 부유한 사람들이 전체 자산의 20퍼센트를 소유하는 것이 높게 느껴지겠지만, 또 다른 사람들에게 이 비율은 낮은 것일 수 있다. 그러므로 전문가들의 추정이란 믿을 만한 지식이라기보다는 개개인의 느낌에 불과한 것에 가깝다.

이러한 조사결과는 우리에게 혼란을 준다. 왜냐하면 이것이 학문, 그중에서도 자연과학에 가까운 것에 큰 가치를 두는 학문 분야에서 나온 것이기 때문이다. 자산불평등에 대해서 이렇게 경험적 자료가 부족하고 그에 비해 의견과 확신 같은 것들이 넘쳐 나는 상황, 이 상황이 하나의 학문 분야에서 그저 받아들여지고 있다는 사실은 우리를 놀랍게 한다. 실제로 경제학은 자산분배에 대한 어떠한 종류의 명확한 판단도 주지 못하며, 부라는 주제는 경제전문가들이 객관적인 지식을 가지지 못하는 종류의 주제인 것이다.

부유함보다는 빈곤을 연구하기가 더 쉽다. 왜냐하면 가난한 사람들은 복지국가의 관료제적 파악체계를 벗어날 수 없기 때문이다. 국가는 가난한 사람들의 재산에 대한 필수 정보들을 매우 손쉽게 획득할 수 있다. 국가의 지원을 갈구하는 사람들은 자신의 다양한 자산정보에 대한 조사에 동의한다는 문서를 제출해야 하기 때문이다.[4] 부자들의 경우와는 전혀 다르다.

오직 몇 나라에만 부에 대한 믿을 만한 자료가 존재하며, 그보다 더 적은 수의 나라에서 자산집중에 대해 의회의 요청으로 작성된 공적 보고서가 발행된다. 부의 형성과 사용에 대해서 신뢰성 있는 정보를 가지고 토론을 벌이기란 너무나도 어렵다. 부자들과 그들이 누리는 혜택에 대한 정보에는 접근이 불가능하다. 그래서 부에 대한 학문적 연구는 불충분한 상태에 머물러 있다.[5]

다양한 종류의 장애물들이 부에 대한 연구를 제한시킨다. 충분히 좋은 데이터베이스를 구축하기 위해서는 은행기밀과 함께 국내외의 사유재단들에 대한 정보, 조세회피처에 있는 자산정보 등이 필수적으로 요구된다. 그렇지 않으면 부자들의 자산 규모에 대해서는 단순 추정만이 가능하다. 불만족스러운 자료상태는 부자에 대한 도덕적 분노의 여론을 확산시킨다. 이런 상황에서는 부에 대한 모든 비판적 담론이 믿음, 의견, 권선징악 같은 것이 되어서, 담론에 참여한 사람들의 일상생활에서의 경험이 결정적인 역할을 하게 되는 경우가 많다.

독일 연방정부는 정기적으로 빈곤과 부에 대한 보고서를 발표한다.[6] 지금까지 5개의 보고서가 출간되었다. 이 보고서가 출간된 과정을 살펴보면, 빈곤이라는 주제가 부라는 주제로 확산되는 저항의 과정이 드러난다. 초기에는 빈곤과 부를 하나의 보고서에 함께 다룰 수 없다는 주장이 득세했다. 빈곤은 어느 누구도 바라지 않는 것이며, 그와 반대로 부는 모든 이들의 목표라는 이유에서였다. 첫 보고서에는 빈곤과 관련된 부분이 수백 페이지에 달했는데, 부에 대한 설명에는 겨우 몇

십 페이지만이 할애되었다. 마지막 보고서에는 부에 대한 분석이 증가하고 있지만, 자료의 근거가 불충분한 상태로 남아 있다.[7]

자산자료의 수집이 너무나도 어려운 이유는 자산조사에서 응답자가 고의로 자산의 일부를 누락하거나 거짓 답변을 일삼아도 처벌의 대상이 되지 않기 때문이다. 조사대상자는 조사에 응할지, 하지 않을지 여부를 스스로 결정할 수 있으며, 조사에 응할 때에도 이들의 답변이 자세하고 신뢰성 있으리라고 확신할 수 없다. 우리 사회에서 그렇게 높이 평가되는 투명성이라는 가치가 부를 바라볼 때에는 적용되지 않는다.[8] 부에 대해서는 자료의 투명성이 선호되지 않으며 자료분석은 터부시된다. 오스트리아의 한 기업가 압력단체는 "자산 스트립쇼는 고맙지만 사양합니다"라는 슬로건을 내세웠으며, 전 오스트리아 재정부 장관인 마리아 펙터Maria Fekter는 사생활을 뒤지고 다녀서는 안 된다는 입장을 밝힌 바 있다.[9]

사생활이라는 말 속에는 침해에 대한 여러 가지 두려움이 존재하며, 이 두려움은 부자와 가난한 사람이 공유하는 것이다. 이미 토머스 홉스는 그의 사회계약 개념을 구성하면서 이러한 인간의 불신을 파악했다. 집 안에 거대한 자산이 숨겨져 있을 것이라는 생각은 현실과는 거리가 멀다.[10] 그러나 인간은 사생활 영역에서의 안전을 추구하는 명확한 욕구가 있으며, 이는 굳이 사람들이 보석이나 지폐를 베개 밑에 숨겨 두지 않아도 존재하는 것이다. 사람들의 두려움은 과도한 부자들의 이해관계 속에서 발현될 수 있다. 현실에서는 부가 개인주택보다는 조세피난처에서 더 잘 발견된다. 사람들에게는 적어도 둘 정도의 은밀한 생활이 있으며, 자산은 몇몇 사람들에게 보다 더 은밀한 부분을 구성한다.

오스트리아에서는 2016년부터 이른바 "계좌색인"이 도입되어 이를 근거로 재무 관련 부처가 특정 개인이 은행계좌를 보유하고 있는지 여부를 관련 은행에 요청할 수 있도록 했다. 그러나 은행계좌 거래내역을 들여다보기 위해서는 법원의 판결문이 필요하기 때문에, 2017년에는 겨우 다섯 건의 거래내역 조회가 허가되었다.[11] 조세대상자의 자진신고 내용에 의심스러운 점이 근거를 들어 증명되어야만 계좌 추적을 시행할 수 있다. 이 '증명'을 위해 재무 관련 부처는 지속적인 근거 보강작업을 하게 되는데, 법정에서 명확한 근거가 충분한 정도로 제시되어야 계좌 추적 허가 판결을 기대할 수 있기 때문이다.

1

부의 측정

아리스토텔레스는 『니코마코스 윤리학』 제4권에서 자산을 다음과 같이 정의하였다. "우리에게 돈으로 그 가치가 측정되는 재물이란 모든 것이다."[12] 아리스토텔레스에게 자산은 땅이나 토지에 국한되는 것이 아니었다. "노예, 가축, 금을 통한 부 또한 있을 수 있으며, 혹은 또 다른 종류의 이른바 동산動産이 많은 경우가 있을 수 있다."[13]

오늘날 자산은 유형자산(부동산, 기업, 자동차, 골동품 등)과 금융자산 (예금, 주식, 펀드 등)으로 구분된다. 이 두 부문의 합을 총자산으로 파악 하며, 여기에 채무(소비대출, 부동산 담보대출 등)를 제외한 부분이 가정 의 순자산이 된다. 이 개인 순자산이 부를 통계적으로 측정하는 기초 가 된다.[14] 자산은 물질적 부를 분석할 때 노동소득이나 소비보다 더 중요하다. 노동소득에는 명확한 부침이 있기 때문에 노동소득은 불충 분한 척도이다. 실업은 높은 소득을 단번에 없애 버릴 수 있다. 그리고 자산과는 달리 세습되거나 증여될 수 없다.

사치스러운 소비의 경우에도 그 자체로 부를 측정할 수는 없다. 중 간 정도의 소득이 있는 사람의 경우, 다른 소비를 극단적으로 줄인다 면 스포츠카 한 대 정도는 구입할 수 있다. 그러나 그렇다고 이 사람을 부자라고 할 수는 없다. 이 외에도 엄청난 부를 소유하고 있어도 검소 한 생활을 영위하면서 과시적인 사치, 소비를 거부하는 사람도 있다. 그럼에도 불구하고 그는 부자이다.

부에 대한 사회과학적 개념에서는 자산의 숨겨진 잠재력, 즉 물적 자원의 기초에서 발생하는 가능성의 영역과 자산이 수행하는 기능이 중요성을 갖는다. 몇백, 혹은 몇천 유로 단위의 자산증가는 삶의 전망 에 거의 영향을 끼치지 않는다. 이 정도의 저축으로는 삶에서 발생하 는 위급상황에도 제대로 대처하기 어렵다. 중간 정도의 자산, 예를 들 어 자기 소유의 주택을 하나 가졌을 때에도 실제로 권력을 휘두를 수 는 없다. 사회적으로 높은 지위를 획득했다 하더라도 그다지 눈에 띄

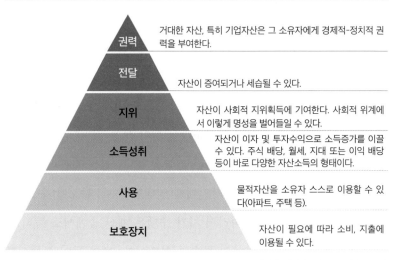

그림 1 자산의 기능

권력 · 거대한 자산, 특히 기업자산은 그 소유자에게 경제적-정치적 권력을 부여한다.

전달 · 자산이 증여되거나 세습될 수 있다.

지위 · 자산이 사회적 지위획득에 기여한다. 사회적 위계에서 이렇게 명성을 벌어들일 수 있다.

소득성취 · 자산이 이자 및 투자수익으로 소득증가를 이끌 수 있다. 주식 배당, 월세, 지대 또는 이익 배당 등이 바로 다양한 자산소득의 형태이다.

사용 · 물적자산을 소유자 스스로 이용할 수 있다(아파트, 주택 등).

보호장치 · 자산이 필요에 따라 소비, 지출에 이용될 수 있다.

참고: 자산의 증가에 따라 가능한 자산의 기능 수도 함께 증가한다.

지 않는다. 그러나 자산분배의 최고 층위에서는 양量이 질質로 전화轉化된다[헤겔의 유명한 말].

〈그림 1〉은 부의 다양한 기능들을 보여 준다. 이 기능들 중 특히 권력과 전달은 오직 과도한 부자들의 세계에서만 결정적인 역할을 한다.[15] 중간층에서는 부동산 재산이 중요한 의미를 갖고, 가난한 사람들에게 부란 긴급상황에 대비할 수 있는 자원이 된다. 그저 자산의 크기만을 바라보게 되면, 이러한 부의 기능 차이를 알 수 없다.[16]

많은 것들의 가치가 돈으로 측정되곤 하지만, 그 자체에서 의미가 생겨나는 것은 아니다. 자기 소유의 집이 가지는 가치는 돈뿐만 아니라 정신적인 가치로도 측정된다. 이와 비슷하게 가족 운영 기업의 가치에는 돈으로 평가되는 시장가치 이외에도 가족 정체성의 의미가 포함되어 있다.

경제-정치 논쟁에서는 자산이 호화 빌라나 성 등으로 설명되곤 한다. 이러한 설명은 부에 대해서 잘못된 방향으로 감정이 잡히도록 하기 쉽다. 모든 자산 부문들을 합친 순자산으로 전체 부를 말하기보다는 부동산 재산 같은 자산의 일부분만을 뽑아 보는 것이다. 그러나 부동산 재산은 주식 같은 것과는 다른 기능을 한다. 집은 기본적으로 집주인이 이용하는 시설이지만 타인에게 임대할 수도, 양도할 수도, 상속할 수도 있는 재산이다. 따라서 자가 주택은 재산 중에서도 특히 다양한 기능을 품고 있는 하나의 특수한 형태이다. 예를 들어 부동산과 펀드는 그 가치가 동일하다 하더라도 서로 근본적으로 다르다. 부동산은 그 집이 부모의 집이든 스스로 지은 집이든 관계없이 모두 인간의 감정과 연관되어 있다. 그러므로 부동산의 매입, 상속, 양도 등은 삶에서 여러 감정이 교차하는 상황들을 만들어 내며, 이 상황들이 집의 가치와 서로 얽혀 있게 된다. 집은 금융자산과는 달리 움직일 수 없는 것이다. 부동산 재산은 삶의 '정착'이나 '지속성' 등과 같은 정신적 가치를 강화한다. 모든 집은 각자의 역사를 가지며, 이 역사는 생활공간으로서, 혹은 (해당 집에서 살기 위해) 감내해야 하는 궁핍으로서 특성을 가진다.

정치는 부동산을 통해 부자와 중간계층 사이에 피상적인 유대를 만들어 낼 수 있다. 모든 사람은 지붕이 필요하다. 이러한 주거생활의 존재론적 차원은 자가와 임대 사이의 차이를 이데올로기적 서사 속에서 뒤섞어 버린다. 이런 방식으로 거대한 성을 소유한 사람과 작은 집을 소유한 사람은 유지비와 관련하여 비슷한 걱정을 갖게 되고 이웃에 대한 비슷한 불만을 공유하며, 후세대 상속을 비슷한 방식으로 우려하게 된다. 부동산은 성 소유자를 가난한 것처럼 보이게 만든다. 모든 자산 등급에서 각 자산에 문제가 있는 것처럼 보이게 할 수 있다. 그러나 부동산 재산에 있어서 작은 집 소유자와 집이 없는 사람, 그리고 과도한 부자의 성 사이에는 엄청난 차이가 있다. ─ 이들이 모두 자가 집에 대한 긍정적인 감정을 공유한다는 점을 제외하면. 그리고 성을 소유한 사람이 갖는 가능성, 즉 성 주변 시골 마을 사람들에게 존중을 받을 수 있고, 지역 정부로부터 [문화재 보호 등을 이유로] 보조금을 타낼 수 있으며, 자녀들을 특혜받은 자리에 앉힐 수 있는 가능성은 사회적으로 기울어진 운동장을 보여 주는 예가 된다. 독일과 오스트리아의 부동산보유자 평균 순자산은 세입자에 비해 약 8배가 높다.[17]

어떤 경우에서건, 자산은 그 물질적인 외형보다 더 가치 있는 것이다. 조너선 프랜즌Jonathan Franzen은 그의 소설 『인생 수정The Corrections』에서 가치와 자산의 차이를 살펴본 바 있다. 칩은 줄리아와 함께 주말을 보내고 싶어 하지만, 그는 돈이 없다. 그래서 그는 자신이 수집한 마르크스주의 관련 서적들을 헌책방에 가져간다. 그러나 칩이 수집한 보물들은 전부 합쳐서 겨우 65달러밖에 받지 못한다. 헌책방에 가져간 책 중 위르겐 하버마스[독일의 철학자]의 영국판 번역서 한 권이 무려 95파운드[약 130달러]나 했었는데도 말이다. 그의 책들은 헌책시장에서 현실화할 수 없는, 일종의 허구적 가치를 가지고 있었던 셈이다. 그럼에도 불구하고 칩은 이 형편없는 가격을 받아들인다. 왜냐하면 "위르겐 하버마스는 줄리아의 길고 서늘한 배나무와 같은 다리를 가지고 있지 않았으며, 테오도어 아도르노(독일의 사회학자)는 줄리아가 가진 어딘가 서글픈 향기의 관능적인 부드러움을 가지고 있지 않았기 때문이다."[18] 그의 책들은 책 주인의 삶 중 특정한 순간에 다다라 그 가치를 상실하였다. 다른 무엇인가가 더욱 중요하게 되었기 때문이다. 육욕이 지성을 몰아냈기 때문에 칩은 자신의 지성적인 보물을 형편없는 가격에 팔아 치웠다. 시장에서 획득 가능한 자산가치와 주관적으로 받아들여지는 가치 사이의 차이를 극적으로 보여 주는 이 사례는 자산 속에는 가격 이상의 것이 숨겨져 있음을 우리에게 보여 준다.

경제적으로 보면, 자산가치 측정에서 시장이 평가하는 허구적인 가치는 자산보유자 스스로가 평가하는 가격보다 더 중요하다. 만약 어떤 특정 지역에서 모든 부동산 보유자들이 그들의 집을 동일한 시간에 판매한다면, 그 집들의 가격은 판매 전 예상했던 것보다 더욱 낮을 것이다.

자산 개념을 명확하게 하는 것이 어렵다면, 위와 같은 고찰은 자산의 관점에서 한층 더 미궁으로 빠지게 된다. 왜 부자들을 단순히 백만장자로 표현하지 않는가? 백만장자의 이미지는 문학과 영상물 속에 익히 잘 그려져 있다. 이 이미지는 각인효과가 있고 암시성을 가진다. 19세기에 "백만장자"라는 단어는 어마어마한 자산을 가진 사람을 의미했다. 1848년 미국에서 가장 부유한 사람은 약 2천만 달러의 자산을 가지고 있었다. 아마도 당시 백만장자는 대략 수십 명에 불과했을 것이다. 이러한 백만장자 개념의 배타적 성격은 이미 오래전에 사라졌다. 현재는 독일에만 100만 명이 넘는 백만장자가 있다. 배타적인 부자들의 집단은 현재 억만장자[10억 달러 이상의 부를 가진 사람]들로 이루어져 있다.

백만장자든 억만장자든 모두 매년 제작되는 여러 종류의 부자 리스트에 올라간다.[19] 그리고 많은 사람들이 이 숫자에 경이로움을 표한다. 억만장자가 몇이나 있는가? 어디에 사는가? 그들의 숫자와 자산이 증가하는가? 그러나 이러한 정보는 아무런 정치적 결과를 이끌어 내지 않는다. 억만장자의 수를 한 국가의 경제적 성공과 연관시키는 거짓말도 있고, 심지어 백만장자와 억만장자의 수가 시간이 지날수록 증가하는 것이 무언가 좋은 일인 것처럼 보여지는 경우도 있지만, 억만장자는 극도로 불평등한 자산분배를 보여 주는 지표일 뿐이다. 오히려 사회정치적으로 중요한 의문은 다음과 같은 것이다. 민주주의 사회가 억만장자와 공존할 수 있을 것인가, 아니면 속으로 곪아 들어갈 것인가?

대부분의 사람들은 10억 유로에 달하는 자산을 도무지 상상할 수 없다. 호화로운 집이나 요트 같은 것을 본다고 해서 그다지 도움이 되지도 않는다. 비슷한 집 100개를 보게 되면 그중에서 어떤 구체적인 특징을 도무지 떠올릴 수 없기 때문이다. 그러나 10억 유로는 우리의 주제인 과도한 부에 근접한 숫자이다. 상위 10퍼센트나 1퍼센트가 아닌, 상위 0.0001퍼센트의 문제이기 때문이다. 독일 전체에서 10억 유로 이상의 부자는 약 8천 명이고 오스트리아에서는 고작 800명에 불과하다. 이 작은 그룹에서는 기업, 주식, 자본소득 등이 결정적인 역할을 한다.[20] 그러나 이는 단지 양적인 접근일 뿐이며 과학적인 구분 짓기라고 할 수 없다. 억만장자들의 집단은 아마 이보다 더욱 작을 것이다.

철학적인 관점에서 이마누엘 칸트는 어떤 사람이 "타인의 행복을 위해서도 넘쳐 나는, 즉 자신 스스로의 욕망을 넘어서는 재력을 가지고 있"을 때 그 사람을 "부자"라고 정의했다.[21] 칸트의 정의에서도 우리는 '넘어선다'는 판단을 찾아볼 수 있다. 사람들이 실제로 무엇을 '너무 많다'고, 그리고 '부'라고 이해하는가는 사람들 자신의 소득수준에 달려 있다. 사람들은 자신의 소득이 많을수록 부자의 기준선을 높이는 경향이 있다. 수백만 유로를 가진 백만장자는 일단 수천만 유로를 가져야 부자라고 생각하고, 가난한 사람들의 경우에는 10만 유로 정도를 가진 사람부터 부자로 지목한다.[22]

부와 과도한 부에 대한 과학적인 정의는 현재까지 내려지지 않고 있다. 은행과 자산관리사들은 부유한 고객들을 위해 자의적인 명칭을 사용한다. 그래서 순자산에서 현재 거주하는 주택의 가치를 제외한 자산이 백만 달러 이상인 사람을 고액순자산보유자High Net Worth Individuals: HNWIs라 칭하고 있으며, 이들보다 더 부자인, 즉 순자산이 3천만 달러 이상인 사람들을 초고액순자산보유자Ultra High Net Worth Individuals: UHNWI로 부르기도 한다. 하필이면 왜 백만 달러와 3천만 달러를 부의 기준으로 잡았는지는 알 수 없으며, 최근까지도 이 기준은 자의적으로 남아 있다.[23]

언뜻 보기에는 부를 가난(소득 중간값의 60퍼센트)에 비교해서 정의하는 것이 합리적으로 보인다. 그러나 이는 그릇된 결론을 유발한다. 부의 기준점을 가난의 규정선에 대칭시키게 되면, 부자의 기준은 매우 낮게 설정된다. 그렇게 되면 부는 소득을 가지고 측정될 것이고, 이에 따라 선생님과 공무원 같은 사람들이 부자에 속하게 되어 결국 부유함은 대중적인 현상이 될 것이다.

그러나 대다수 사람들의 소득이 대부분 노동에서 발생하는 것과는 달리, 부자들의 소득은 투자나 자산임대에서 나오는 자산소득이 대부분을 차지한다. 가난한 사람들에게 물리적 생존이 현실적인 기준선을 의미한다면, 절대적인 부는 심지어 숫자로 표현될 수조차 없다. 오히려 이는 약속과 성취의 양식일 것이다. 부는 무한으로 나아간다. 개인 자산에는 항상 몇 푼의 돈이 더 있을 수 있다. 그리고 오직 과도한 부에 대한 규범적 이해만이 기준선을 정할 때 이유를 댈 수 있다. 개인 자산의 최대 한계선에 대한 고찰은 지금까지 거의 없었다.[24]

빈곤의 경우에는 어느 정도의 소득 이하가 되었을 때 생존할 수 없는가가 중요한 문제이다. 이는 절대 기준선이 된다. 부의 경우에는 이 기준선이 상대적인 문제가 된다. 부의 기준선은 끊임없이 높아질 수 있다. 가난한 사람들의 경우에는 그들이 가질 수 있는 자산의 최대치가 복지국가에 의해 양적으로 정확하게 산출된다. 하르츠-IV[독일의 장기실업급예는 상대적으로 낮은 개인 허용자산 금액을 전제하고 있다.[25] 오스트리아의 경우 사회복지급여를 수령하기 위해서는 보유자산이 단 수천 유로에 불과하다는 것을 증명해야 한다. 자산 증명에서 제외되는 것은 현재 살고 있는 자가 주택과 주택 내부시설이다. 자동차 소유자가 사회급여를 수령하기 위해서는 자동차가 직업상, 또는 신체적 장애로 인해 필수적인 경우를 제외하고 모두 처분해야 한다. 이렇 듯 국가의 도움은 오직 개인적인 자원이 모두 소모된 경우에만 주어져야 한다는 논리가 사회 전반적으로 인정되고 있다. 그러나 흥미롭게도 이 논리는 부자들의 경우에는 적용되지 않는다. 국가가 기업에 대한 대규모의 보조금과 세금혜택 등 여러 형태로 특혜를 주고 있기 때문이다. 대규모 농지에 대한 보조금이나 기간시설 지원금 등은 또 다른 형태의 혜택이다. 간접적으로는 교육 등 노동력을 재생산하는 데 기여하는 모든 종류의 정부 지출은 부자들을 지원하는 정책으로 분류되어야 한다. 문화 분야의 지원금 또한 소득이 높은 사람들의 여가활동을 지원하고 있다. 위에서 언급한 원칙, 즉 개인자산이 소모되어야만 국가가 지원한다는 원칙에 따르자면 자산가들 또한 정부 지원을 받기 전에 개인자산을 전부 처분해야 할 것이다. 그러나 이러한 일은 일어나지 않는다.

자산이나 부와 같은 주제는 불가피하게 규범적인 측면과 얽히게 된다. 이는 경제학에서 사회과학, 심리학, 철학의 성과를 더 강하게 유념하는 것을 의미한다. 하지만 주류경제학은 통계적 방법에 더 초점을 맞춘다. 자산이 가진 지위를 설명하고 시간에 따른 변화를 설명함으로써 규범적 판단이 제거되어야 한다. 그 결과는 예를 들어 다음과 같이 나타난다. 부자는 더욱 부자가 되고, 가난한 사람들은 형편이 나아지고, 중간계층은 파괴된다. 그러나 시간에 따른 변화를 통계적으로 살펴보려는 경향 또한 규범적 질문을 피해 갈 수 없다. 어떠한 방식의 자산분배가 적절한가? 부의 비교 시 어떤 시기를 선택할 것인가? 자산 이

외에 또 어떤 것들을 살펴보아야 하는가?(소득, 지출, 삶의 기회, 웰빙) 그리고 여러 불평등지표들이 서로 다를 때 어떤 지표를 더 중요시할 것인가?

지니계수를 보는 것이 전체 분배상태를 형상화하는 종합적 불평등지수를 살피는 일이라 한다면, 상위 퍼센트를 다룰 때에는 우리의 시선이 위로 향하게 된다. 통계적으로 올바른 상위 1퍼센트라는 것은 존재하지 않으므로, 각국에서 집계된 숫자들은 상호 간의 비교를 거치게 된다. 이러한 방식으로 한 국가의 전체 자산에서 최고 부자들의 자산이 차지하는 비율이 최근 상승했는지 하락했는지, 그리고 최고 부자의 비율이 미국이 더 높은지 유럽이 더 높은지 등을 확인할 수 있다. 그러나 무엇보다도 확실한 판단을 위해서는 어느 정도가 적정 비율인지 미리 정하는 것이 필요하다. 자주 사용되는 지니계수는 분배 이외의 분야에 대해서는 취약성이 있으며, 특정 지니계수는 비록 OECD 국가들 간의 비교에서 높고 낮음을 드러내기는 하지만, 무엇이 이 불평등지수의 적정값인지에 대한 인식 없이는 그다지 많은 것을 알려 주지 않는다.

앞서 살펴본 과도한 부에 대한 플라톤식 접근이 명시적으로 규범적이라면, 통계적 접근방식은 함축적으로 규범적이다. 데이터는 부에 대한 논의과정에서 종종 중요하지 않은 것으로 여겨지며, 오히려 그 데이터의 구조가 문제시된다. 도덕적 가치, 경제적 이데올로기, 개인적인 신념 등이 부의 개념 이해에 있어서 중요한 역할을 하는 것이다. 부와 관련된, 부유함에 호의적인 수많은 메타포들이 존재한다. 그중 하나는 이른바 수직적으로 만들어진 프레임이다.[26] 여기서 자산가들은 위쪽에 위치한다. 또한 통계적으로도 그들은 더 좋은 위치에 있는 사람들이다. 이들은 상위 퍼센트를 유지하고 핵심 부분을 차지한다. 위에는 항상 부자들이 있고 아래에는 항상 가난한 사람들이 있다. 부의 집중을 보여 주는 그래픽들도 이러한 방식으로 그려진다. 눈에 명시적으로 보이지는 않지만, 여기에는 항상 초부자(슈퍼리치)가 있지 절대 과도한 부자가 존재하지 않는다. 이에 상응하는 경제적 가치설정은 부자가 경제성장에 기여한다는 것인데, 왜냐하면 그들이 투자하고 노동력을 이용하기 때문이다. 가난한 사람들은 사회복지에 의지하거나, [독일에서 노동자 대신 널리 쓰이는] '일자리 수혜자Arbeitnehmer'라는 용어의 괴상함이 가리키는 것과 같이 일자리를 차지한다. 그러나 실제로는 노동자들에게 그들이 노동한 결과로 얻어지는 성과를 주는 것이고 부자들은 노동의 성과를 이윤의 형태로 가져간다.

유럽 각국 중앙은행 연합이 매 3년마다 유럽 지역을 대상으로 시행하는 사적 자산에 대한 가계조사(가계자산 및 소비조사)에서 오스트리아의 응답자들은 자신의 자산이 사회 어디쯤 위치하는지 스스로 예상해 보라는 질문을 받았다.[27] 이 예상은 실제 자산 통계와 비교되었고 생각하는 것과 실제 위치 사이의 차이가 얼마나 되는지 살펴볼 수 있게 되었다.

이 조사에서 부유한 사람들은 자신을 부유하다고 보지 않으며, 중간계층 정도로 생각한다는 점이 드러났다. 그들의 예상은 실제 자산분배 구조와 모순되는 것이다. 부자들은 부유해지면 부유해질수록 더욱 자

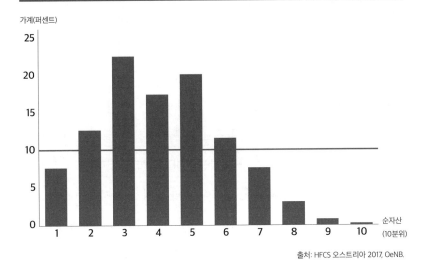

그림 2 자체 예상한 순자산 분포(자체 예상한 순자산 10분위상의 위치)

가계(퍼센트)

순자산
(10분위)

출처: HFCS 오스트리아 2017, OeNB.

신을 부자로 받아들이기를 주저했다. 〈그림 2〉에서 나타난 상위 10퍼센트의 예상치는 잘못 추정된 것이다. 실제로 자산분배상 오스트리아 상위 10퍼센트에 속한 사람들 중 그 어느 누구도 자신이 상위 10퍼센트에 속한다고 하지 않았다. 잘못 예상한 몇 사람을 제외하면 위 그림에서 상위 10퍼센트는 텅 빈 공간으로 남아 있다고 할 수 있다.

사람들이 분배에 대해 가지고 있는 이미지는 사실과 합치하지 않는다. 국민들은 자산분배 상황을 실제보다 더 평등하게 생각한다. 그들은 자산집중의 정도를 과소평가하고 있다. 그러나 국민들이 자산분배에 관하여 조금이나마 알게 된다고 해도, 이들은 부의 합리적 정당성에 의문을 던지거나 국가에 부를 재분배하라는 요구를 할 수 없다.

그러나 자산집중에 대한 정확한 통계적 지식이 없어도, 국민들이 조금이라도 더 평등한 자산분배를 보다 좋아하는 것은 사실이다. 상위 계층이 사회적 부 중에서 어느 정도를 가져야 하는가라는 질문에 대해 오스트리아 국민들은 가장 부유한 가구들이 국가 총자산의 12퍼센트 정도를 차지하는 것이 좋다고 답했다. 실제로는 이 작은 그룹이 전체 국가자산의 31-34퍼센트를 차지하고 있다.[28] 평등한 분배는 최고의 부자들이 총자산의 1퍼센트를 차지하는 것을 의미할 것이다. 자산상의 평등은 아무도 원하지 않는다. 심지어 좌파 정당을 지지하는 사람들조차도 평등한 사회가 아니라 조금 덜 불평등한 사회를 추구하고 있다. 이러한 실증적 발견은 우리에게 어느 정도의 불평등은 사회적으로 수용된다는 것을 보여 준다.

2
미국의 부와 유럽의 부

부자들의 자산이 국가 전체 자산에서 차지하는 비율을 살펴보면, 사회에서 그들이 갖는 위상을 알 수 있다. 일반적인 통계적 측정 변수는 상위 퍼센트이다. 상위 10퍼센트, 상위 5퍼센트, 상위 1퍼센트 등이 바로 그것이다. 이 중 특히 흥미로운 작업은 상위 0.1퍼센트(천분의 일)나 심지어 0.01퍼센트(만분의 일)를 분석하는 것이다. 이 분석을 위해서는 국민자산에 대한 완벽한 자료가 수집되어야 한다. 하지만 이 자료는 자산세가 부과되는 모든 국가에서 구할 수 있는 것은 아니다.[29] 가구조사 방법은 표본수가 적어서 오답률이 높을 수 있다. 예를 들어 3천 개의 표본수를 가지고 상위 0.1퍼센트의 비율을 조사하려고 한다면 겨우 3개의 표본만을 이용할 수 있을 것이다.

최고 부자들이 국가 총자산에서 차지하는 비율은 우리를 과도한 부라는 주제로 이끈다. 부자들의 케이크 조각이 큰지, 작은지를 판정하기 위해서는 다른 기준들을 염두에 두어야 한다. 정의원칙은 부자는 부유하고 자산가는 많은 자산을 가진다는 동어반복적 인식에 만족하지 않도록 해 준다. 이러한 기능을 하는 것은 정의원칙 이외에도 도덕적 판단, 의견, 감수성 등이 있다. 부는 사람들에게 양가적인 감정적 반응을 일으킨다. 어떤 이들은 경이로움을 느끼거나 질투심을 품게 되며, 다른 이들은 심지어 증오를 표출하기도 한다. 예를 들어 2016년도 미국에 565명의 억만장자가 있다는 정보가 주어진다고 해서 논란의 여지 없이 확실한 하나의 사회적 결과가 도래하는 것은 아니다. 2019년 포브스가 발표한 명단에 따르면 전 세계에 2,153명의 억만장자가 있다. 이들의 자산을 합치면 87억 달러에 달한다.[30] 이 자산의 액수는 많은 이들에게 정말 많다는 느낌을 줄 것이다. 그러나 이 액수가 너무 많은지, 그렇지 않은지는 확실하게 이야기할 수 없다.

최고 부자들이 국가 총자산에서 차지하는 비율을 볼 때에는 다양한 예상치들이 동원된다. 이 중 가장 신뢰할 만한 수치는 세계 소득 데이터베이스World Income Database: WID의 것이다.[31] 세계 자산순위 상위 1퍼센트(대략 4천 5백만 명)는 평균 3백만 유로의 자산을 소유하고 있다. 이는 세계 전체 인구 평균자산의 50배가 넘는 액수이며 전체 세계 총자산의 약 50퍼센트를 차지한다.

세계에서 가장 부자인 0.1퍼센트(대략 450만 명)는 평균 1천만 유로의 자산을 소유하고 있으며, 이는 전체 세계 총자산의 20퍼센트를 차지한다.

세계에서 가장 부자인 0.01퍼센트(대략 45만 명)는 평균 5천만 유로의 자산을 소유하고 있으며, 전체 세계 총자산의 10퍼센트를 점유하고 있다.[32]

세 명의 억만장자가 미국 전체의 가난한 인구 절반이 가진 것과 비슷한 액수의 자산을 보유하고 있다는 사실은 도덕적인 스캔들에 해당한다.[33] 그러나 이러한 상황을 극복하기 위한 경제적-정치적 목표 같은 것은 존재하지 않는다. 국가정책 시행을 위해서 경제지표를 위한 제한선들이 정확하게 표기되곤 한다. 예를 들어 유럽연합은 국가부채와 적자예산을 판정하는 수렴판정 기준을 제시한다. 이 외에도 인플레이션이나 실업률 등과 관련해서는 정확하지 않은 목표치를 경제정책적으로 내세우기도 한다. 이러한 추정치는 예상치 못한 경제변화를 효과적으로 회피하는 데 도움을 준다. 자산분배에 대해서는 이와 같은 일이 일어나지 않는다. 지금까지 미국에서나 유럽에서나 정치는 올바른 불평등의 정도와 관련한 수치를 제시한 적이 없다. 그러므로 자산분배는 기본적으로 자연스러운 경제활동의 결과인 것으로 여겨졌다.

표 1 미국과 유럽의 부 관련 자료

	미국	유럽연합	독일	프랑스	오스트리아
HFCS & SCF					
연도	2016	2014	2014	2014	2017
상위 10%의 [자산] 비율	77.1	51.2	59.8	50.7	56.4
상위 1%의 [자산] 비율	38.5	18.6	23.7	18.7	22.6
지니계수	0.86	0.69	0.76	0.68	0.73
80/20 대비	106.8	41.2	109.7	32.3	38.6
90/중간값	12.2	4.8	7.7	4.7	6.3
중간값(1,000€)	97.3 (1,000 USD)	104.1	60.8	113.3	82.7
포브스 2018/19					
부자 1위	Jeff Bezos	Bernard Arnault	B. Heiser & K. Albrecht	Bernard Arnault	Dietrich Mateschitz
소득원/회사	아마존	LVMH	슈퍼마켓	LVMH	Red Bull
추정 자산(십억 USD)	112	72	30	72	19

출처: Household Finance and Consumption Survey 2014 und 2017, Survey of Consumer Finances 2016, Forbes-The World's Billionaires 2018/2019

특정한 자산분배가 시장을 통해서 일어났으며, 정치는 분배가 끝난 이후 세금정책을 통해서 사후적으로 개입하는 것처럼 보여졌다. 그러나 실제로 부와 과도한 부는 사유재산보호와 상속권을 포괄하는 특정한 정치적, 제도적 틀 안에서 형성된 것이다.

〈표 1〉은 국가 간의 차이가 거대하다는 것을 보여 준다. 국가 간의 자산 차이는 불평등도 측정지수인 지니계수나 상위 자산가 비율 등을 통해 비교 가능하다. 표에서 알 수 있듯이 미국은 전 유럽보다 높은 수치를 가지고 있다. 80/20 대비지표는 자산순위 하위 80퍼센트의 가구

가 상위 20퍼센트보다 얼마나 더 많은 자산을 가졌는지를 보여 주는데, 이를 살펴보면 독일이 미국에 비해 앞서 있지만, 이 숫자의 크기가 크다고 해서 국민들이 분배 문제를 수용하는 자세가 더 전향적인 것은 아니다. 미국의 지니계수 0.86에 비해 독일의 지니계수가 0.76이라는 사실이 무슨 의미가 있는가?

여기에 적용될 수 있는 한 가지 대안은, 신장지표를 통해 자산불평등을 살펴보는 것이다. 오스트리아인의 평균 키는 1.71미터이다. 오스트리아 인구의 절반은 다른 절반보다 키가 크며, 다른 절반은 키가 작다. 이 방식을 자산에 적용시켜 보면, 오스트리아 가구 총자산의 중간값은 8만 3천 유로이다. 이것으로 가구자산을 비교해 보면 자산의 차이가 더욱 엄청나게 나타난다. 상위 10퍼센트는 중간값에 비한다면 다이빙대와 같은 높이를 보여 주며, 상위 1퍼센트는 빈 도나우타워[오스트리아에서 가장 높은 건축물로 높이 252미터]의 꼭대기 정도의 높이에 도달한다. 이와 같은 단순 정보조차도 국민들 간에 거대한 자산 차이가 있음을 보여 준다.

그러나 과도한 부자는 자발적 응답에서는 도저히 발견할 수 없다. 각종 경제잡지에서 발표한 부자순위에서 추가적인 자료를 뽑아 보면, 과도한 부자의 자산 액수는 인구 평균자산을 평지로 잡았을 때 2천 미터가 넘는 산이 된다. 심지어 부자순위에 있는 사람들을 합치면 800킬로미터가 넘어 인공위성의 높이에 도달한다. 그렇다면 가히 난장이와 거인의 차이라고 할 만한 자산 차이 속에서 보통 사람들은 거부들과 어떠한 상호작용을 하고 있는가? 독일에서도 상황이 비슷하다. 평균자산을 평지로 삼았을 때 자산 상위 1퍼센트는 노이슈반슈타인성의 가장 높은 첨탑 정도의 높이이며, 1억 유로를 보유하게 되면 추크슈피체산[2,962미터로 독일 최고봉의 산] 꼭대기에 도달한다.

실증주의적 경향을 가진 경제학자라면 위 자료에 대한 규범적인 가치판단을 거부할 것이다. 그는 자산분배에 대해 이 자료가 스스로 말하도록 내버려 두어야 한다고 할 것이다. 그러나 자료는 말하지 않는다. 연구자들은 항상 자신의 숨겨진 가치판단에 맞추어 선별적으로 해석하고 발표한다. 그러므로 규범성은 자료를 다루는 활동에서 필연적으로 나타난다. 자산집중에 대한 자료는 과도한 부에 대한 직접적인 정보를 주는 것이 아니며, 경제-정치적 행동강령을 내포하고 있는 것도 아니다. 가치판단에서 벗어나게 되면 무엇이 부유함인가를 정의할 수 없으며, 부유함을 나타내기 위해 어떤 지표를 사용해야 하는지도 알 수 없다. 아무리 여러 가지 측정지수를 사용하더라도 연구자는 가치판단으로부터 벗어날 수 없다. 그러므로 연구자의 작업 기저에 깔려 있는 규범성을 드러내는 것이 필요하다. 이와 관련하여, 과연 과도한 부가 유용한 규범적 개념인지는 앞으로 더 논의하게 될 것이다.

3

과도한 부의 측정

과두정치 체제에서는 극소수의 국민이 과도하게 부유하고 대다수는 극빈층에 머물게 된다. 플라톤은 이러한 국가체제를 "재산에 기반한 지배"로 불렀다. 이 체제는 실제로는 하나가 아닌 두 개의 국가를 의미한다. 즉 "각자 가난한 사람들의 국가와 부자의 국가에 머물지만, 실제로는 같은 거주공간을 공유하는 부자와 가난한 사람이 지속적으로 싸움을 벌이는" 것이다.[34]

플라톤은 이러한 국가가 전쟁에 제대로 대비할 수 없을 것이라 보았다. 가난한 자들에게 무기가 주어지면 부자들은 외부의 적들보다 이 사람들을 더 두려워하게 될 것이기 때문이다. 그러나 플라톤은 과도한 부를 이것과는 다른 이유를 들어 거부하였다. "부와 빈곤이 서로 낯선 공동체에서는 가장 좋은 신념을 찾을 수 있다. 오만함도 불의도 없고 시기도 질투도 없을 것이기 때문이다."[35] 빈곤은 위기를 통해 인간의 영혼을 망치고, 비참은 인간을 파렴치하게 만든다. 이에 비해 부는 그 넘쳐흐르는 풍요로 인간을 파괴한다.

플라톤은 이상적인 국가에서 양적으로 적당한 부와 빈곤의 관계를 찾고자 했다. 그는 가난한 사람들에게 최소한의 토지소유를 보장하는 방안을 주장하였다. 그리고 이에 만족하지 않고 토지소유의 한계치도

설정하였다. 플라톤의 표현에 따르면, 입법자는 "두 배, 혹은 세 배, 또는 네 배의 획득을 허용"해야 한다.[36] 그리고 이 자산의 한계치를 넘어서는 모든 상황에 대한 규칙도 만들었다. 누군가 증여나 발견을 통해 자산소유 한계치를 초과하게 되면, 그 자산 초과분은 국가에 귀속되어야 한다는 것이다.

증여와 그 과세에 대해 오늘날에도 자주 등장하는 문제가 있다. 자산의 증가와 사적인 자산이동을 어떻게 통제해야 하는가? 국가는 사람들이 선물을 주고받는 것을 어떻게 알 수 있는가? 플라톤이 이 어려운 질문을 현실적이고 효율적으로 풀어냈다. 염탐행위에 대한 상금을 내걸어 스파이를 사용하자는 것이다. 네 배를 초과하는 자산금액의 절반을 법률 위반사항을 신고한 사람에게 주는 것이다. 플라톤은 이 염탐행위를 거침없이 주장하면서 다음과 같이 개진했다. "땅이 없는 사람이라도 공적 감시를 위해 자신이 가진 모든 것의 명단을 담당 관청에 제출해야 한다. 그렇게 되면 법률로 제정된 담당 관청은 돈과 관련된 모든 문제에 대한 법정투쟁을 더욱 쉽고 투명하게 처리할 수 있다."[37]

플라톤은 자산소유의 한계를 낮게 유지하고 법률 위반 시 금융 제재를 단행하는 것과 부의 사회적 통제를 위한 보상금의 도입을 주장했다. 오늘날에는 누군가 사유재산 관계를 조사하려 하거나 이를 자율적인 설문조사의 형태로 만들려고 한다면 부자들의 협조가 필수적이다. 부자들이 자신의 재산을 솔직하게 드러내 주어야만 관련 자료의 신뢰성을 확보할 수 있는 것이다. 조사자는 조사대상자의 대답이 신뢰할만한 것인지를 확인하기 위해 부동산 재산의 크기나 질적인 가치 등을 검증해 볼 수 있다. 이 부분에서 사적 영역의 가치와 공적인 자료를 만들고자 하는 이해관계가 충돌하게 된다. 금융자산의 경우에는 이러한 제한된 통제 가능성마저 존재하지 않는다. 플라톤은 공적으로 접근 가능한 자산명단을 만들어 투명성을 확보하고자 했다. 이 방식은 현재에 도입하기에는 정치적으로 너무 급진적이다. 그리스의 경우 2019년 현재까지도 부동산 재산관계에 대한 토지대장이 존재하지 않는다.

전체 인구의 자산관계를 연구할 때는 투명성이 허용될 것이다. 사회-정치적 분석을 위해서는 빈곤과 부를 관계적인 관점으로 다루는 것이 기본이다. 맨더빌은 이 관계를 다음과 같이 냉소적으로 표현했다. 즉 "가장 안전한 부는 중노동을 감수하는 무수히 많은 가난한 사람들에게서 탄생한다."[38]

관계적인 사회전망은 한 사회의 사회적 분배 마지막 지점에서 발생한다. 우선 사회의 극단을 탐색해야 사회적 지도를 체계적으로 표시할 수 있다. 이와 반대로 중간계층을 부자와 비교하거나 미심쩍은 초부자들을 일반적인 부자와 비교하는 것은 사회의 일부분을 자의적으로 재단하는 것에 불과하다.

단순한 진단의 의미를 가진 발견, 즉 부자는 너무 많이 가지고 있다는 말을 하기 위해서는 어느 정도가 너무 많은 것인지를 우선 밝혀야 한다. 학문이 이러한 판단을 의식적으로 거부하는 것은 통계적인 부주의의 결과가 아니다. 부가 적절한가, 과도한가의 여부는 통계기법으로 표현되는 불평등지수로 확인할 수 없는 문제이다. 이러한 판단에는 이해관계, 가치, 감정 등이 개입하며, 그에 따라 명확한 경계선이 주어지지 않기 때문에 과도한 부에 대한 합리적인 사회-정치적 논쟁이 어려워진다.

부는 과거부터 받아들여져 온 것과는 달리, 빈곤의 반대말이 아니다. 왜냐하면 부의 차원은 무한하기 때문이다. 부의 윗부분은 열려 있다. 가난한 사람들이 극단적인 경우에는 굶어 죽어 가는 와중에 부자들은 항상 조금씩 재산을 불려 간다. 이 부 개념이 가진 무한성의 차원은 부를 통계적 관점으로 파악하는 데 어려움을 준다. 과도한 부 개념은 이 내재된 불확정성을 일반적인 부 개념보다 더 잘 파악하고 있다. 또한 부는 자신의 물질적 측면 이외에도 비화폐적 측면을 가지고 있다. 많은 사람들은 부를 만족과 행복의 동의어로 이해한다. 과도한 부 개념은 이 숨겨진 긍정적 가치를 거부하며, 따라서 빈곤의 적절한 대립 개념이 된다.

과도한 부에 대한 구체적인 대응방안은 정치에서 나오며, 역사적으로 보아서도 과도한 부와 관련된 제안은 경제학자보다는 정치가의 몫이었다. 미국 민주당 상원의원이었던 휴이 롱Huey Long은 1936년 개인 자산의 최대치를 5천만 달러로 제한할 것을 주장하였다.[39] 그는 이미 1천만 달러만 있어도 자녀를 부양하고 이어서 손자녀들까지 부양하는 데 충분하다는 설득력 있는 근거를 제시했지만, 곧 거대한 정치적 반대에 직면했다. 1972년, 역시 미 민주당 대통령 후보였던 조지 맥거번George McGovern은 50만 달러 이상의 상속에는 100퍼센트의 상속세를 부과해야 한다고 주장했다.[40] 그러나 1970년대에도 상속에 대한 진보적인 과세체계는 과반을 획득하지 못했다.

과도한 부에 대한 자산한계를 설정하는 대신, 우리는 부자들이 사회에 기여하는 바를 생각해 볼 필요가 있다. 부자라는 칭호를 획득할 만했던 사람은 아마도 과도한 부자가 아닐 것이다. 그러나 "이런 말은 도덕적이지도 않고, 아주 고상한 단어로만 할 수 있는 이야기이지만, 기여와 미덕이 아닌, 부와 높은 신분 그 자체가 우리의 존경을 이끌어 낸다. 우리는 그들이 이 존경을 거의 항상 받을 것이라는 점을 인정해야 한다."[41] 아마도 부자들은 다른 사람들이 갖는 이러한 양가성을 스스로도 느낄 것이다. 왜냐하면 부는 부자들 자신에 의해서 종종 상대화되기 때문이다. "저는 풍요롭게 살기는 하지만 부자는 아닙니다." 이와 같은 구분을 통해 우리는 부자를 간접적으로 알 수 있다. 왜냐하면 자기는 그저 풍요롭게 살 뿐이라고 주장하는 사람들 대부분은 그들의 자산 상황을 살펴보면 부자이기 때문이다. 그러나 부자는 교묘하게 자신을 사회의 중간쯤에 위치시키려 노력한다. "특정 종류의 성향과 생활방식을 가지고 있다고 주장할 수 있는 한 … 상징적으로 모두에게, 심지어 5천만 달러를 가지고 있어도 중산층이라고 할 수 있다는 점이 특히 놀랍다."[42]

이는 "부"라는 단어를 부자들이 즐겨 사용하지 않는다는 점을 보여준다. "나는 과도하게 부유하다"라는 말을 하는 사람은 이보다 더 드물다. 어떤 과도한 부자가 솔직하다면, 그는 자신의 생활양식을 비판적으로 바라보면서, 자신이 너무 많은 내구소비재를 가지고 있다고 인정할 수는 있을 것이다. 부자가 자신이 부유하다고 인정하는 순간 그는 자신이 부유한 이유를 다른 사람들에게 설명해야 한다. 자신의 부를 부인함으로써 부자는 사회적 정당화 압력을 약화시킬 수 있는 것이다.

부자의 재산이 눈에 보일 때 그에 대한 역겨움은 부를 연구하는 사람들도 느끼고 있다. 뉴욕의 매우 부유한 사람들과 여러 차례 인터뷰를 진행했던 미국 사회학자 레이철 서먼Rachel Sherman은 다음과 같이 말한다. "나는 내 인터뷰에 응한 사람들의 신원을 남들이 알 수 없도록 했지만, 그들이 나에게 보여 준 신뢰를 침해당했다고 느낄 것이라는 점이 아직도 우려스럽습니다. 왜냐하면 그들은 재판받고 있다고 느끼거나, 그들의 개인적인 감정과 투쟁이 예상하지 못한 방식으로 여기에서 밝혀졌다고 느낄 수 있기 때문입니다."[43]

아마도 바로 그렇기 때문에 부에 대한 경제학적 연구는 사실과 가치의 구분이라는 실증주의적 이상에 집착하는 것으로 보인다. 노조친화적인 독일경제연구소Deutschen Instituts der Wirtschaft: DIW는 다음과 같이 논한 바 있다. "확실히 우리는 사치세 및 부유세 관련 논쟁이 프랑스에서처럼 비생산적이고 불편한 사회적 질투에 관한 논쟁이 되는 것을 방지해야 한다. 정당한 방식으로 부자가 되었고 일자리를 창출했으며 세금을 납부하고 있다면, 누구나 존경을 받아 마땅하며 사치스러운 소비를 즐길 권리가 있는 것이다."[44]

위의 두 인용문구들은 마치 과학적이고 사실에 입각한 것처럼 보이지만, 그 속에는 가치판단이 숨어 있다. 개념을 세심하고 정확하게 정의하려는 데 시간을 들이지 않는 것은 경제학이라는 학문의 근본적인 문제 중 하나다. 경제학은 부에 대한 주관적 가치판단을 과학적 논쟁에서 거의 인정하지 않는다. 그러나 주관적 가치판단은 학문적 근거를 대는 과정에서 일정한 역할을 한다. 누군가 부를 긍정적인 모범으로 받아들인다면, 그는 부유함 속에서 빈곤의 원인을 추측하는 사람이 던지는 질문과는 다른 종류의 질문을 더 중요하게 생각할 것이다. 부자를 능력이 출중한 존재로 보는 사람은 진보적인 자산과세나 분배 같은 문제보다는, 가난한 사람들의 교육수준이나 신념, 태도 등에 더 관심을 둘 것이다.

애덤 스미스는 사람들이 부를 단지 가끔씩만 철학적으로 생각한다는 점을 알고 있었다. 사람들은 어떠한 부가 정당하게 획득되었는지 아닌지와는 상관없이, 그것을 그저 "무엇인가 위대하고 아름답고 고귀한 것으로 올려다보면서 그것을 획득하기 위해서는 모든 노력과 두려움을 감수할 만한 것으로 여기고 부와 연결시키고자 한다. 그리고 이러한 방식으로 자연이 우리를 속이는 것은 좋은 것이다. 왜냐하면 이러한 거짓말은 인간의 성실함을 일깨우고 지속적인 활동을 가능케 하는 것이기 때문이다."[45] 경제학자로서 스미스는 이 거짓말의 기능성을 환영하였다.

이러한 오해가 기초를 다지고 그 위에 집이 지어졌으며 학문이 발달하게 되었다. 과도한 부를 언급하는 것은 스미스에게 아무런 의미가 없을 것이다. 이는 악독한 사치가 국가경제에 미치는 쓸모 있는 점만 보려고 했던 맨더빌 같은 사람에게도 마찬가지이다. 스미스는 부에 대한 탐욕을 도덕적으로 거부하면서도, 동시에 그것이 갖는 실용적 측면을 강조하고 있다.

보수적인 사고 속에서 부는 능력의 표현이며, 다른 사람들이 더욱 열심히 살아가도록 도와주는 자극이다. 그러나 동시에 부는 무조건 경배의 대상이 되지는 않으며, 오히려 보수적 사고는 천박한 재물로부터 정신적으로 거리를 두어야 한다. 비록 그 정확한 기준이 통계적으로 주어지지는 않지만, 적당한 정도의 부는 인정받게 된다. 과도한 부는 이와 같은 보수적 사고에서 적당한 정도를 벗어난 부정적 지점을 내포하게 된다.

"돈에 대한 사랑은 무언가 창피한 것이다. 말하자면 매수를 통해 무슨 일이든 할 수 있게 되는 사람을 상징한다. 이 외에도 돈에 대한 사랑은 결핍의 상징이다. 유복한 사람에게도 마찬가지다."[46] 부자들은 이러한 부에 대한 평가 절하를 감수할 수 있다. 홉스는 다음과 같이 말했다. "부에 대한 평가 절하(살펴볼 만한 것을 제외하고)는 이목을 끈다. 이는 바로 특정한 부에 부족함이 없다는 점을 보여 주는 지표이다."[47]

이와는 달리 해방적 인식 속에서 부는 과도한 부로서 거부된다. 부와 결합된 권력과 정당화될 수 없는 특혜는 사회적 공존을 어렵게 하고 민주주의를 불가능하게 만든다. 다른 이들보다 더 높이 올라가는 것은 인간의 목표로서 널리 일반화되었지만, 그러나 이는 오직 매우 부유한 사람들에게만 좋은 것이다. 부자들은 사립유치원 및 사립학교, 사적 의료보험과 경비원이 순찰하는 안전한 동네 등으로 자신을 다른 사람들과 차별화한다.

그러나 이러한 사람들이 사회적 메커니즘에서 완전히 떨어져 있는 것은 아니다. 테오도어 W. 아도르노는 『역사와 자유에 대한 강의』에서, 그가 이미 어린 시절에 자신이 알던 "부유한 사람들이 자신의 부를 도무지 소비하지 않으려 한다"는 점에 깜짝 놀랐다는 이야기를 하면서, 일종의 "계급규율"이 있어 "평소 이들의 면모와는 전혀 어울리지 않게도 [고대 그리스 시절에나 있었던] 패각추방을 시행"[48]하는 것이 아닐까 추측했다. 여기서 아도르노는 부유한 가문을 주시한다. "록펠러같이 한 사회를 대표하는 인물들은 개신교적 경제윤리를 강하게 내면화한 나머지 자신 스스로가 이미 수십억을 가졌음에도 불구하고 옛날에나 통용되던 예절 이외에는 하려고 하지 않았다. 그것은 자신의 앞을 가로질러 가는 사람들에게 1센트, 즉 10페니히 동전 한 닢을 주는 것이다."[49]

이와 같이 부자들은 자신의 재산에 얽매여 있다. 가장 자유로운 자들의 자유는 아직까지는 부자유한 사회에 의해 제한된다. 이 점은 과도한 부자들이 그들의 자산을 어떻게 대하는지를 살펴봄으로써 더욱 잘 인식할 수 있다.

4
과도한 부의 은폐
vs 가시적 사치

부자의 자산을 숨기는 경우에는 "비밀유지"가 필수적인 것처럼 이야기된다. 사회복지급여 수령자들에게는 이러한 개념이 적용된 적이 없다. 이들과 관련된 정보는 항상 투명하게 공개되어 마치 이들이 사회복지급여 수령자라는 이유로 비밀유지 권리가 없는 것처럼 보일 지경이다. 그러나 실제로는 자산가들도 국가로부터 많은 것을 받는다. 그저 이 사실이 잘 화제가 되지 않을 뿐이다.

자영업자의 소득[근로소득]을 조사하려는 연구자는 심각한 어려움에 직면한다. 자산소득의 조사는 그보다 더 어렵고 금융자산의 경우에는 자료상태가 더욱 심각하다. 부자들의 생활관계에 가까워지면 질수록 자료상태는 더욱 불충분해진다. 가난한 사람들이 개인정보 보호와 관련해서 아무런 도움을 받지 못하는 데 반해 부자들 쪽에서는 아예 자료 자체를 구하기 어렵다. 부자들과 관련된 자료 수집을 위한 비밀유지의 정도, 즉 부자들이 자료 수집에 허용한 기준은 극단적으로 높다. 예를 들어 자율적 가구 설문조사는 수많은 익명화 단계를 거치도록 되어 있다. 또한 조사 내용은 개인정보 보호법에 따라 제3자에게 전달하는 것이 금지된다. 부자들에게는 자신의 자산정보를 숨기는 것이 허용되어 있다. 그렇기 때문에 부에 대한 논쟁에서는 특정한 사람을 지정하는 경우가 없으며 자산순위 상위 퍼센트를 거론하는 것이다. 자산가들은 자신이 부자가 된 과정과 부자로서의 삶을 감동적인 이야기로 포장할 수 있다. 이와 반대로 가난한 사람들의 소득관계는 그들보다 형편이 나은 사람들에 의해 낱낱이 확인된다. 예를 들어 사회복지급여의 구체적인 소비처는 최대한 투명하게 조사되고 있다. 전 베를린 재정위원장 틸로 사라친Thilo Sarrazin은 가난한 사람들이 제한된 돈으로 건강한 삶을 누리는 것이 가능하다고 계산해 낸 바 있다.[50] 반면 과도한 부자들의 자산에 대해 최대 한계치를 설정하고 거기서 발생하는 소득을 사회적으로 유용한 분야에 사용하게 했을 때에도 과도한 부자들의 삶에 결핍이 존재할 것인가의 여부를 측정해 보려는 시도는 현재까지 그 누구도 한 적이 없다.

개인정보 보호의 기울어진 운동장은 부에 대한 학문적 연구에 제한을 가한다. 개인자산에 대한 신뢰할 만한 연구를 진행하기 위해서는 아마도 더 많은 자료의 투명성을 강제하고 잘못된 정보 기입을 처벌하는 국가 차원의 법령이 필요할 것이다. 그러나 이를 위해서는 정치가들이 과도한 부자들의 이해관계에 대적해야 할 것이다.

불평등한 분배는 다른 경우와의 비교를 통해 인식된다. 교육, 노동 혹은 여가생활 등 일상생활 영역에서 사람들 간의 비교는 늘상 일어나는 일이다. 그러나 부자들은 자신을 잘 드러내지 않는다. 그러므로 삶의 기회나 조건 등을 비교하는 것은 거의 불가능하다. 부에 대한 자료는 추상적이며, 외형이 없고, 냄새도 없으며 손으로 붙잡을 수도 없다. 부는 보통 사람이 직접적으로 경험하지 못하는 현상이다. 보통 사람의 친구들 중에는 자산가라 할 수 있는 사람이 거의 없으며, 직장에서나 여가 시간에나 부자를 만나 볼 수도 없다. 부자와 가난한 사람은 간혹 서로 접촉하기는 하지만 겹쳐지지 않는 두 개의 세계에 살고 있다. 그렇기 때문에 사람들은 연출된 부를 바라보고 산만한 양상으로 나타나는 부의 특정한 결과만을 지각한다.

부자들은 대부분 그들의 부를 사용할 때에만 보여 준다. 그들은 자산의 특정한 일부분이나 부를 사용하는 특수한 양식만을 드러낸다. 이

때 눈에 띄는 부동산, 개인 비행기와 요트 등과는 달리, 부의 큰 부분을 차지하는 주식, 채권, 기업지분 등은 거의 드러나지 않으며 숨겨진 채로 있다. 부자의 자산 중 더 큰 부분을 차지하는 기업 및 금융자산은 거의 공개되지 않는 것이다. 기껏 공개되는 것이라고는 고급 자동차와 같이 상대적으로 덜 위험한 것들이다.

미국의 노벨경제학상 수상자인 제임스 미드James Meade는 이와는 달리 거대 자산의 근본적인 특성을 밝혀냈다. 자산가는 협상을 좌우하는 권력을 가지고 있으며, 안전, 독립성, 자유 등이 융합된 감정을 갖고 있다. 이를 미드는 다음과 같이 표현했다. "그들은 돈을 벌기 위해 그들을 필요로 하는 사람들을 향해 손가락을 튕기기만 하면 된다…."[51] 여기서 과도한 부는 재산에서 비롯하는 가능성들임을 엿볼 수 있다.

부가 비도덕적으로 여겨질 때 이 부정적 판단의 흔적은 대부분 사치에 대한 도덕적 평가 절하에서 찾아볼 수 있다. 토머스 모어Thomas Morus의 『유토피아』는 "정신 나간 낭비벽"에 대해 말한다. 이것은 널리 퍼져 있는 것으로 부자에게만 나타나는 현상은 아니다. "귀족의 하인들 사이에서나 기술장인들 사이에서나, 심지어는 농부들까지 모든 신분에서 의복과 관련된 과시적 낭비와 생활에서 과장된 풍요가 퍼져 있다."[52]

부의 기업가적 가능성은 노동력을 살 수 있다는 데 있다. 기업가들은 일자리 창출을 가지고 자신을 정당화한다. 이는 긍정적이지만 또한 비판적인 반응을 일으킬 것이다. 왜냐하면 기업가들의 정당화는 그 반대, 즉 부는 노동의 착취에 기반한다는 주장에 맞서게 될 것이기 때문이다. 크라수스Marcus Licinius Crassus[카이사르와 폼페이우스와 함께 삼두정을 이끈 로마 최대 부호]는 당시 추산된 연 자산소득 1천 2백만 세스테르티우스Sestertius[고대 로마에서 쓰인 화폐 단위]로 약 3만 2천 명의 노동력을 살 수 있었다.[53] 이해를 돕기 위해 설명하자면 3만 2천 명은 로마의 콜로세움을 절반 정도 채울 수 있는 사람의 숫자이다.

부는 언론에서 위와 같은 장면이나 이야기를 통해 연출된다. 부자들의 고전적인 인물사진도 스테레오 타입화되어 있다. 사치스러운 배경 속 멋진 사람, 보석과 샴페인, 빠른 자동차, 요트, 개인 비행기 등. 그러나 샴페인과 굴을 함께 먹는 등의 사치스러운 소비를 통해 부를 보여 주는 것은 부를 부당하게 축소시키는 것이다. 사치는 소비의 가능성을 의미하는데, 이는 중간계층도 그 일부에 접근할 수 있으며, 당장은 못 하더라도 최소한 앞으로 접근할 수 있으리라 희망할 수 있는 수준의 것이다. 이와 달리 과도한 부는 그들만이 독점하는 가능성과 관련이 있다.

부를 표현하는 대부분의 방식은 과도한 부의 가능성이 아니라, 단지 그 양식만을 보여 준다. 이러한 방식은 양가적 감정을 불러일으킨다. 왜냐하면 그 표현방식이 빈곤을 묘사할 때처럼 명확하지 않기 때문이다. 부에 대한 묘사는 병이나 절체절명의 상황을 묘사할 때처럼 역겨움과 혐오를 일으키지는 않으며, 관객의 경이로움이나 질투를 일깨울 수도 있다. 부가 미학적으로 정교한 양식으로 묘사될 때에는, 심지어 긍정적인 인식을 퍼트리기도 한다. 그리고 이미지는 추상적인 데이터보다 사람들의 판단에 더 강하게 영향을 준다. 부의 이미지에서는 사치스러움이 보일 뿐 부는 보이지 않으며, 과도한 부는 더더욱 드러나지 않는다. 그러므로 이 개념들은 널리 퍼져서는 안 된다. 그것은 주로 주식과 기업지분을 통해 형성된 거대한 자산으로서 사치스러운 생활양식을 가능케 하지만, 낮은 수준의 사치는 그리 부자가 아닌 사람들도 경험할 수 있는 것이며 가난한 사람들도 한 번쯤 꿈꾸어 볼 수 있는 것이다. 부와는 달리 사치는 파괴적인 측면을 내포하고 있다. 사치는 기능적일 것을 명령하는 사회적 주류에 반하는 행동으로서 풍요로움의 약속을 포괄하는 것이다. 아도르노가 「문화에 대한 베블런의 공격」에서 말했듯이, 사치는 또한 "소모된 노동력을 직간접적으로 회복하기" 위해 "사회적 생산물의 일부를 사용"하는 데 이용될 수 있다.[54] 그러므로 사치에서 얻는 기쁨은 우리를 결합시킨다. 반면 과도한 부는 사회를 항상 분리시킨다.

미국의 철학자 토머스 네이글Thomas Nagel에 따르면, 평등한 사회에서도 오트 퀴진Haute cuisine[프랑스 궁정요리에 뿌리를 둔 최고급 코스요리]과 오트 쿠튀르Haute couture[파리 쿠튀르 조합 가맹점에서 봉제하는 맞춤 고급 의류]가 허용되어야 한다. 몇몇 환상적인 물건은 항상 회귀할 것이며, 그에 따라 자유의 순간이 반사되기 때문이다. "사람들은 아름다운 땅과 드넓은 집, 오트 쿠튀르, 진귀한 가구와 예술품 컬렉션 등등으로 가득 찬 타인의 즐거운 삶을 관조하면서 일시적이나마 쾌감을 느낀다"[55]라는 점은 부정할 수 없는 사실이다. 그러나 그 경제-정치적 결과가 어떠한가에 대해서 네이글은 어찌할 바를 모른다.

일부 사람들은 단순히 타인의 사치스러운 삶을 바라보는 것 자체를 좋아한다. 피츠제럴드Fitzgerald의 소설 『위대한 개츠비』는 바로 이 물질적인 것에 대한 열정을 다루고 있다. 이 소설에서는 무엇을 동경하는 감정이 가지고 있는 도피적인 순간이 찬미된다. 이 동경은 롱아일랜드의 궁전에서 벌어지는 쾌락주의적 축제들, 사치스러운 직물과 엄선된 요리에 집착한다. 사치는 부와 깊이 결합된 열망을 유발하지만, 여기서 한 걸음 더 나아간다. "그녀의 목소리는 황금같이 들린다", 이렇게 개츠비는 열정을 담아 연인 데이지를 특징화한다.[56]

이와 달리 애덤 스미스는 사치를 자랑하는 것에 긍정적인 점이 있을 수 있다고 보았다. 이는 다른 사람들이 우리와 더 쉽게 공감할 수 있게 해 준다. 스미스의 주장대로라면, 우리는 타인의 질투보다는 그의 기쁨을 함께 느끼는 경향이 더 크다. 행복한 사람과 공감하는 것이 불행한 사람과 공감하는 것보다 편안하기 때문이다.

버나드 맨더빌은 『꿀벌의 우화』에서 사치를 명시적인 편안함으로 특징짓지 않고, 그것이 악덕일 수밖에 없음을 경제학적으로 주장하고자 했다. 사람은 미덕을 통해 멀리 가지 못한다. 그의 교육시에서 언급된 것과 같이, "한 민족이 번성하기 위해서는 자부심, 사치와 사기가 필요하다."[57] 여기서 번성은 자본주의적 진보를 의미한다. 맨더빌은 악덕을 도구적으로 이해했다. 그는 금지된 악덕을 되살리려 했기 때문에 엄청난 관심을 받는 동시에 수많은 도덕주의적 반대자들에게 시달렸다.

이 장에서 명확해진 대로, 가난한 사람들이 도움을 받기 위해서는 자신의 사적 자원을 복지국가의 관료제 앞에 낱낱이 드러내야 한다.

이와 달리 과도한 부자들은 대부분의 국가에서 믿을 수 없을 정도로 높은 수준의 비밀보장 혜택을 받는다. 그들의 자산관계에 대한 자료는 구하기 어렵다. 부는 자산을 통해 측정되며 자산수준의 유추는 자발적인 가구 설문조사를 통해 이루어진다. 자산세가 폐지되면 많은 국가에서 중요한 자료의 원천이 소실될 것이다. 가구 설문조사로 수집된 자료의 질은 과도한 부에 대한 탄탄한 학문적 분석을 하기에는 충분치 않을 정도로 낮다.[58]

과도한 부는 대부분의 사람들과는 동떨어진 현상이다. 자산가들은 자신의 과도한 부를 다양한 말로 치장하여 상대화하거나, 개인적인 자산의 이용을 고결한 프레임에 끼우거나, 또는 사치에 대해 호의적으로 묘사함으로써 자신을 연출하곤 한다. 이 과정에서 자산가들은 자신의 자산관계를 공개하지 않는다.

자산집중을 자료에 근거해서 밝혀내는 것은 사회를 합리적으로 바라보는 데 있어 중요하다. 그러나 좀 더 평등한 분배를 위한 사회적 변화를 이끌어 내기에는 부족하다. 왜냐하면 과도하게 불특정적인 정의 원칙(제2장), 경멸의 정치(제3장), 기여에 대한 정당화(제4장), 감정(제5장) 등을 통해 과도한 부와 불평등한 사회질서가 보장되어 있기 때문이다.

제2장

무엇이
과도한 부에서
옳지 않은가?

정의는 높이 받들어지는 가치
이다. 그러나 많은 사람들은 정의라는 말이 정확하게 무엇을 뜻하는
지 알지 못한다. 이 외에 정의의 이미지도 사람마다 상당히 다르다. 누
군가는 정의롭다고 받아들이는 것이 다른 사람에게는 거대한 불의가
된다.

사상사적으로 정의 문제는 부와 관련된 것이 아니라 보통 빈곤에 대
해 제기되며 이를 통해 욕구와 필연성에 초점이 맞춰진다. 역사적으로
대부분의 경우 가난한 사람들에게 온정의 손길이 닿아야 하는지의 여
부가 중요한 문제가 된다.[1] 자산가의 과도한 부와 권력에 주목하는 경
우는 드물다.

우리의 정의관념은 우리가 어느 정도의 부를 정의롭다고, 또는 정의
롭지 않다고 받아들일지 결정한다. 이와 관련하여 정의가 우리의 가
치체계에서 어떠한 역할을 하는지도 관심거리다. 정의는 사람들이 스
스로의 삶을 내던지는 종류의 가치는 아니다. 사랑이나 우정 같은 것

들도 정의에 대한 생각을 밀어낸다. 그리고 사람들은 비록 정의롭지 못한 사회가 굳어진다고 하더라도 정의보다는 안정을 택하는 경우가 많다.

유명한 아우구스티누스Augustinus의 말, "왕국에 정의가 없다면 큰 도적 떼와 다를 것이 무엇이겠는가?"도 있기는 하지만, 도적 떼도 나름의 기능적 메커니즘이 있고 최소한 일정 기간 동안에는 탄탄한 안정성을 보여 준다. 아우구스티누스는 알렉산더 대왕과 마주친 적이 있는 해적의 이야기를 들려준다. "대왕이 해적에게 그가 바다를 불안정하게 만들고 있지 않은가라고 물었을 때 해적은 진심을 담아 반박하였다. '당신은 육지를 불안정하게 만들지 않는가? 나는 작은 배 한 척으로 활동하기 때문에 도적이 되고, 당신은 거대한 함대를 운용하기 때문에 황제라 불릴 뿐이다.'"[2]

정의규준을 유지한다는 것은 그것이 모든 사람들에게 적용되어야 한다는 것을 의미한다. 왜냐하면 사회적 정의는 사회를 어떻게 규율할 것인가를 결정하기 때문이다.[3] 우리는 서로 무엇을 빚지고 있는가? 이것이 가장 중요한 질문이다.

평등은 정의를 달성하는 데 필요한 하나의 목표이며 불평등은 정당화되어야 하는 현상이다. 경제적 평등주의는 "모두가 똑같은 소득 및 자산수준(짧게 말해 '돈')을 가져야 한다"라는 것을 의미한다.[4] 그러나 인도의 노벨상 수상자인 아마르티아 센Amartya Sen은 1979년에 발표한 유명한 논문에서 "무엇의 불평등인가?"라는 질문을 던졌다.[5] 센이 보기에 단순히 소득에만, 또는 자산에만 초점을 맞추는 것은 틀린 접근이다.

사회적 불평등을 평가하기 위해서는 생활수준, 교육, 삶의 기회, 행복 등이 함께 고려되어야 한다는 것이다. 센의 관점에서 과도한 부의 문제를 결정짓는 자산은 그다지 중요하게 다루어지지 않는다. 유엔의 인간개발지수는 센의 관점을 일부 반영하여 작성되었지만,[6] 이론적 사고를 경험적으로 구현하는 과정은 측정 가능한 항목들로 채워졌다. 다차원성은 우리의 시야를 넓혀 주기는 하지만 지수를 결정하는 문제가 여전히 남는다. 인간의 삶에서 무엇이 중요한가? 소득인가, 자산인가, 행복인가, 교육인가?

부의 문제는 대부분 자산과 관련되어 있고, 평등이 언급될 때에는 모두 똑같은 수준, 혹은 모두가 똑같은 것을 가져야 함을 의미하지는 않는다. 역사적으로 보아도 모든 사람들이 동일한 수준으로 소유해야 한다는 요구는 상당히 드물게 나타난다. 이러한 요구는 유토피아로 현실화되지 않으며, 오히려 사유재산의 철폐와 관련되어 있다. 몽상가들만이 똑같은 사람들의 공동체를 꿈꾼다.

심지어 자산을 똑같이 나눈다는 가설마저도 곧 다시 불평등으로 귀결될 것이다. 사람들 중 일부는 주어진 자산을 소비할 것이고, 또 다른 이들은 잃어버릴 것이며 몇몇은 다른 사람들 몫을 빼앗을 것이기 때문이다. 과도한 부를 정의관념에 기초해서 비판하는 것은 모두가 동일한 수준의 자산을 소유해야 한다고 요구하는 것이 아니라, 너무 많은, 즉 정도를 넘어선 부와 관련되어 있다. 또한 위와 같은 비판은 평등의 이상을 약화시키는 정당화 과정과 연관되어 있다. 정당화된 불평등은 능력, 욕구, 획득된 권리 등의 차이를 내세울 수 있기 때문이다.[7]

이와 반대로 평등에 반대하는 개인주의적 사회환경 속에서는 정의의 문제가 자주 비판받는다.[8] 경제학에서는 실증주의에 입각한 학문적 인식이 지배적이며, 규범과 사실을 엄격하게 상호 분리할 수 있어야 한다고 주장한다. 이미 주어진 객관적 사물논리는 철학적인 정의관념에 대항하는 것이 되며, 많은 경제학자들은 무엇이 정의로운가라는 질문은 풀 수 없는 문제라고 믿게 되었다.

그러나 과도한 부를 정의롭지 않다고 비판하는 것과, 그것이 경제성장의 저해요인이 된다고 보는 것 사이에는 근본적인 차이가 존재한다. 후자는 전문가들이 추정하는 영역으로 일반 국민들은 목소리를 거의 낼 수 없으며, 정의 문제는 다루어지지 않는다. 주관적인 입장에 따라 다르기 때문에 과학적이지 않다는 점이 그 이유이다. 누군가 너무 높은 수준의 자산집중이 경제성장에 방해가 된다고 말한다면, 보통 GDP가 평가기준이 될 것이다. 이 경우 GDP가 지표로 선택되는 그 순간 중요한 가치판단이 일어나게 된다. 1인당 GDP가 국민 생활수준을 가늠할 수 있는 지표로서 정의관념보다 더 중요하다는, 그다지 설득력이 없는 전제가 바로 그것이다. 하지만 도덕적, 사회적, 그리고 정치적인 근거를 염두에 둔다면 바로 평등관념이 GDP 같은 통계지표보다 더 적합한 것일 수 있다.[9]

자극은 경제학자들이 불평등에 근거를 댈 때 즐겨 쓰는 개념이다. 사람들의 능력을 불러일으키기 위해서는 자극이 필요하다는 것이다. 그러나 우리가 우리의 노동소득을 바라볼 때, 이 자극이 얼마나 설득력이 없는지 알 수 있다. 회사 경영진들의 임금수준이 능력이나 성과와 명료하게 연관되어 있지 않기 때문이다. 이들이 받는 고임금의 이유로 제시되는 특정한 시장변화는 미리 예상할 수 있는 것도 아니고 앞서 계산될 수 있는 것도 아니다. 게다가 높은 소득을 올리는 사람들에게는 높은 사회적 인정이 따라오게 된다. 화폐적 자극은 오히려 부차적인 것이다. 그것과는 다른 종류의 동기부여 요소가 충분히 많기 때문이다.

소득의 세계에서 자산의 세계로 넘어오면 자극은 한층 더 하찮은 것이 된다. 노동에는 능력이 들어가 있지만, 상속이나 증여에는 보통 그렇지 않다. 증여나 상속을 받기 위해서는 친족관계 정도가 필요할 뿐이기 때문이다. 능력을 이끌어 내기 위한 자극을 여기에 끼워 넣으려면 개념적인 왜곡 없이는 불가능하다. 피상속인의 능력이란 특정 상속인과 상속 시점을 선택하는 등의 전략적 행위 정도를 생각해 볼 수 있는데, 이는 상속을 정당화하는 개념과는 아무 상관이 없는 것이다. 경제정책에서는 자극이 다시 한번 왜곡된다. 자산 문제에 대한 과세표준이 자산가에게 유리한 방식으로 기울어져 있다는 사실은 명백하다. 〈그림 3〉에서 법인세율의 변화를 살펴보면 기업에 부여되는 특혜를 확인해 볼 수 있다.

자극 문제는 사회 불평등에서 정의로움이 개입할 여지를 극심하게 줄여 버린다. 이와 달리 플라톤은 자극 문제를 그의 복합성 논의 안으로 끌고 들어와 다양한 정의 문제들을 다루었다. 그의 논의는 오늘날에도 활발히 생성되는 부에 대한 철학이론과 공적 토론의 바탕이 되었다. 그의 『국가론』에서 정의는 다양한 정의에의 접근방식을 지지하는

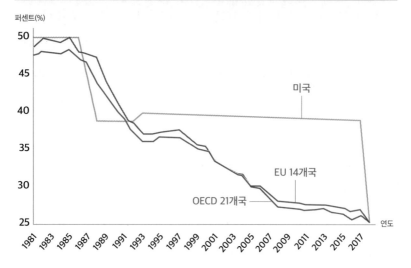

그림 3 법인세율 변화 1981-2017(1981년 이래 법인세율 변화)

퍼센트(%)

미국

EU 14개국

OECD 21개국

연도

출처: OECD Tax Database, "Table II.1. Corporate Income Tax Rate", 2019.
https://www.oecd.org/tax/tax-policy/tax-database.htm#C_CorporateCapital

참고: 위 도표는 결합된 중앙 및 지방 법인세율을 보여 준다. EU 14개국과 OECD 21개국의 경우는 매년 발표되는 가입국 평균을 나타 낸 것이다.

사람들의 대화형식을 빌려 이야기되었다. 칼케돈의 소피스트 트라시마코스Thrasymachus는 강자의 정의를 대변한다. 고대 아테네의 소피스트 칼리클레스Callicles 또한 정의를 높이 받들면서 정의의 일반적 의미를 반대로 사용한다. 자연의 정의는 강자에게 특혜의 권리를 주며, 법률이란 약자를 보호하기 위해 인위적으로 만든 것이기 때문에 정의에 반한다는 것이다.

트라시마코스와 칼리클레스의 정의는 현대의 일부 부자들이 가진 생각의 고대 버전쯤 되는 것으로 보인다. 칼리클레스는 스스로를 주변 사람들보다 뛰어난 사람으로 보았다. 동시에 그는 자신이 약자들에게 희생당했다고 보았다. 그들이 칼리클레스의 뛰어남을 비난하여 끌어내리려고 단합했기 때문이다. 트라시마코스는 정의를 무력한 자들을 위해 권력자들이 만들어 낸 허구에 불과한 것으로 해석한다. 권력자들은 자신들에게 쓸모 있는 정의규율을 관철시켜, 시민들이 정의에 민감한 경우에도 그 정의가 그들에게 도움이 되게끔 한다. 정의는 타인의 이득을 존중하는 것으로써 지배자들의 이해관계와 연결된다.

이와 달리 플라톤은 정의 자체가 하나의 목적이라고 주장하였다. 정의로운 삶은 어떠한 정의롭지 않은 환경에서 진행된다고 하더라도 옳다는 것이다. 플라톤은 정의를 각 개인이 자신의 분수에 맞는 방식으로, 폴리스를 위해 자신에게 주어진 일을 수행하는 조화로운 상태로 묘사하였다. 그에게 정의란 사람과 관련이 있었던 것이지 그 행위와 관련 있는 것이 아니었으며, 정의로움이란 우직한 사람과 다름이 없었다.

고대에는 정의가 일종의 미덕으로 여겨졌다. 정의롭지 못한 사람은 혼란한 영혼을 가지고 있으며 좋은 삶에 대해 기뻐할 줄을 모른다고 보았다. 그러므로 플라톤에게 과도한 부자는 불쌍한 존재에 해당되는 사람들이었다. 과도한 부자들의 불의에 고통받는 사람들에게는 이와 반대로 아무런 관심이 주어지지 않았다. 플라톤에 따르면 "부에 대한 진실"은 다음과 같다. "부는 살아 있을 때만 존재하는 것이며 육체는 영혼이 있을 때만 존재한다. 그리고 이제는 신체와 영혼이 산물이 되고 부는 산물에 봉사하는 나름의 자연법칙을 따라간다. 그러므로 부는 신체와 영혼의 유용성을 뛰어넘을 수 없고 그저 삼차적인 중요성을 갖게 된다."[10]

플라톤은 사유재산에 비판적이었고 생산물 공동체의 이상을 대변하였다. 이는 비단 사회의 일부에만 적용되는 것이 아니다. 그의 『국가론』에는 세 가지 신분이 나타난다. 이성을 대변하는 지배자, 용기를 대변하는 야경꾼, 욕망을 대변하는 장인 등이 그것이다. 그리고 장인들 중에서도 낮은 신분만 자산을 가지고 있었다. 지배자와 야경꾼에게는 다음과 같은 것들이 적용된다. "우선 필수적인 것들 이외에는 어떠한 형태로든 사유재산의 보유가 허용되지 않으며, 그래서 모두에게 출입이 허용되지 않는 집이나 예술품 창고 따위가 있어서는 안 된다."[11]

국가를 통치하는 집단은 생산물 공동체에서 생활해야 한다. 이를 통해 국가 최고위직을 가진 사람들이 부동산 재산을 상속하는 것이 방지되며, 이들의 집은 개방되어 있게 된다. 야경꾼에게 돈은 전혀 물질적 보물이 아니다. 그것은 영혼의 특성이고 신에게 부여받은 속성이다. 지배계층은 세계적 단위의 일들을 담당한다. 그런데 부자들은 국가의 안위보다는 자신의 돈과 가족에 더 신경을 쓰므로, 이에 플라톤은 지배계급이 사유재산이나 심지어는 가정도 가져서는 안 된다고 주장하였다. 그의 주장은 현대의 시각에서는 이례적이다. 그는 지배계층은 이미 권력을 갖고 있는데 왜 그들이 거기에 추가적으로 물질적 부를 가져야 하는가라고 질문을 던진다. 이러한 생각은 부자들이 정치에 개입하는 현재에도 광범위한 후폭풍을 불러올 수 있다.

아리스토텔레스는 플라톤의 이 생각, 즉 "가장 적은 소유물의 다섯

배 이상을 획득하는 것을"[12] 금지해야 한다는 주장을 문제 삼았다. 그리고 플라톤의 주장을 결정적인 방식으로 약화시켰다. 아리스토텔레스는 부의 제한이 더 이상 존재하지 않는다고 보았다. 법률적으로도 그는 사유재산에 의문을 제기하지 않았으며, 단지 윤리적인 요청을 제시했다. 아리스토텔레스의 접근은 재산을 집단화할 때 필연적으로 나타날 수밖에 없는 모든 종류의 싸움을 피해 가려는 것이었다. 그래서 그의 주장은 시민 공동체의 조화로 눈길을 돌린다. 부자는 사유재산을 쓰는 데 인색하게 굴지 않음으로써 자신의 부를 공동체화한다. 그들의 삶의 지혜가 소유욕을 약화시키는 것이다. 삶의 지혜는 자기존중과 친구를 통한 존중 등과 관련이 있으며, 항상 더 많이 가지려는 욕망과는 관계없다. 그러나 이러한 사적인 관대함이 과연 가난한 사람들을 위한 온정의 손길을 말하는 것이라고는 보기 어렵다. 왜냐하면 플라톤과 마찬가지로 아리스토텔레스의 주장은 어디까지나 부자의 인성과 관련된 것이지, 정의롭지 못한 분배의 피해자와는 관계가 없기 때문이다. 그들의 주장은 귀족정치적인 자기완성의 도덕과 다름이 없다.[13]

아리스토텔레스에게 정의롭지 못한 사람은 그저 탐욕스러운 사람이었다. 탐욕스러운 사람의 죄는 만족할 줄 모른다는 것이며, 이에 따라 사회의 불의 또한 사람의 나쁜 성질에 그 원인이 있다는 것이다. 아리스토텔레스가 제기한, 사람이 더 이상 탐욕을 부려서는 안 된다는 숭고한 목표는 오늘날에도 부와 관련된 여러 논쟁에서 엿볼 수 있는데, 부자에게 유리하게 기울어진 사회적 환경이 야기하는 여러 결과를 경시하도록 만든다. 개인의 과도한 욕망이 문제의 원인으로 지목되기 때문이다.

아리스토텔레스는 사유재산은 자연스러운 것이라는 입장을 대변한다. 좋은 삶에는 사유재산이 필요하며, 부는 이에 걸맞은 상품의 양을 의미한다. 그는 단지 탐욕스러운 축적을 거부할 뿐이다. 아리스토텔레스가 주목한 것은 똑같은 자산분배가 아니라, 일정 수준에서 만족할 줄 알고, 정도를 초과하는 욕망을 제어하는 사람을 길러 내는 양육이었다. 그에 따르면 좋은 사람과 나쁜 사람은 구별되어야 한다. 좋은 사람은 더 이상 가지려고 하지 않는 성향이 좋은 것임을 교육함으로써 길러질 수 있다. 나쁜 사람들에게는 더 이상 가질 수 없다는 것을 보여줌으로써 탐욕의 통제를 가르칠 수 있다. "왜냐하면 탐욕을 통제하는 것이 자산보다 더 중요하기 때문이다. 하지만 이것을 실현하기 위해서는 이에 알맞은 법률을 통해 시민들을 육성해야 한다."[14]

아리스토텔레스에 따르면 자산상의 평등은 의미 있는 목표가 될 수 없다. 이 목표 자체가 너무 낮거나 높은 수준으로 설정될 수 있기 때문이다. 또한 사회의 평등주의적 기본원칙은 그 자체로 하나의 문제가 될 수 있다. 그것이 실현되어 부자가 가난해지면, 가난해진 부자들이 반란을 일으킬 것이기 때문이다. 그들은 평민이 자신과 같은 것을 가지면 자신의 명예가 상실된다고 생각하며, 반란을 통해 자신의 명예를 지키려 할 것이다. 평등은 고귀한 사람들의 반란으로 귀결된다. 이와는 달리 많은 사람들이 다른 이들보다 적게 받게 되면 탐욕스러워질 것이다. "폭동은 단순히 재산상의 불평등 때문에 일어나기도 하지만, 명예의 불평등 때문에 발생할 수도 있다. 그러나 이 두 경우가 생겨나는 경위는 서로 다르다. 군중은 소유상의 불평등 때문에 반란에 가담하겠지만, 고귀한 사람들은 명예를 지키기 위해 봉기한다. 모두가 그저 똑같은 존재라는 그 사실 자체가 명예를 실추시키기 때문이다."[15]

일상적 개념 속에서 좋은 사람과 정의로운 사람은 동일한 것으로 통용된다. 아리스토텔레스는 『니코마코스 윤리학』에서 죄악 사이의 중도를 지키는 것을 미덕으로 설명하고 있다. 정의는 이 중에서도 가장 완벽한 미덕인데, 왜냐하면 정의는 이 중도를 처음으로 만들어 내기 때문이다. "저녁 별과 새벽 별이 서로 다른 밝기로 빛나는 것은 너무나도 아름다운" 것이다.[16]

칸트는 『도덕형이상학』에서 아리스토텔레스의 이성적 중도론을 비판하였다. 두 개의 죄악과 한 개의 중도 사이에는 연속성이 존재할 수 없기 때문이다. 어떤 사람이 낭비를 줄인다고 해서 점차 구두쇠로 변하는 것은 아니다. 오히려 이 두 죄악은 자체적으로 독자적인 원칙을 가지고 있다.[17] 그러나 아리스토텔레스의 가르침에서 우리는 자유와 무모함 사이의 용기, 즉 무제한과 무심함 사이의 중도를 발견한다.

프랑스의 소설가 아나톨 프랑스Anatole France는 일상생활에서 자주 발견되는 평등의 이율배반적 의미를 포착했다. 그는 사회비판적 목적에서 평등 개념의 공허함을 비판하였다. "빈곤은 부에 필수 불가결한 요소이며, 부는 빈곤에 필연적이다. 이 두 악惡은 서로를 기반으로 생성되며 서로를 먹여 살린다. 우리는 가난한 자의 상실을 개선해서는 안 된다. 가난한 사람의 상실은 끝을 내야 하는 것이다. 나는 절대로 부자에게 알량한 자선을 구걸하지 않을 것이다. 왜냐하면 적선은 그 자체로 오염되어 있기 때문이다. 자선은 그것을 행하는 사람에게 좋지, 그것을 받는 사람에게 좋은 것이 아니다. 부는 이미 그 자체가 잔혹하며, 그것에 상냥함으로 치장된 기만적인 겉모습을 입혀서는 안 된다. 당신이 내가 부자들에 대한 이야기를 쓰기를 원한다면, 나는 당신에게 말할 것이다. 다리 밑에서 잠을 자고, 길거리에서 구걸하고 빵을 훔치는 것을 부자와 가난한 사람 모두에게 금지한 법의 장엄한 평등을."[18]

정의관념에 기초한 사회불평등 비판은 실제로 모두가 동일한 자원을 가져야 한다는 주장과는 관련이 없다. 모든 사람이 같은 것을 같은 정도로 가져서는 안 된다. 왜냐하면 우리는 모두 다르기 때문이다. 중요한 것은 과잉과 부족이다. 장 자크 루소Jean Jacques Rousseau는 이와 관련하여, "굶어 죽어 가는 군중들이 생활 필수요소의 부족으로 고통받을 때 한 줌 정도밖에 안 되는 인간들이 넘쳐 나는 잉여를 누리는"[19] 상황을 언급한 바 있다. 빈곤과 과도한 부의 동시성은 분노를 불러일으킨다. 미국의 철학자 존 롤스는 자산과 소득을 둘러싼 분배갈등을 회피하기 위한 기본구조를 탐구했다. 그는 규범적 정의론을 통해 어떤 사회관계가 정의로운가를 판단하는 데 기여하고자 했으며, 이를 위해서는 정의를 보전하기 위한 기본명제가 필요했던 것이다. 그의 자원에 대한 접근에 따르면, 인간은 특정한 물건의 결핍을 겪어서는 안 된다. 고전으로 평가받는 『정의론』에서 롤스는 다음과 같이 말한다. "정의는 사상체계에서 진실과도 같이 사회적 제도의 으뜸가는 미덕이다."[20] 이어서 그는 자신의 규범이론의 중심에 공적 질서체계를 위치시킨다.[21]

그는 총이득의 극대화를 추구하는 실용주의적 접근을 비판한다. 롤스에 따르면 모든 사람이 자신의 행복을 추구하면서 두 가지의 정의 기본원칙에 동의할 수 있어야 한다.

첫 번째 기본원칙은 모두에게 적용되는 동일한 기초적 자유를 최대한도로 요구하는 것이다. 이 기초적 자유에는 신체와 생명에 대한 권리, 적극적 또는 소극적 선거권, 사상 및 의견의 자유 등과 함께 사적 재산에 대한 권리도 포함된다. 왜냐하면 재산권은 "도덕적인 자산의 발달을 위해 필수적인 개인의 독립성과 자존성을 보장하는 물적 토대"[22]로서의 기능을 갖기 때문이다.

두 번째 기본원칙은 사회적 관계에 기반한다. 사회적 불평등은 그 혜택을 보는 자들은 최소한으로 제한하면서, 그것이 가져오는 발전은 최대한도로 달성할 수 있을 때에만 정의로운 것이다. 또한 여기서 불평등의 혜택을 받는 지위에 접근할 수 있는 기회는 실제로 모든 사회구성원들에게 동일하게 열려 있어야 한다.[23] 롤스의 두 가지 기초적 자유는 모든 사회구성원들에게 이 기초적 자유의 체계를 강화시키는 경우를 제외하고는, 어떠한 종류의 경제적, 또는 문화적 고려를 통해서든 제한되어서는 안 된다.

이어서 롤스는 경제적 효율과 정의로운 제도의 조합을 주시하면서 이 원칙들을 부의 문제에도 적용시켰다. 이로써 그는 사회민주주의적인 사회관념을 제시하게 되었다. 효율은 시장을 통해 실현되지만 눈에 띄는 불평등을 인정하기 때문에 세금을 통해 분배과정을 거쳐야 한다는 것이다. 국가는 사회구성원들이 삶을 유지하는 데 필요한 최소한을 준비하여 소득수준 최하위 부문에 투여한다. 이러한 방식으로 롤스는 복지국가의 철학자가 된다.

롤스와 정반대의 이론적 입장을 견지하는 사람은 오스트리아의 경제학자이자 철학자인 프리드리히 아우구스트 폰 하이에크Friedrich August von Hayek이다. 그에 따르면 불평등한 현실은 법 앞에서의 평등만을 허용하는데, 이 평등은 앞서 아나톨 프랑스가 웃음거리로 삼았던 바로 그 평등이다. 하이에크는 신자유주의 이론의 발전에 지대한 기여를 했고 1974년 노벨경제학상을 수상했다. 그의 저서는 시장에 대한 깊은 신뢰와 국가에 대한 극단적인 불신을 그 특징으로 한다. "사람이 다양하다는 사실에서 알 수 있는 것은, 그들의 실제 위치가 불평등하다고 해서 그에 대한 똑같은 처방을 내리고 그들에게 동일한 지위를 가져다주는 것은 바로 그들을 불평등하게 대우하는 셈이라는 것이다."[24]

하이에크에게 분배정의는 일종의 "신기루"일 뿐이며 불의란 인간행위의 필연적인 요소이다. 물론 그는 빈곤이 가난한 사람들의 책임이라거나, 부자와 가난한 사람 사이의 격차가 정의롭다고 주장하지는 않았다. 그러나 그에게 사회적 정의는 경제정책의 주제가 아니다. 그는 1971년에 쓴 『자유의 헌법』이라는 책에서 이를 극적으로 표현하였다. "대중들은 물질적 풍요에 있어 높은 기준을 가지고, 부자들을 끌어내리는 방식으로 이를 달성하려고 한다. 그러면서 그들은 풍족한 계층에 진입하게 되면 그 이전에는 받을 수 있었던, 그들의 권리로 받아들여 왔던 무엇인가를 빼앗길 것이라고 우려하고 있다. 이 현상은 우리 시대의 거대한 비극이다."[25]

그러나 앞서 살펴본 롤스의 정의관계는 바로 물질적 풍요의 높은 기준에 도달하지 못한 사람들에 관한 것이며, 이들에게는 인간다운 삶을 영위하는 데 필요한 소득이 부족하다. 이 사실에 대한 사회적 합의, 즉 정확히 누구에게 이 문제가 해당되는가는 쉽게 확정할 수 없다. 왜냐하면 빈곤, 장애, 경멸, 배제 등 다양한 문제들이 존재하기 때문이다. 예를 들어 대학생들은 소득이 가장 적은 사회적 집단 중의 하나이지만 이들의 빈곤은 일정 기간 동안 적은 돈으로 살아야 하는 상황에 한정된다. 이 집단은 평생 빈곤에 시달리는 사람들과는 별 관계가 없다.

이러한 관점에서는 과도한 부자들이 근본적으로 간과된다. 사회가 우선적으로 빈곤의 관점에서 보여지기 때문이다. 이 사람들은 가장 혜택받지 못한 사람들이며, 이들의 반대편에는 어려운 사람들이 위치한다.[26] 과도한 부에 대한 분석은 소득이 아닌 자산에 집중되어야 한다고 앞서 언급한 바 있다. 자산을 많이 가진 사람들은 어떤 경우에는 심지어 소득이 적을 수도 있다. 궁전을 소유하고 있는 사람은 특정한 시기에는 낮은 소득을 올리는 데 그칠 수 있다. 그럼에도 불구하고 그는 부유하다.

이 외에도 주목할 만한 점은 사회적 지위의 차이가 소득과 자산의 관계에 꼭 상응하지 않을 수 있다는 것이다. 불안한 직업상태에 놓인 학자는 소득이 낮음에도 불구하고 사회적 존경과 존중을 받을 수 있고, 그 결과로 그의 생활환경은 소득이 더 많은 숙련노동자보다 나을 수 있다. 이와 같은 사례는 구체적인 질문과 추정의 필요성을 보여 주지만, 이러한 구체성을 살펴보기에 롤스의 정의론은 너무 추상적이다.

정치철학 분야에서 있었던 정의에 대한 이론적 논쟁은 이따금씩 인공적이며 자기복제적인 모습을 보인다. 그러므로 각 사회에 이미 주어져 있는 조건들과 상관없이 정의규범을 구상하려는 추상적인 정의이론에 대한 반대에는 적절한 근거가 있는 것이다.[27] 규범적 정의원칙들에 단순히 매달리기만 해서는 사회적 갈등이 가진 의미를 간과하게 된다. 사회적 정의이론은 주로 소득 문제에 집중하면서 자산에는 별 관심이 없다. 자산평등과 관련해서는 어떠한 이론적 개념화 시도도 볼 수 없으며, 거의 항상 소득, 또는 조세정의에 대해서만 이야기가 이어진다. 이렇게 과도한 부의 사회적 문제는 간과되고 분배논쟁은 상대적으로 낮은 노동소득 격차를 중심으로 이루어진다. 그리고 그사이에 불평등한 재산관계는 망각된다. 오직 소득 비교에 치중한 정의관념은 대부분 매니저, 운동선수, 정치인들의 소득을 겨냥한다. 노동소득자료의 투명성과 자산자료의 불투명성 속에서 주로 획득할 수 있는 정보들만이 주목받기 때문이다. 그 결과 과도한 부에 대한 논쟁은 곧 비과학적이라는 의심을 사게 된다. 신뢰할 만한 자료가 없기 때문이다. 이러한 상황의 원인은 정치에 있다. 사적 경제가 보장되는 환경에서, 고소득자가 자주 처하는 상황, 즉 자신의 소득을 정당화해야 한다는 압력은 정치 영역에서보다 덜하다. 독일의 작은 동네 신용조합장은 독일 연방 총리보다 더 많은 임금을 받으며, 그럼에도 불구하고 자신의 소득을 정당화해야 하는 필요성이 총리보다 더 적다. 정의 및 분배갈등이 벌어지는 곳은 시장이 아니라 정치이다. 정치가는 질투의 감정을 투사하는 일종의 스크린이 되면 이러한 방식으로 체제안정에 기여한다. 이 성적인 자료평가는 소득 비교에 있어서 최고-최소소득 간의 차이가 1-30 정도의 간극을 보인다는 점을 드러내 줄 것이다. 이 정도의 소득 격차는 자산격차의 거대함에 아무런 영향을 끼칠 수 없다. 자산의 경우 그 격차가 10억 단위에 이르기 때문이다.[28]

사회민주주의자들과 자유주의자들이 정의 문제를 정치의 중심으로 끌고 들어오는 동안, 마르크스주의자와 무정부주의자는 사유재산 문제에 집중했다.

분배를 지향하는 전망들은 소득에 관한 것이나 자산에 관한 것이나 모두 각각의 단점을 내포하고 있다. 누가 나서서 정의로운 자산분배를 시행할 것인가? 좋은 뜻을 갖고 재분배를 주도하는 가부장의 이미지는 실패할 것이다. 사회 속에는 이해관계에서 벗어난 행위자가 존재하지 않는다. 국가 또한 정의를 바로 세우기 위해 불편부당하게 선행을 베푸는 존재가 아니다. 분배를 지향하는 시각이 가진 또 하나의 치명적인 단점은 자산이 형성되는 과정을 살펴보지 않는다는 것이다.

카를 마르크스는 분배 문제와 연관된 정의논쟁에 잘 등장하지 않는다. 그의 도덕 비판은 생산수단의 소유 여부를 자본주의 사회의 핵심 주제로 설정하여 정의 문제를 상대화하기 때문이다.

정치적 급진성은 역사적으로 자산집중에 반하여 분배를 추구하는 정책수단과 연결되는 경우가 드물었다. 사적 자원을 제한하자는 제안은 최대 허용소득을 설정하는 데 그쳤으며, 아마도 이러한 제한의 아이디어는 가까운 미래에 자산 문제에 적용될 수도 있겠지만 또한 관련된 논쟁을 촉발하게 될 것이다.[29] 사유자산의 최대한계를 설정하는 경제정책적 조치는 여러 분야에 영향을 끼칠 것이다. 이 조치는 자산축적의 뿌리를 건드리는 일이기 때문이다. 일단 거대한 자산이 만들어지게 되면, 이 자산은 노동소득보다 훨씬 더 높은 수준의 이득을 스스로 만들어 낸다.

정치철학이 사회분석에 적용되거나 관련자들에 대한 구체적인 비판에 이용되어서는 안 될 것이다. 정치철학은 개인적으로 느끼는 수치심이라든지 경멸의 경험 등에 관심을 기울여야 한다. 과도한 부에 대한 사회적 비판은 인간의 존엄이 인정되지 않고 경멸당하는 현실에 적용된다.[30] 소득과 자산은 소비를 가능케 하는 수단일 뿐만 아니라, 사회적 인정의 기준이 된다. 어떤 특수한 능력의 가치가 평가될 때, 그 능력을 보유한 사람의 가치도 평가되며, 이에 따라 가난한 자들의 능력만이 아니라 그들 자신이 경멸의 대상이 된다. 우리가 흔히 볼 수 있듯이, 빈곤은 개인적인 실패의 결과로 여겨지며 가난한 사람의 요구는 시기, 질투로 설명되곤 하는 것이다.

정의이론가들도 이 시기, 질투에 깊은 관심을 보인다. 로널드 드워킨Ronald Dworkin은 정의로운 사회가 충족해야 하는 "질투기준"을 제기하면서, 모든 자원이 경매에 부쳐지는 일종의 가상적인 경매장을 통해 이를 설명하고 있다. 이 경매의 참여자는 모두 동일한 자원을 가지고 시작한다. 드워킨에 따르면, 이 평등은 자원의 평등이다. 이 경우 질투가 사라지면 정의가 달성된다. 그러나 존 롤스는 질투를 피할 수 없게 되면 소득불평등이 극단적인 수준으로 치솟을 수 있다고 단언한다.

"질투가 자존감의 상실에 대한 대응방식일 경우, 그리고 다른 감정을 합리적으로 기대할 수 없는 상황일 경우에 한해서만 나는 질투가 용납될 수 있다고 본다."[31] 그러나 정의판단이 정치에 어떤 기준을 제시하는 것이라고 확인할 수는 없다. 부가 정당하게 쌓였다고 받아들여지는 경우, 더 많은 평등을 요구하는 근거 있는 목소리들은 거의 반향을 얻을 수 없을 것이다. 과도한 부자의 이미지가 어떠한 이유에서든 사회에서 긍정적일 경우 확인된 불의는 불평등에 대한 부차적인 반대가 될 뿐이다.

이상적인 정의와 연대는 노상강도 집단에서도 발견된다. 하지만 이 정의와 연대의 양식에 대해서는 제대로 결정된 적이 없다. "심지어 착취, 억압, 굴종을 인간 삶의 규범이라고 받아들이는 사람들조차도, 다른 세계를 꿈꾼다. 평등과 연대와 자유의 세계, 즉 역겨움이 없는 완전히 새로운 세계가 그것이다."[32] 그러나 사람들의 꿈에도 불구하고 "성공적이며 혁명적인 노상강도 집단의 이력에 대해 가장 잘 알려져 있는 측면은 … 토지소유자들의 반란이었다. — 자산가들의 경우와 똑같았던 것이다."[33] 로빈 후드에 대한 이야기는 14세기경부터 시작되었으며, 16세기부터 그가 영웅으로 등장한다. 그가 실제로 존재했었는가의 여부를 제쳐 놓고 보면, 그는 고귀한 도적의 이상에 상응하는 캐릭터이다. 그는 약자에게 자리를 비켜 주고 불의를 심판하며 다시 정의를 세운다. 에릭 홉스봄Eric Hobsbawm에 따르면 이 고귀한 도적의 이야기는 사회적 저항의 원시적인 형태를 보여 준다. 로빈 후드는 혁명가가 아니며, 그보다는 소박한 목표를 가지고 있다. 그는 이미 발생한 부정을 교정할 뿐 그 부정을 만들어 내는 사회적 관계를 뒤엎으려 하지 않는다. 아마도 그의 목표는 "억압의 사회에서 공정하게" 살아가는 일이었을 것이다.[34] 한 명의 개인이 복종하길 거부하면서, 가난한 자들에게 굴종할 필요는 없지만 유순하게 대해야 한다는 점을 보여 주는 것이다.

1

부당함의 느낌이 갖는 의미

불의를 판단하는 데 있어서는 심리학적 요인도 고려해 보아야 한다. 부당함의 느낌은 경험에 의해 커져 가며, 이는 생활세계에 깊이 뿌리내려 있다. 마르크스주의 철학자 제럴드 코헨Gerald Cohen은 다음과 같은 말을 했다. "나는 빈곤과 부의 분리가 다음과 같은 사실 때문에라도, 즉 가난한 사람이 이 분리에 직면해서 불의를 이해하는 감정을 느끼기 때문에라도 증오의 대상이 될 만하다고 믿는다."[35]

이러한 부당함의 이해는 간과되기 쉽고 일부 사람들은 부당하게 불의를 받아들인다. 그래서 독일의 철학자이자 정의이론가인 볼프강 케르스팅Wolfgang Kersting은 다음과 같이 추측하였다. "모든 집단은 자신의 지위를 높이기 위한 소망을 정의 실현 요구로 포장한다. 이렇듯 정의 개념을 노골적으로 사용하는 일은 사회적 정의의 정확한 의미가 존재하지 않는 상황에서 성행한다."[36]

여기에서 정의는 단순히 지위상승에의 소망과 다름이 없다. 그러나 권력이 불평등하게 분배되어 있는 사회에서 고용주나 국가에 의존해야 하는 위치에 놓인 사람들은 자신이 느끼는 부당함의 감정을 명확하게 표현하지 않으면 아무런 관심조차 받을 수 없다는 점을 고려해야 한다. 정의 개념의 노골적인 사용에 대한 케르스팅의 진단은 그러므로 이데올로기적이며 비현실적인 것이라고 볼 수 있다.

불의의 인식은 흔히 능력과 관련된다. 능력 범주는 사회적인 가치체계에 뿌리내려 있으며, 그 내용적인 허술함에도 불구하고 상당한 효과를 갖는다. 모든 사회계층을 아우르는 사람들의 자의식 속에는 능력에 대한 긍정적인 이해가 각인되어 있다. 사람은 능력을 발휘하고 그것에 대한 인정을 바란다. 자신의 능력이 다른 사람, 특히 중요하다고 여기는 사람들에 의해 평가받지 못한다면 낙담할 것이다. 그러나 모든 철학자들이 이러한 관계적인 관점을 수용하는 것은 아니다.

필요를 지향하는 정의관념의 대변자 중 가장 유명한 사람인 해리 프랑크푸르트Harry Frankfurt에게 중요한 것은 사람들 사이의 불평등 정도가 아니라, 사람들의 필수 욕구를 충족하는가라는 질문이다. 프랑크푸르트는 "충분함의 신조"를 이야기한다. 모두가 충분히 가지고 있다면, 불평등은 정당화될 수 있다는 것이다. 이러한 욕구지향적 접근은 과도한 부를 문제시하지 않는다. 이때 사회정치적 도전은 사회적 불평등이 아니라 빈곤이 될 것이다. 그리고 가난한 사람들에게는 아주 쉽게 특정 자원이 주어지지 않게 될 것이다. 모두가 충분히 가진다는 이상은 평등의 이상을 불필요하게 만든다. 몽테뉴Michel Eyquem de Montaigne는 그의 『수상록』에서 다음과 같이 언급했다. "부의 과실은 충족이지만, 충족은 충분히 가진 상황 속에서 드러난다."[37]

위의 연장선상에서 불평등주의자들은 평등에 중심적인 가치를 부여하지 않는다. 불평등이란 필연적으로 인간의 행위에서 발생하기 때문에 회피할 수 없으며, 그러므로 정당화될 필요가 없고 불평등에 상응하는 대가가 주어질 필요도 없다는 것이다. 이러한 주장은 불평등의 자연상태를 주장하는 모델이라 할 수 있다.

프랑크푸르트는 자신의 주장을 통해 가난한 사람들에게 생활 필수 요건 이상을 제공하려는 사람은 틀렸거나 질투로 가득 차 있다는 것을 보여 주려 한다. 정신분석학의 창시자인 지그문트 프로이트Sigmund Freud 또한 사회적 평등에의 요구를 적대적인 질투감정을 사회적 감정으로 전환시키는 것으로 보았다.[38] "어느 누구도 앞서 나가려 하지 않아야 하고, 모두가 똑같이 존재해야 하며 똑같은 것을 가져야 한다. 사회적 정의는 누군가 많은 것을 포기하므로 다른 사람들도 그래야만 한다는 것을, 또는 같은 말이지만, 많은 것을 요구해서는 안 된다는 것을 뜻한다. 이 평등에의 요구는 사회적 양심과 의무감의 뿌리이다."[39]

롤스가 정확히 지적하듯이, 프로이트는 시기, 질투를 정의와 관련된 것으로 포장하는 경향과는 달리 정의의 감각을 움직이는 에너지를 포착하고 그 에너지가 질투에서 생겨난다는 점을 밝혔다. 그에 따르면 사회적 감정은 개인이 가진 적대적 감정의 전환에 기반하고 있다. 프로이트의 논의는 몇몇 집단구성원들이 자신의 이득을 이기적으로 보호하려 한다는 가정을 전제하고 있다. 혜택을 적게 받은 사람들은 많은 혜택을 받은 사람들을 질투하며 이들로부터 탈취를 감행한다. 이 적대적인 대립을 끝내기 위해서 모두가 똑같은 대우를 받기로 하는 것이다.

그러나 이러한 동등한 대우는 실제로 존재하지 않는다. 또한 실재하는 거대한 불평등은 분수를 지키라는 호소 곁에 시기, 질투가 함께 존재할 수 있음을 보여 준다.

무엇이 충분한가? 부자들은 가난한 사람들과 동일한 포만감을 가지고 있지 않다. 오히려 부자들에게 충분이라는 말은 전혀 충족될 수 없는 것이다. 올리버 스톤 감독의 영화 〈월 스트리트〉에서 주인공인 부유한 투자은행가 고든 게코는 다음과 같은 질문을 받는다. "얼마나 많은 요트에 제트스키를 매달아 탈 수 있을까? 도대체 넌 언제 만족할래?" 게코는 답한다. "이 친구야, 이건 그것과 상관없어. 충분하냐의 문제가 아니야."

케이트 피킷Kate Pickett과 리처드 윌킨슨Richard Wilkinson의 노력을 통해, 불평등 문제를 더 이상 빈곤 문제로 제한하지 않고 소득불평등이 전체 사회에 얼마나 많은 손해를 끼치는지를 경험적으로 검증하는 사회과학 연구 분야가 확립되었다.[40] 특히 사회적 인정을 위한 지위경쟁은 인간의 평균수명과 심리구조에 악영향을 끼친다. 불평등은 비만, 우울증 등 여러 질환을 증가시킨다.[41]

특히 흥미로운 점은, 불평등이 비만의 원인으로 지목되는 것이 위에서 언급한 프랑크푸르트의 불평등주의적 접근에서도 발견된다는 것이다. 프랑크푸르트에 따르면 부는 "일종의 경제적 식탐에 기인한다. 이 식탐은 포만감을 느끼거나 맛있는 식사를 만끽하기 위해서가 아니라 식사 중에 더 많은 것을 집어삼키려는 탐식에 가깝다. 식충 같은 삶이 가져오는 유해한 심리적 결과를 제쳐 놓고서라도, 만족을 모르는 경제적 탐욕은 조롱과 혐오의 시선을 받는다."[42]

식충은 언제쯤 자신이 충분히 먹었는지 알지 못한다. 하지만 누가 그에게 조롱을 내보일 것이며 그를 실제로 혐오의 눈초리로 쳐다볼 것인가? 과도한 부에 대한 구체적인 인식이 없으면 거의 아무런 갈등이 일어나지 않는다. 과도한 부자들이 자신의 삶을 숨기면 숨길수록 나머지 사람들은 그에 대해 분노할 기회를 잃어 가게 된다. 그래서 시기, 질투로 가득 찬 비교라고 해 봐야 국내 기초노령연금 수령자와 외국인 난민의 소득을 서로 비교하는 것에 그치고 만다. 이렇듯 여러 장벽으로 둘러쳐진 불평등 담론, 예를 들어 가난한 사람과 더욱 가난한 사람의 비교 같은 것들은 합리적으로 정의를 주장하는 것이 아니라 부당함이라는 감정의 프레임 안에서 움직이게 된다.

사회비판적 관점에서 합리적 정의관념은 감정을 참조함으로써 보완되어야 한다. "불평등을 극복하기 위해서는 (단지) 경제구조에 반대하는 것이 아닌 감정과 동기부여에 있어 혁명이 일어나야 한다."[43] 코헨은 시장에서 일어나는 행위는 탐욕과 공포에 의해 규정된다는 것을 보여 준다. 시장에서 타인이란 잠재적인 이익창출의 근원 아니면 자신의 성공에 대한 위협으로 받아들여진다. 전자의 경우 탐욕이, 후자의 경우 공포가 관련된 행위를 이끌어 낸다. 이 두 경우 모두 타인을 도구로 여기는 경향을 내재하고 있다. 코헨은 부자와 가난한 사람의 거대한 격차가 공동체 소속감과 함께할 수 없다고 주장하면서, 심지어 부자와 가난한 사람의 상대적인 작은 격차조차도 부정적으로 본다. 한 사람이 다른 사람의 10배를 벌어들인다면, 이 둘은 더 이상 같은 세상을 공유하지 않는다. 이는 아주 일상적인 상황에서도 엿볼 수 있다. 어떤 사람은 만원 버스를 타고 일터로 가야 하는 데 반해, 또 다른 사람은 자가용을 이용할 수 있다. 또한 부유한 사람이 공공 교통수단을 타는 경우에도 그는 사람으로 가득 차 비좁고 불편한 버스를 다른 가난한 사람들과 함께 불평할 수 없을 것이다. 다른 이들에게 공공 교통수단은 일상적인 것이기 때문이다.[44]

능력 및 평등에 대한 두 가지 정의원칙은 과도한 부에 의해 철저히 손상된다. 정의 자체는 과도한 부에 대한 사회비판적 관점들 중 하나일 뿐이며, 아마도 그리 중심적인 것도 아니다. 불의를 인식하는 것은 모든 사람들의 삶에서 나타나며 추상적인 정의이론에 따라 나타나는 것이 아니라 감정에 의해 표출된다. 노여움, 분노, 시기, 질투 및 무력감 등 여러 감정이 불의의 문제와 연관된다. 인간이 불의를 인식하는 과정에는 그릇된 해석, 불충분한 정보, 고정관념 등이 숨겨져 있다. 이론적으로는 한 사회의 모든 구성원들이 부당한 대우를 받는다고 느낄수도 있다. 심지어 과도한 부자들도 자신의 몫이 보잘것없다고 믿을수 있다.

2

과도한 부의 왕조: 가문의 가치

"개인재산은 한 개인에서 시작되고 끝난다. 그러나 현실에서는 자신의 재산을 유언장이나 또 다른 방법을 통해서 상속하는 것이 가능하며, 이는 개인주의 정신에 모순된다."[45] 사회학자 에밀 뒤르켐Émile Durkheim의 이 주장은 이미 1791년 전국의회에서 프랑스 정치가 미라보Mirabeau에 의해 비슷한 방식으로 반복되었다. 프랑스에서 벌어진, 상속권에 대한 유명한 논쟁에서 미라보는 사유재산권이 개인의 생존기간에만 적용되어야 한다는 입장에 섰다. "여러분, 저는 모두에게 보장된 자산 처분권이 생전과 사후에 차이를 보인다고 봅니다. 삶과 죽음 그 자체 간의 바로 그 차이입니다. 죽음이 우리를 멸한다면, 어떻게 우리의 존재와 결합된 관계가 여전히 있을 수 있겠습니까."[46]

상속권은 상속자가 무상속자에 비해 근본적으로 더 좋은 인생의 출발조건을 가지게 한다. 상속재산은 최고 수준으로 불평등하게 분배된다. 주로 과도한 부자의 자녀나 손자녀들만이 상속의 혜택을 받기 때문이다. 상속행위에 대한 모든 자료는 이른바 마태효과Matthew effect가 지배적이라는 사실을 증명한다. "무릇 있는 자는 받아 풍족하게 되고 없는 자는 그 있는 것까지 빼앗기리라." 상속자는 그의 부모로부터 증여를 통해 교육비 등을 지원받고, 나중에는 자산까지 전달받는다.

한 부자의 생애가 종결된 후 남는 것은 사적 재단이나 가족유산이다. 과도한 부자가 사망하면 그가 남긴 자산은 이전보다 한층 더 평등을 파괴한다. 이는 민주주의와 기회평등의 원칙 속에 잠입해 있는 자산이 가진 가능성이다. 프랑스 사회학자인 뒤르켐은 상속권을 일종의 시민권적인 규약으로 보면서도, 기회의 평등을 해치는 거대한 법률적 수단으로 보았다. "현재 상황에서는 사유재산의 분배가 출생(상속권 제도)을 따른다. 이러한 방식으로 분배된 사유재산의 교환은 계약을 통해 이루어지는데, 이 계약의 당사자들이 상속권에 근거해서 결정되기 때문에 근원적으로 불평등하다. 이에 상속계약은 정의롭지 못한 측면을 필연적으로 갖게 된다. 사유재산권의 이 근본적인 불의는 오직 사람들 간의 경제적 불평등이 그들이 헌신한 정도의 불평등에 근거한 것일 때에만 사라질 수 있다."[47]

1789년 프랑스 혁명은 아들과 딸의 평등한 상속권을 도입했다. 그러나 두 성 간 평등원칙의 강조는 상속자와 비상속자 간의 불평등을 방지하지 못했다. 봉건적 상속제도의 일부는 철폐되었다. 직위는 상속의 대상에서 제외되었으며 이른바 양도 불가능하고 분배 불가능한 가문자산, 예를 들어 수 세대를 거쳐 상속된 거대한 토지 등은 무효화되었다. 그러나 거대 자산의 상속은 프랑스 혁명 이후에도 권력과 지배를 안정화하기 위해 꾸준히 이루어졌다. 상속재산이 소수에게 집중되기 때문에, 사회에 이미 뿌리내린 불평등 구조는 세대를 거치면서 더욱 강화된다. 바로 이것이 왕조적이며 동시에 문제가 많은 과도한 부의 구성성분을 만들어 낸다. 그러므로 자유주의적 정치경제학자인 존 스튜어트 밀John Stuart Mill은 자산의 제한을 두는 것이 바람직하다고 보았다. "불평등한 직업, 절제, 지구력, 또한 소질과 운 등의 다양성에 의해 생겨나는 재산상의 불평등은 사유재산의 원칙과 분리 불가능하다. 그리고 우리가 어떤 원칙을 수용한다면 그 자연스러운 결과를 받아들여야 한다. 그러나 나는 어떤 이가 그저 다른 사람의 은혜를 입는 것으로 돈을 벌고 그 가운데 자신의 능력을 이용해 어떠한 노력도 하지 않아서, 사람들이 그가 차후에 자신의 자산을 불리려면 스스로 일을 해야 한다고 요구하는 정도의 한계선을 만드는 것은 그다지 나쁠 것 없다고 본다."[48]

그러나 21세기에 들어 자산집중에서 상속재산의 의미가 커지고 있다.[49] 미국과 유럽에서는 전쟁이나 초인플레이션 같은 일이 없는 평화로운 시기가 수십 년간 지속되었다. 프랑스의 경우 상속세 명부 작성을 위한 신뢰할 만한 기초자료가 존재한다. 이 자료를 가지고 장기적인 추세를 살펴볼 수 있다. 1910년 프랑스에서 상속재산은 전체 자산의 90퍼센트에 달했다. 1970년대에는 이 비율이 50퍼센트로 감소하였으나, 21세기 말엽에는 다시 19세기 수준으로 치솟을 것으로 예상된다.[50] 프랑스에서 연간 상속재산은 19세기에 국가 총생산의 20퍼센트 내지 25퍼센트를 차지했는데, 이 비율은 20세기 중반에 5퍼센트로 떨어졌으나 21세기에는 다시 상승하여 15퍼센트에 달하게 되었다.[51]

상속재산이 경제적으로 중요해지면서 상속된 부 또한 이상적으로 평가되기 시작했으며 상속재산과 결합된 사회적 이념, 예를 들어 가족의 의미 같은 것들이 다시 한번 중요성을 갖게 되었다.

하지만 모든 사람들을 공평하게 살피기 위해서는 자신의 가족이나 문화, 민족 등에 대한 강한 애착을 단념해야 한다. 그래야 사랑과 열망이 사태를 지배하지 않기 때문이다. 플라톤의 이상적인 국가에서는 편향성을 방지하고자 한다. 시민들은 똑같은 방식으로 모든 다른 시민들을 보살핀다. 친밀한 가족구성원들을 우선적으로 대하는 것은 국가에게는 허용될 수 없는 것이다.

가족 내부에서는 능력에 따른 정의원칙이 통하지 않는다. 후손에게 화폐적 지원을 하는 것은 친족관계의 결합력을 보여 주는 것이며, 근면과 성실의 대가라기보다는 필요에 따른 것이다. 이러한 가족의 특수성은 정의 문제와 관련하여 논란의 여지가 있는 함의를 갖는다. 존 롤스는 이를 급진적으로 표현한다. "이 외에도, 어떠한 형태로든 가족이 존재하는 한 공정한 기회의 원리는 불충분하게 시행된다."[52]

상속은 일종의 자산이동으로서, 부모로부터 자식으로 이어진다. 상속재산은 근본적으로 가족 내부의 정체성과 결합되어 있다. 상속된 재산은 가족 내부에서 연대의 형태로 인식된다. 평등주의적인 입장을 근본적으로 적용한다면 자신의 자녀에게 더 나은 삶의 기회를 제공하기 위해 부모가 행사하는 모든 종류의 영향력은 기회의 평등원칙에 모순되는 것으로 보아야 한다. 평등에 대한 좀 더 온건한 시각에 따르면 증여 및 상속재산 같은 물질적 지원이 문제가 될 것이다. 이러한 실용주의적 관점에서라도 우리는 진보적인 증여 및 상속세를 주장해야 할 것이다.

상속된 재산은 능력과 상관없이 획득된 자산이다. 자산의 상속은 그 것을 위한 노력이 필요하지 않다는 점에서 우리가 그렇게도 당연하게 받아들이는 능력주의 사회와 모순된다. 이 경우 상속인 개인의 성질은 아무 관련이 없다. 그가 게으른지 근면한지, 실력자인지 무능력자인지 는 중요하지 않다. 오로지 특정 가족에서 출생한 우연에 모든 것이 달 려 있다.

미국 사회는 유럽 사회와는 달리 봉건적 과거를 갖고 있지 않으며, 개인주의적인 원칙들에 기초해서 세워졌다. 그러므로 전통적으로 상 속재산은 미국에서 좀 더 회의적으로 인식되었다.

존 스튜어트 밀도 게으름을 자신의 사상에서 진지하게 다루고 있다. 과거에는 지주들이 하룻밤 자고 일어나면 부자가 되는 시대였다. "그 들은 잠을 자는 동안에도 점점 더 부자가 된다. 아무런 노동 없이, 어 떤 위험도 감수하지 않고 절약하지도 않는데도."[53] 그러므로 밀은 단순 히 타인의 호의에 의해서 획득되는 것에 제한을 가하기를 반대하지 않 았던 것이다.[54]

그러나 한 사회에서 능력이 아니라 성공이 중시될 때에는 능력과 거 리가 먼 상속재산에 대한 사회적 인정이 증가하게 된다. 능력주의가 그 의미를 잃어 갈수록, 상속재산은 사회적으로 받아들여진다. 하이에 크는 벼락부자와 상속자의 차이를 다음과 같이 설명한다. "부를 상속 받은 사람들은 보통 벼락부자들이 종종 빠지는 조악한 유흥에 빠지지 않는다."[55] "부자의 품성"이 요구하는 것은 유한계급이 있을 수 있다는 것이다. 중요한 것은 "자산에 구애받지 않는 소유자", 즉 좀 더 높은 목표를 추구하면서 가치 있는 삶을 살며 물질적 걱정 없이 비물질적 가치를 중시하는 사람인 것이다.[56] 이미 아리스토텔레스는 벼락부자를 수치스러운 것으로 보았다. 그에 따르면 이는 한 단계 더 나쁜 것이다. "부의 교양 없는 형성"[57]이기 때문이다.

나아가 재산을 상속받을 수 있는 가능성은 근본적으로 현재 우리 사회에서 지배적인 개인주의에 모순되는 것이다. 상속재산과 가족의 결합관계는 1891년 발행된 교황 레오 13세의 첫 번째 사회 관련 교시인 레룸 노바룸Rerum Novarum에서 강조되었다. '노동자 문제에 대하여'라는 장에서 교황은 사회주의자들이 제기하는 사회정치적 도전들을 언급한다. "강력한 자연법은 가부장으로 하여금 자녀들을 부양하고 모든 필요를 충족시키라고 요구한다. 그리고 자연은 그들이 또한 미래에도 자녀들을 돌보고 세상의 부침에 맞서 정돈하며 스스로를 비참으로부터 보호할 수 있게 해야 한다. 그는 마치 그의 자녀 안에서 살아남은 양 그들 안에서 똑같이 반복되는 것이다. 만약 그가 자녀들에게 재산을 물려주어서는 안 된다면, 어떻게 이 모든 자녀들에게 의무를 다할 수 있겠는가?"[58]

상속제도는 가족이란 세대를 초월하는 사회적 결사체로서 사회의 기본단위라는 관념에서 비롯된다. 특히 주택의 상속은 가족 내 지원의 형태에서 결정적인 위치를 차지한다. 피에르 부르디외Pierre Bourdieu는 자신의 책『유일무이한 나의 집』에서 베론Veron을 인용한다. "상속! 이는 노동자 가정에 새롭게 등장한 개념이다. 그렇다, 아이들은 아버지의 재산을 상속받는다. 그들 자신의 어린 시절을 함께해 온 이 예쁜 정원과 어머니의 미소를 추억하게 되는 이 집의 주인이 되는 것이다."[59]
흔히 가족의 재산은 이상적으로 과대 포장되곤 한다. 가족 기업의 경우 피땀 흘려 이룩한 작은 사업체라는 이데올로기적 이미지를 획득하게 되지만, 사실 이 가족 기업은 수천 명의 종사자를 거느린 증권상장사이다.

소유물과 재산은 일상적인 사용에서 때때로 동의어로 쓰인다. 그러나 이 둘 간의 차이는 근본적인 것이다. 부동산 소유자가 주거지를 소유한다면, 세입자도 그 집을 소유한 것이다. 그러나 전자는 세입자와는 달리 자신의 소유물을 상속, 증여하거나 팔거나 임대할 수 있다. 추상적으로 표현하자면, 소유물은 물건과 관련된 사람들 간의 행위규약을 통해서 재산이 된다. 이 규약은 그것의 위반 시 가해지는 처벌과 결합되어 있다. 우리가 법률적 의미의 자산을 말할 때에 그것은 재산을 의미한다. 재산의 개념은 특정 물건에 대해 법적으로 보장된 처분권에 기반한다. 그에 따르면 재산은 물건 그 자체뿐만 아니라 그와 결합된 규약들 속에서 상품이 된다. 재산의 소유자는 자신의 재산에 통제권한과 독점적 이용권을 가진다. 재산은 자연적으로 주어진 것이 아니라, 사람들 사이의 관계에 기초하는 것이다. 오직 우익 자유주의적 접근 속에서만 재산이 인간의 절대적인 자연권으로 개념화한다. 로빈슨 크루소가 프라이데이나 다른 사람이 자신의 섬으로 오지 않는다고 확신할 수 있었다면, 그가 재산을 말하는 것은 아무런 의미가 없었을 것이다.[60] 재산은 사회 속에서만 존재한다. 법치국가는 사유재산을 보장한다는 말은, 일단 국가적인 법률체계가 합법적인 재산의 취득과 그에 따른 수익 창출 가능성을 허용한다는 뜻을 품고 있다. 한 제도는 갈등이 발생하면 제재를 가할 수 있어야 한다.[61] 재산권의 보호는 불평등한 분배를 강화한다. 사유재산을 신성불가침의 것으로 확신하는 사람에게는 불평등한 자산분배를 개선하기 위한 사회적 정의사상이 별 영향을 끼치지 못한다. 사유재산을 절대적이며, 신성하고, 불가침적이라고 표현하는 것이 바로 이러한 경향을 의미한다.

이러한 경향 속에서 자산불평등에 대한 비판은 부자의 너그러움과 그의 자산축적 정도를 약화시키는 수준에 머물러야만 한다.

재산은 고전적 정치이론에서 자유의 보장으로, 즉 개인적 자유를 보호하는 권리의 일종으로 여겨졌다. 사유재산은 소유자의 독립성을 보장하며, 국가와 거리를 둔다. "법적으로 보장된 재산 말고 그 어떤 것도 한 사람에게 사회적 수단을 더 많이 제공할 수 없다."[62] 여러 자유주의자들에게 이러한 국가로부터의 보호는 그 자체로서 더할 나위가 없는 것이다. 그러나 재산가의 권력에 주목하는 정치적 목표는 그것을 넘어서야 한다. 왜냐하면 재산은 결정적인 권력의 근원이기 때문이다. 그리고 재산가의 자유는 비재산가의 자유를 제한하기 때문에, 권력의 근원으로서 재산의 정당성에 의문을 제기해야 한다. "이 재산권은 그러나 무제한적으로 허용되어서는 안 된다. 왜냐하면 그것은 일차적으로 법률적 실체이며, 권력의 분할이라는 공적인 목적에 기여하기 때문이다."[63]

토머스 홉스식의 자연상태에서는 어느 누구에게도 재산권이 보장되지 않는다. 국가가 없으면 인간은 아무것도 가지지 못한다. 인간은 폭력적인 살해에 대한 두려움에서 스스로 리바이어던, 즉 전능한 국가에게 복종한다. 홉스의 사회계약 속에서 열정적인 부의 추구는 죽음에 대한 공포를 통해 이해되었다. 왜냐하면 "수천 배의 참혹함, 살해당할지도 모른다는 공포, 외롭고, 불쌍하고, 상스럽고, 짧은 생애를 살아야 하는 현실적인 위험"[64]만이 있었기 때문이다.

역사적으로 보았을 때 재산 자체에 부정적인 사람들은 항상 소수에 불과했다. 견유학파, 종파의 창시자, 프란체스코 수도사, 또는 무정부주의자 등이 이 소수에 포함되었고 피에르 조제프 프루동Pierre Joseph Proudhon 같은 초기 사회주의자들도 있었다. 프루동은 도둑질이 이미 사유재산의 생성과정에서 발생한다고 보았는데, 이는 현대의 재산 관련 논쟁에서 자산세를 부과하자는 아이디어에 대해 일단 비난부터 하려는 사람들이 즐겨 인용하는 문구 중 하나이다. 왜냐하면 오늘날 몰수라는 말은 자신의 풍요에 세금을 매기거나 재산의 이용을 제한하려는 모든 시도에 저항하는 재산가에 대한 선전포고나 다름없기 때문이다. "사실상 관습적으로 정의되어 온 재산권에 대해 쉽게 생산되는 자연스러운 권리의 감정은, 일종의 자기정당화로서 현재의 상황에 안주하려는 경향을 증폭시킨다."[65]

재산이라는 관념은 보통 역사적으로 예외적인 상황에서 진지하게 취급되었다. 프랑스의 혁명가인 프랑수아 노엘 바뵈프Francois Noël Babeuf는 토지가 원래 모두의 것이라고 주장했다. 그에 따르면 국가는 토지의 분점을 처벌할 수 있는 권한이 없으며, 재산이란 현존하는 법률에 의해 만들어진 것이다. "이 법들이 만들어질 때 이루어진 끔찍한 합의의 결과로, 사기꾼으로 가득 찬 우리 사회는 모든 종류의 죄악과 범죄가 판치는 곳이 되었다. 이에 대응하여 몇몇 빨갱이들이 힘을 합쳐 싸우기로 하지만, 이들은 이길 수 없는 싸움에 처해 있다. 왜냐하면 그들은 이 끔찍함의 근원을 공격하는 것이 아니라 그 완화에 매달리고 있으며, 이 완화의 수단들은 우리의 조직적 타락에 대한 잘못된 생각으로 만들어진 것들이기 때문이다. 이러니저러니 해도 확실한 것은, 누군가 사회의 산물 중 자신에게 주어진 개인적 몫을 초과해서 가지고 있는 것은 도둑질이며, 불법적인 취득이다. 그러므로 그것을 도로 빼앗아 오는 것은 정의로운 일이다."[66]

바뵈프는 혁명적인 전복 시도를 모든 이의 평등을 실현할 수 있는 마지막 기회로 보고, 혁명의 필연성을 정당화했다. 그에 대한 소송에서 담당 검사는 그의 신조를 다음과 같이 요약했다. "자연은 모든 인간에게 모든 종류의 산물에 대한 동일한 소유권을 주었다. … 범죄자가 되지 않고서는 그 누구도 땅과 산업의 생산물을 저 혼자만을 위해 점유할 수 없다. 사회라고 불릴 만한 곳에서라면 그 어떤 부자도 가난한 사람도 존재해서는 안 된다."[67]

바뵈프에 대한 반대 입장을 동원하기 위해 "재산의 약탈"이라는 말이 사용되었다. 바뵈프의 주장은 "초토화, 도적 떼, 끔찍한 시스템, 음험한 계략, 모든 문명의 포기" 등의 집합체로 표현되었으며, 그의 법정 진술은 거의 100년 동안이나 출판되지 않았다. 그의 사상은 시민계급과 과도한 부자 모두에게 확실히 깊은 공포를 불러일으켰다. 그는 자신의 입장을 명확하게 했다. "곤궁한 자를 위해 자신의 잉여분을 포기하지 않으려는 부자는, 인민의 적이다."[68] 수십 년 후인 1864년 그의 진술서는 300권 한정으로 일련번호가 매겨진 채 출간되었다.

바뵈프의 주장은 정의 담론의 단면을 보여 준다. 가난한 사람들의 권리가 보장되지 않은 상태에서 단순히 경제적 형편이 나아지는 것은 더 이상 충분한 것이 될 수 없었다.[69] "진정한 사회에서는 부자도 가난한 사람도 존재해서는 안 된다."[70]

그러나 이러한 급진성은 상당히 드물다. 이보다 우리가 더 자주 마주치는 것은 자산집중에 대한 평가의 양가성이다. 대부분 파리의 수공업자와 소규모 지주로 구성되어 있었던 상퀼로트[프랑스 혁명의 추진력이 된 무산 시민]들은 프랑스 혁명 초기 몇 년간 재산몰수에 대한 과격한 사상을 가지고 있었다.[71] 그러나 자산의 개인적 중요성에 대해서는 급진적 노선과 실용주의적 실현과정이 항상 뒤섞여 있었다. 한편으로 상퀼로트들은 자신의 세금 부담에서 벗어나고 싶어 했지만, 다른 한편으로는 부유한 혁명의 적들이 처벌받기를 원했다. 그들은 복수심에 사로잡혀 부자들에게 더 높은 국고 부담을 허용하는 능력주의 원칙을 내세웠다. 그러나 이는 사회의 가장 가난한 사람을 위한 수단이 아니라, 혁명 후 전쟁에 직면하여 발생한 재정적 필연성과 관련된 것이었다.[72] 부자들의 재정 부담은 가난한 자들이 제공하는 신체적 고난과 위험에 대한 일종의 대응물이 되어야 했다. 한 사람이 자신의 피를 바치면 다른 누군가는 최소한 돈이라도 내야 하는 것이다.

그러나 18세기 말엽에 이미 프랑스의 부유한 시민이 그의 재산을 내놓아야 하는지의 여부는 논쟁적인 문제였다. 상퀼로트들은 부자들의 자유의지와 선의에 기반한 자선을 그들의 의무로 만들려 하였다. 부자들은 혁명적인 국가시민이 응당 가져야 할 미덕을 보이지 않는다는 의혹을 받았다. 그러므로 세금을 통한 자산가의 기여분이 요구되었다. 그러나 "인민들에 의해 제안된 과세기준이 얼마나 온건했는지 놀라울 지경이었다."[73]

1793년까지도 프랑스 인민운동은 스스로를 부자들에 비해 너무나도 약하다고 느끼고 있었다. 그래서 사원 구역에서 있었던 총회에서는 "모든 시민은 자유의지로, 그리고 자신이 스스로 집계한 자산에 상응하여, 전장에 나간 우리 형제들의 필요를 함께 채워 주어야 한다"[74]라는 결정이 내려졌다. 인민들은 부자들을 너무 심하게 몰아대려고는 하지 않았다. 자산보유의 최대 한계선을 설정하려는 시도는 실패로 돌아갔고, 이와 함께 사유재산에 대한 새로운 접근법도 실현되지 못했다. 세금정책의 개혁도 제한적일 수밖에 없었다. 비록 많은 사람들이 부자들에게 재산소유의 제한을 부과하는 것을 원했지만, 그 사람들 자신이 소유한 공방이나 작은 농지, 상점 등은 무사해야 했다. 이 사람들은 공동의 계급이해를 갖지 않았던 것이다. "부자와 권력자들이 적으로 규정되었음에도 불구하고 이들은 스스로가 이미 무엇인가 소유하고 있었거나, 앞으로 소유할 수 있을 것이라 희망했기 때문에 시민사회 질서와 분리 불가능하게 연결되어 있었다."[75]

카를 마르크스가 강령적으로 주장한 것은 "몰수자에 의한 강제수용"이었지, 정의가 아니었다. 그의 목표는 자본가의 생산수단을 노동자들이 차지하는 것이었다. 노동자계급이 정치적, 경제적 권력을 획득하게 해 주는 연대성과 계급의식은 이와 같은 혁명의 본질적인 구성요소가 된다. 부유한 재산가는 강제수용을 당하고 몰수자들이 진정한 재산가가 될 것이었다.[76] 마르크스는 『고타 강령 주해』에서 다음과 같이 썼다. "무엇이 '정의로운' 분배인가? 부르주아들이 오늘날의 분배가 '정의롭다'고 주장하는가? 그래서 그것이 진짜로 현재의 생산양식에 기초해서 유일하게 '정의로운' 분배가 아니던가? 경제관계가 법률 개념을 통해 규율되는가? 오히려 그 반대로 경제관계로부터 법률관계가 발생하지 않는가?"[77]

정의에 대해 마르크스는 별로 큰 기대를 걸지 않았으며, 다른 이들도 이 회의적 시선을 공유했다. 로자 룩셈부르크Rosa Luxemburg는 『사회개혁이냐, 혁명이냐』에서 정의 문제를 다음과 같이 비꼬았다. "'정의로운', '더 정의로운', … '더욱더 정의로운', … 분배." 그에 따르면 "노동자를 사회적 부에 참여할 수 있게 하고, 가난한 사람을 부자로 바꾸는 것"[78]은 순진한 계획에 불과하다.

마르크스의 이론적 사상에서는 공통의 정신과 이해관계를 가진 계급이 그 중심을 차지하고 있으며, 자본주의는 노동과 자본 사이의 적대관계로 특징지어진다. 자본주의가 시작될 때에는 농민재산이 폭력적으로 몰수되었으며, 이 때문에 농노의 봉건적 족쇄는 없지만 생산수단도 가지지 못한 임금노동자 집단이 형성되었다. 노동자는 생산수단의 소유자들에게 자신의 노동력을 팔도록 강요당했다. 그들은 아무런 수단이 없었기 때문에 임금협상에서 손해를 보게 된다. 마르크스는 16세기에 시작된 이 시대를 본원적 축적이라 불렀다.

정신분석학의 아버지 지그문트 프로이트는 사유재산을 철폐해 사회를 평화롭게 만들겠다는 희망에 아무런 기대를 갖지 않았다. 그는 인간 본성에 내재된 공격성의 문제를 제기했다. "사유재산의 철폐로 사람들은 인간이 지닌 공격 욕구의 도구들 중 가장 강력하진 않지만 충분히 강력한 것 하나를 포기하게 된다."[79] 이로써 프로이트는 공산주의의 공동재산 관념뿐만 아니라 무정부주의의 공동체 관념도 거부하였다.

부를 가난한 사람들에게 분배한다는 목표에 기반한 사회적 정의관념은 19세기 말엽의 정치적, 문화적 발전을 기초로 형성되었다. 사회주의와 자유주의, 전투적 노조와 무정부주의적 또는 공산주의적 결사들이 기존 정당들을 위협하기 시작했으며 이에 혁명운동에 대한 공포에서 비롯된 여러 개혁정책이 시행되었다.[80] 마르크스의 동반자인 프리드리히 엥겔스Friedrich Engels 또한 이러한 공포를 감지하였으며, 이를 1845년 발표된 『영국 노동계급의 상황』이라는 글에서 다음과 같이 표현했다. "개별적으로, 그리고 간접적으로 이미 진행되고 있는 부자들에 대한 가난한 자들의 전쟁은 지금껏 있었던 어떠한 전쟁보다 더 유혈이 낭자할 것이다."[81]

엥겔스는 프롤레타리아의 생활조건을 연구하였으나 그의 사회적 예견은 사변적인 것이었다. 역사적으로 보았을 때, 사회적 전쟁은 일어나는 일이 잘 없었으며, 대부분의 전쟁은 민족주의적인 원인을 갖고 있었다. 전쟁의 원인은 사회 문제보다는 원료의 착취나 종족갈등 등에 있는 경우가 대부분이었던 것이다. 그러나 시민계급의 폭력적 군중에 대한 공포 속에는 확실히 사회 문제가 도사리고 있다. 그리고 프랑스 혁명 시기 등장한 기요틴[두 개의 기둥 사이에 비스듬한 모양의 날이 달린 사형 집행 기구]에 대한 기억은 세대를 거치면서 전달되는 것처럼 보였다. 이에 정치는 시민들의 공포를 이용하여 과도한 부자들을 지원하기 시작했다.

정의원칙은 과도한 부에 대한 비판을 필요로 한다. 자산분배의 불평등은 역겨우며, 능력 범주로부터는 합리적인 근거를 도출할 수 없다. 능력주의 원칙은 과도한 부에 의해 거의 허무맹랑한 소리가 되어 버렸다. 그러나 설문조사 결과를 살펴보면 인민들은 사유재산의 동일한 분배를 추구하지 않는다. 정의에 대한 요구는 좀 더 평등한 분배에 초점을 맞춘다. 그러나 정의원칙은 과도한 부를 평가하는 데 있어 아르키메데스식 근거를 제공할 수 없다. 이 원칙은 곧바로 적용될 수 있는 경제정책적 대책으로 전환할 수 없기 때문이다.

민주주의 사회에서 과도한 부의 정당화는 모든 사람이 동의할 수 있는 것이어야 하지만, 실제로 이 요구는 실현된 적이 없다. 정의와 관련된 이론들은 최소한 과도한 부자들이 그들의 부가 정당하다는 믿음 속에 있도록 하지 않는다. 그러나 정의는 다른 모든 가치들 중 하나일 뿐이다. 그리고 실제로 철학적 정의 개념에 따라 행동하는 사람은 거의 없을 것이다. 그러한 행동을 시도한다고 해도 사회적 반향을 거의 얻을 수 없다고 느끼게 될 것이다. 오히려 불의의 감정 대부분은 분노와 분개로 존재한다.

많은 경우 철학적 근거는 열정에서 이성으로 움직인다. 그러나 감정은 구체적인 정의판단에 있어 지속적인 역할을 수행한다. 그래서 우리는 정의로운 분노나 근거 있는 분개를 말할 수 있는 것이다. 불의의 감정은 합리적인 정의판단이 이루어진 후에도 사라지지 않는다. 그리고 추상적인 정의이론이 질투나 자비 같은 감정을 몰아내거나 대체할 수 있는 경우는 더욱 적다.

제3장

정치적
도전으로서
과도한 부

민주주의와 자산집중은 서로 긴장관계에 놓여 있다. 자산불평등의 정도가 높아지면 민주주의는 근본적으로 약화된다. 과도한 부자가 사회적으로 소수에 불과한 경우에도 이들은 자신의 이해관계를 관철시키는 빈도가 높다. 미국의 전 대통령 지미 카터에게 이는 명확한 사실이다. "오늘날 미국은 대통령 후보로 지명되거나 스스로 후보가 되기 위한 무제한의 정치적 매수가 횡행하는 과두제 국가이다."[1]

오늘날 부자와 가난한 사람 간의 사회적 관계는 오래전 플라톤이 묘사한 것과 같이 극단화되었다. "도시는 돈을 깔고 앉아 한 푼의 세금도 내지 않는 과도한 부자들의 집단과 아무것도 없이 서 있는 극빈자로 양분된다."[2]

과두제가 어떠한 방식으로 미국과 유럽의 정치를 좌지우지하는지의 문제는 여러 사회분석 작업의 출발점이 된다.[3] 1980년대 이래로 자본 이동성이 증가하면서 부유한 시민들의 정치적 입지는 강화되었다. 이 과정에서 점점 더 많은 사람들이 기분 나쁘면 나라를 떠나겠다는 부자들의 위협을 진지하게 받아들이기 시작했다. 세계 곳곳의 조세천국들은 자산가들에게 자산에 부과되는 세금을 절약할 수 있는 매력적인 대안을 제시하였다.[4] 최근 수십 년간 정치적인 개입과 법적, 그리고 조세적인 수단을 활용할 수 있는 기회가 있었다. 재산관계를 직접 손보는 방식 이외에도 세금 등의 법적 절차를 통해 자산분배에 영향력을 행사할 수도 있었다.[5] 그러나 민족국가는 자본의 통제를 포기하면서 결정적인 개입수단을 내던지고 신속한 신자유주의적 경제개혁에 매진하게 되었다.

사적 및 공적 자산의 변화과정을 보면 이 둘 사이의 거대한 전환이 드러난다. 1980년대 이래로 민영화, 규제철폐, 금융세계화 등을 통해 사적 자산은 증가했으며, 같은 기간 공적 자산은 감소되었다. 이에 따라 가난한 사람들을 지원해 주는 복지국가의 활동 영역도 축소되었다.

자산증식의 속도는 경제발전의 속도보다 빨랐다. 주식, 채권, 부동산 등의 장기 수익은 5퍼센트에 달하고 있는데, 같은 기간 국내총생산(GDP)은 연평균 2퍼센트에 미달한다. 노동에서 발생하는 소득은 자산에서 발생하는 소득을 따라잡지 못하고 있다. 세금체계 자체가 노동소득 위주로 짜여져 있기 때문에 부자와 가난한 사람 사이의 격차가 증가할 수밖에 없다.

정치가 부자들의 관심사를 챙기는 정도가 얼마나 되는가와 관련된 자료는 미국뿐만 아니라 독일에서도 찾아볼 수 있다.[6] 페이지Benjamin I. Page, 바텔스Larry M. Bartels, 시라이트Jason Seawright 등은 미국 자산분배순위 상위 1퍼센트의 사람들이 받는 정치적 특혜를 연구했다. 연 세후 소득이 4천만 달러 이상인 사람들은 경제정책에 대해 그 외의 사람들과는 다른 관점을 가지고 있었다. 그들은 정부가 경제를 조정하는 경향에 부정적이었으며 상속에 대한 과세를 반대하였다. 페이지는 길렌스Martin Gilens와의 후속연구에서 정치가 국민 대부분의 소망보다는 경제 엘리트들의 관념에 더 적극적으로 반응한다는 사실을 보여 준다.[7] 이는 정치 영역의 기울어진 운동장으로 이어지며 경제적 불평등을 강화한다.

20세기 중반의 일부 기간에는 미국과 유럽의 자산불평등이 감소하였다. 양차 세계대전은 기업자산을 파멸시켰으며, 국가 경제정책은 자산가에게 세금을 부과하였다. 하지만 이 시기의 사회질서는 역사적으로 예외적인 것이다. 집단주의는 늦어도 1970년대에 이르러서는 그 의미를 상실했으며 개인주의 개념으로 대체되었다. 평등을 위해 활동하는 정치 집단가들은 최근 수십 년간 여러 측면에서 그 세력이 약화되었다. 노조 가입자의 수는 줄어들고 있으며 이에 따라 임금협상에서 노조의 힘이 소멸하였다. 노조는 정치적 의제설정에서 주도권을 잃었으며, 어느 정당에서도 충실한 동지들을 얻을 수 없게 되었다. 1980년대 말까지 자본주의와의 체제경쟁을 감행하면서 자본주의로 하여금 사회정치적 개혁에 신경 쓰도록 만드는 역할을 했던 현실사회주의는 붕괴했다.

정치는 점점 더 적은 수의 규제를 경제 분야에 부과하고 있다. 정치가 사회를 만들어 가는 방향은 과도한 부자들의 관념에 부합한다. 이를 미국 철학자 로널드 드워킨은 다음과 같이 표현한다. "귀족 같은 삶이라는 웃음거리에 불과한 꿈은 윤리적 몽유병자를 통해 삶 속에 남아 있게 되었다. 이들은 여전히 불평등을 지지하고 있는데, 이들의 자기경멸은 타인에 대한 경멸을 부추기는 정치를 불러오기 때문이다."[8]

정치적 목표는 겸손하고 종종 상징적 본성을 갖는다. 미국의 전 대통령 버락 오바마가 명료하게 이야기했듯이, "당신은 여전히 회사 제트기를 탈 수 있을 것입니다. 단지 돈을 조금 더 내는 것 뿐이죠."[9] 오바마는 부자들의 능력을 그들의 사유재산에 입각해서 측정한다면, 국가재정에 조금 더 돈을 낼 수 있을 것이라고 보았다. 그러면서 그는 이 재정상의 요구를 별것 아닌 것으로 만들어 부자들을 달래려 하였다. 미국뿐 아니라 유럽에서도 비슷한 변화가 일어나고 있는데, 이는 다음 장에서 자세히 살펴보게 될 것이다.

1
부유세: 과도한 부에 대한 상징적 투쟁

민주주의 체제에서 정치가들은 계몽적인 이미지를 가져야 하며, 장기적인 전망을 갖고 합리적인 결정을 내려야 한다. 상징정치는 이와 달리 의도적으로 애매모호하게 나타난다. 예를 들어, 누가 부유한지 알지 못하는 경우에는 부자과세와 관련된 모든 종류의 해석이 이론적으로 가능하다. 여기서 부자는 고소득자일 수도, 자산가일 수도, 고액순자산보유자[1백만 달러 이상의 금융자산을 보유한 개인]일 수도, 혹은 초고액순자산보유자[3천만 달러 이상의 순자산을 보유한 개인]일 수도 있다. 이 외에 요트나 기타 사치품에 대한 사치세 같은 것도 생각해 볼 수 있다.

부유세에 대한 개념이 애매모호하게 될 경우 이 세금을 통해 확보할 수 있는 추가 세수의 규모라든지, 또는 이 세금에 대한 부자들의 저항이 어떻게 나타날 것인지 등에 대한 진지한 논의는 거의 불가능해진다. 또한 부유세는 거대한 소득이나 자산에 관련된 것인데, 여기서 어느 정도가 거대하다고 할 수 있는지도 불명확해진다.

부유세라는 아이디어는 국민들이 가진 불의에 대한 감수성과 연관된다. 많은 사람들은 불평등한 사회관계를 바라보면서 분개의 감정을 느낀다. 분개는 정치 엘리트들에게 직접 전달되지 않는다. 표출된 분노는 조직적인 저항으로 이어지지 않기 때문이다. 정치가 국민들의 분노를 다루는 노력은 화난 사람에게 아첨하고 보는 방식 속에서 고갈되어 버리거나, 이 분노를 부자가 아닌 가난한 사람에게 돌리는 정책들로 이어진다. 종종 도구적인 평등주의가 등장하기도 하지만, 이는 사회적 평등과 관련된 것이 아니라 폭력적인 천민들을 두려워하는 것에 불과하다.

그럼에도 불구하고 아직까지 국민들은 부자에 대한 폭력을 기꺼이 감수하려 하지 않는다. 그리고 집단적 반항에 대한 공포가 줄어들수록 개혁을 수용하려는 경향도 약해져 간다. 불의를 향한 국민들의 분개는 난민, 실업자, 혹은 거지들에게 돌려질 수도 있다.

세금은 좋은 의미에서 부과되지 않는다. 이에 따라 세금은 좀 더 온건한 방식인 헌납과는 근본적으로 구분된다. 기본적으로 자산가들은 자선의 의미를 담은 기부를 할 때 그 목적과 액수를 스스로 정할 수 있기에 세금을 납부하는 것보다 기부를 선호한다.

세금기여[독일어 Steuerbeitrag의 직역]라는 단어는 그러므로 그 용어 자체가 낯선 것이다. 세금은 기여하는 것이라기보다는 납부해야만 하는 것이기 때문이다. 기여는 공동체와 관련된 개념이다. 한 부자가 어떤 기여를 한다면, 그는 자신이 기여한 집단의 일원이 될 것이다. 한 자선가의 기여는 책임감과 참여를 암시한다. 누군가 세금을 납부하는 것은 이미 상당히 많은 기여분을 기부한 것이 된다.

과도한 부자들이 누리는 예외적인 사회적 지위는 세금을 통해서는 연출될 수 없으며 그의 부의 위신을 세우기란 자선가의 경우보다 어렵다. 세금의 절대 크기는 기부의 경우와는 달리 개인의 능력을 보여 주는 것이라고 할 수 없다. 높은 세금 부담은 단지 자산이 많다는 사실만 보여 줄 뿐이다. 이에 반해 개인의 자산을 기부하는 경우에는 그것이 공동체의 행복에 갖는 의미가 드러나며, 이를 통해 사회적 인정을 획득할 수 있게 된다. 부자들은 관대함을 보여 줌으로써 자신의 특별한 사회적 위상에 대해 인정받고자 한다. 세금이 기부로 전환된다면 대중들은 과도한 부자들이 깃발에 써 놓은 자선의 일부를 누리게 될 뿐이다.

과도한 부자와 나머지 국민들 사이의 자산격차가 매우 크기 때문에, 작은 세금기여는 불평등을 완화하는 데 전혀 도움이 되지 않으며, 단지 불평등의 증가를 조금 더디게 할 뿐이다. 한 가지 예를 들어 자산세율이 1퍼센트이고 1백만 유로 한도로 공제 액수가 설정되어 있다면 이는 자산불평등의 완화에 아무런 영향도 끼칠 수 없다. A가 10만 유로의 자산을 가지고 있고 B가 2백만 유로의 자산을 가지고 있을 때 세금을 내는 사람은 B뿐이며, 세금 액수는 1만 유로이다. 평균적인 자본소득율을 연 3퍼센트로 설정하게 되면 A의 자산은 연평균 3천 유로 정도만 증가한다. 이에 비해 B의 자산은 세금을 제하고도 5만 유로가 증가한다. 세금부과에도 불구하고 자산불평등은 이전보다 더욱 증가한 것이다.

낮은 세율을 지향하는 정책은 부자들 자산의 본질적 부분을 깎아 내려 하지 않는다. 단지 자산에서 발생하는 이익이 조금 줄어드는 수준에 그치는 것이다. 이러한 상징적인 정책은 과도한 부자들이 절대적, 혹은 상대적으로 더욱 부자가 되는 것을 받아들인다. 그리고 해당 정책과 관련된 세금 개념은 부자와 가난한 사람의 격차가 증가하는 것을 인정한다. 1퍼센트의 부유세율은 절대 자산 자체에 과세하는 것이 아니며, 어떤 형태로도 몰수가 될 수 없다.[10] 또한 위와 같은 최소한도의 부유세가 과도한 부자들이 사회를 멋대로 주무를 수 있는 가능성을 제약하지도 않는다.

그럼에도 불구하고 이 정도의 부유세라도 더 많은 정의에 기여하는 것이라고 볼 수 있지 않은가? 토머스 네이글과 리엄 머피Liam Murphy는 공저인 『소유의 신화*Myth of Ownership*』에서 정의로운 세금은 말도 안 되는 소리임을 보여 주고 있다. 비록 자산은 오직 시장에서만 발생한다고 끊임없이 암시되지만, 사실 시장은 정치적인 틀 속에서만 작동한다. 이는 시장균형이 국가적인 자산 재분배로 인해 방해받는다는 뜻이 아니라, 분배를 규정하는 전체 체계를 바라보아야 한다는 의미를 갖는다. 그렇지 않으면 정의롭지 못한 시장분배가 자연스러운 것으로 받아들여지고 난 이후에 뒤늦게 올바른 개선 메커니즘을 탐색하는 셈이 된다.

거의 모든 경제학 분야에서 자산세와 상속세보다 노동의 부담이 더욱 근로의욕을 감소시킨다는 점에 일치된 의견을 보인다.[11] 그럼에도 불구하고 일부 국가에서만 자산 관련 세금이 존재하며 그 수도 점차 줄어드는 추세이다.[12] 상속 및 유산세는 미국, 영국, 독일, 덴마크, 핀란드, 프랑스, 이탈리아, 네덜란드에서만 존재한다. 그리고 자산세의 역사는 망각되었고, 그에 따라 현재의 과세 가능성도 사라졌다. 1930년에서 1980년 사이 미국에서 소득에 대한 최대 과세율은 평균 81퍼센트에 달했으며 유산에 대한 세율은 최대 74퍼센트에 이르렀다. 그럼에도 불구하고 자본주의는 붕괴되지 않았다.[13]

2012년 프랑스에서 도입한 부유세는 자산이 아닌 소득에 부과되었다. 당시 프랑스 대통령 프랑수아 올랑드François Holland는 1백만 유로 이상의 소득에 대해 75퍼센트의 세율을 제시했다. 프랑스 사회당 정권의 시도는 대담하기는 했지만 그 토대에 대한 진지한 검토가 없었다. 이 점은 다음 3가지 측면에서 설명될 수 있다. 첫째, 연 소득 1백만 유로는 극단적으로 높은 기준이었다. 이 기준을 넘는 소득을 올리는 사람 자체가 거의 없어, 프랑스 전체에서 약 1천 명 정도에 불과했다.[14] 둘째, 위 시도의 근간을 이루는 부에 대한 이해가 정확하지 않았다. 왜냐하면 신설 세금은 노동소득에 부과되도록 하였기 때문이다. 셋째, 부자들의 주요한 물질적 이해관계가 얽혀 있는 사유재산 문제는 털끝만큼도 영향받지 않았다. 결국 이 부유세는 국고에 그리 큰 도움이 되지 못했다.

이 정책의 또 다른 문제는 능력이 특히 중시되는 분야 종사자들과의 갈등이 발생했다는 것이다. 스포츠는 특히 실력주의가 강한 분야로서, 사회적 연줄이나 출신이 아닌 능력이 우선시되는 곳이다. 성공한 운동선수는 그 소득과 자산에 대한 질투를 가장 적게 받는 백만장자라고 할 수 있다. 또한 부유한 축구선수는 별 볼 일 없는 계층에서 탄생하는 경우가 종종 있어, 일종의 비전형적인 백만장자라고 할 수 있다.

2015년 이래 프랑스에서 부유세는 더 이상 부과되고 있지 않다. 상징적으로 보면, 이는 좀 더 평등한 사회를 위한 노력이 결정적으로 좌절되었음을 의미한다. 프랑스에서 있었던 이 실패는 우리에게 정치의 무능력을 명확하게 보여 준다. 과도한 부에 대한 소심한 으름장조차도 세우지 못했던 것이다. 여러 유럽 국가에서는 아예 비슷한 시도를 전혀 하지 않게 되었다.

뒤이어 집권한 마크롱 대통령은 프랑스에서 총자산 1백 30만 유로 이상에 부과되던 자산세를 철폐하였다. 마크롱은 미 [전] 대통령 도널드 트럼프처럼 부자 리스트에 올라가 있는 사람은 아니지만, "부자들의 대통령"이라 불리는 것을 좋아한다.[15] 이제 프랑스에 남은 것은 오직 부동산세뿐이며, 각종 세금철폐 및 축소로 프랑스의 세금납부자 수는 절반으로 줄었고 연 32억 유로의 세수 감소가 이어졌다. 이 과도한 부자에게 호의적인 경제정책은 2018년부터 벌어지고 있는 프랑스의 이른바 '노란 조끼' 시위가 발생하는 데 결정적으로 기여했다.

자산세의 폐지로 여러 저항이 발생했는데, 그중에는 대통령의 소속 정당인 레퓌블리크 앙 마르슈La République en Marche 안에서 일어난 것도 있었다. 자산세를 폐지하고 부동산세를 남겨 둠으로써 부유한 자들의 이익이 더욱 눈에 띄게 되었다. 국민들의 공분을 약화시키기 위해 요트에 사치세를 부과하는 체면치레가 있기는 했으나, 이는 과도한 부자들의 자산 중 눈에 보이는 부분만 과세하고 눈에 보이지 않는 부분을 내버려 둠으로써 프랑스 재정정책 기획의 무논리성과 정치적 합리성의 부재를 보여 주고 말았다. 이에 대해 프랑스 언론들은 놀라움과 조롱이 뒤섞인 논평을 내놓았다. 2017년 프랑스 전체에서 단 한 척의 호화 요트에 사치세가 부과되었다. 다른 요트들은 프랑스가 아닌 다른 나라에 등록되었던 것이다.[16]

미국에서나 유럽에서나 억만장자에 대한 세금은 오랫동안 진지한 논쟁거리가 되지 못했다. 미국에서는 2020년 대선을 앞두고서야 뒤늦게 관련 논쟁이 시작되었다. 억만장자에게 부과되는 세금은 세율을 낮게 설정해도 실제 세수가 높을 것으로 기대되고 있다.[17] 이론적으로는 세금을 회피하려는 과도한 부자들에게 여러 종류의 처벌이 있을 수 있다. 그중 가장 효과적인 정책적 제재수단으로는 "대표가 없다면 세금도 없다no taxation without representation"라는 미국 독립전쟁 당시의 구호 앞

뒤를 바꾸어 "세금이 없다면 대표도 없다"라는 원칙을 세우고, 이에 따라 세금납부 거부자들에게 국적박탈 처분을 내리는 것을 생각해 볼 수 있다.

2

능력과 무관한 과도한 부에 대한 세금

상속인에 대한 정당성 문제는 다음과 같이 피상적으로 표현될 수 있다. 왜 억만장자의 아들이 상속받는 재산은 교사의 월급보다 더 적게 과세되는가?

이 질문에 대답하기 위해서는 가치, 이해관계, 감정 등을 함께 고려해야 한다. 그렇지 않으면 널리 퍼진 상속세에 대한 반대를 이해할 수 없다.[18]

상속세는 오래된 전통을 가진 납부방식으로, 고대 로마에서도 부과되었다. 앵글로-색슨 국가에는 사망한 사람의 자산을 과세대상으로 하는 유산과세의 전통이 남아 있다. 대부분의 다른 국가에서 상속세는 상속재산의 귀속행위에 대한 과세로서, 상속인에게 부과된다.

한 사회에서는 그 사회의 특정 조건들(재산보호, 규약, 관습, 계약신뢰도 등)에 맞추어 자산의 축적이 발생한다. 이렇듯 사유재산의 형성에 사회가 참여하기 때문에, 사유재산의 상속에 사회의 몫을 요구하는 것에는 근거가 있다.

오늘날 상속은 무과세로 이루어지는 경우가 종종 있는데, 이는 우리에게 봉건주의적 구조를 연상시킨다. 사실 사회 속 높은 수준의 자산집중 정도를 상기해 볼 때, 상속세는 극소수의 부자들에게나 부담이 될 뿐이다. 미국 상속세의 최고세율이 43퍼센트에 달하기는 하지만, 여러 항목의 공제에 힘입어 2018년에는 겨우 1,700건의 상속에만 상속세가 부과되었다. 그럼에도 불구하고 상속세를 통해 증가한 세수는 2백 30억 달러에 달했다. 도널드 트럼프 집권기에는 유산에 부과되는 세금의 공제한도가 1천 1백만 달러로 상향되었으며, 이로 인해 상속세 부과 건수는 더욱 줄어들 것으로 예상된다.[19]

매년 독일에서 나타나는 상속 건수는 1백 60만 건에 달하지만, 그중 2만 3천 건만이 상속세 과세대상이 된다. 이는 모든 상속 건 대비 1.5퍼센트에 불과하다. 상속세 과세대상이 되기 위해서는 50만 유로 이상을 상속해야 한다. 겨우 1천 2백 건만이 5백만 유로 이상의 상속재산을 기록했으며 이는 전체 상속재산의 14퍼센트를 차지한다. 높은 면세기준과 여러 공제항목들에도 불구하고 상속세 관련 세입 액수는 괄목할 만한 크기를 보여 준다. 2015년 독일의 경우 상속세 관련 세입이 63억 유로에 달했던 것이다. 상속상의 불평등을 보여 주는 항목을 살펴보면, 2011년부터 2014년까지 독일에서 총 90명의 14세 미만 어린이가 거의 3백억 유로의 자산을 상속받았다.[20]

총 세수액과 비교해 보면, 상속재산에 대한 과세로 발생하는 세수는 그다지 크지 않다. 상속세는 하찮은 세금으로 불리기도 한다. 과도한 부자들이 자선을 행하면 온갖 언론에서 그 액수의 거대함을 찬양하지만, 상속세에 대해서는 그 반대이다. 노동에 대한 과세가 사회적으로 수용되는 데 반해, 상속세는 국가에 의한 몰수로 여겨진다.

상속행위에 대한 경험적 자료는 정치적으로 맥락화되어 있다. 즉 상속과 증여라는 자연스러운 자산분배가 먼저 일어나고, 이를 국가가 사후적으로 변화시킨다는 이미지를 주는 것이다. 그러나 상속은 언제나 법적, 제도적으로 규정되어 왔다.

상속세 부담은 피상속인과 상속인 관계의 종류와 관련이 있다. 가족의 경우 상속세 부과과정에서 혜택을 받으며, 피상속인과의 친족관계가 가까울수록 세금 부담이 줄어들게 된다. 이는 상속을 가족적인 틀 안에서 일어나는 특수상황에 의한 재산획득으로 규정하고 있음을 보여 준다.

이와 달리, 상속과 관련된 비판적인 담론은 일반적으로 능력주의적인 관점에서 이루어진다. 사람들은 부유한 부모 밑에서 태어나는 행운을 거머쥐기 위해 아무것도 할 수 없다는 점에서 상속은 능력주의 원칙에 반한다는 것이다. 그러나 능력주의적 원칙은 조세정책을 세우는 데 있어 실제적인 의미를 거의 갖지 못한다. 일관성 있는 주장이라면, 소득이 낮지만 꾸준히 저축한 부모님으로부터 적은 금액이나마 상속받는 일부 사람들의 경우에도 과세가 이루어져야 할 것이다. 왜냐하면 상속재산은 하찮은 금액이라 할지라도 상속인의 노력이 전혀 들어가 있지 않은 부당한 자산이기 때문이다.

이론적으로 보았을 때 상속세는 능력주의를 진지하게 생각하는 자유주의적인 경제정책 수단이다. 상속을 부당한 자산으로 가정하는 것은 곧바로 도덕적인 의문으로 이어진다. 개인 삶의 마지막에까지 개입해서는 가장 사적인 행위를 방해하고 가족집단을 파괴하고야 마는 국가에 대해 많은 사람들은 부당함을 느끼며, 이 부당함은 능력주의 원칙에 대한 동의보다 더 크게 작용한다.

과세 면제 기준 액수가 높기 때문에 상속세는 극히 일부에게 해당되는 일이다. 그러나 사람들은 성 플로리안의 원칙[잠재적 위협 및 위험을 해결하지 않고 다른 쪽으로 미루어 버리는 행위]에 따라 생각하지 않는다. 그렇지 않다면 국민의 대다수는 상속세에 찬성했을 것이다. 자산을 가진 사람은 물론이고 그렇지 않은 사람들도 좀 더 다양한 관점을 가지고 있다. 그들이 갖는 부당한 느낌과 가치성향은 그들의 소득이나 자산의 크기와 관련된 것만이 아니다.

가치와 설득은 사회적 문제를 판단하는 데 중요한 역할을 한다. 그렇지 않다면 이성애자들은 모든 이들에게 결혼이 가능해야 한다는 주장에 대해 자신의 입장을 갖지 못할 것이며, 비흡연자는 담배세, 금주가는 주세부과의 시급성과 관련해 아무런 의견을 갖지 않을 것이다. 설득의 과정은 감정에 기반해서 이루어지는 경우가 많고, 개인적 이해관계에 반대되는 의견을 가지게 할 수도 있다.

피상속인과 상속인의 이기주의적 이해관계만으로는 사회 저변에 널리 퍼져 있는 상속세에 대한 반감을 설명할 수 없다.[21] 유산에 대한 과세를 적극 찬성하는 과도한 부자들도 있기 때문이다. 미국에서는 워런 버핏과 빌 게이츠에 의해서 상속세 찬성 담론이 촉발되기도 했다. 거부인 그들 스스로의 이해관계에 반대되는 이야기를 했기 때문에, 버핏과 게이츠의 제안은 즉시 언론을 통해 널리 알려지게 되었다. 상속세에 동조하는 과도한 부자들은 자신을 성공했지만 이기주의적인 동기에 따라 행동하지 않는 사람으로 내세운다. 워런 버핏의 말을 빌리면, 한 사람이 좋은 모친을 두었다고 평생 사회부조 같은 지원을 받을 수는 없다는 것이다.

국가는 상속재산에 과세할 권리를 가졌다고 할 수 있는가? 사회에서 가족에게는 예외적으로 특혜를 주어야 할 것인가? 위의 두 질문은 상속의 근본과 관련된 것이다. 왜냐하면 상속세 논쟁에서 사람들은 그것의 가치를 두고 싸움을 벌이기 때문이다.[22] 논쟁 참가자들은 각기 주관적인 기준으로 능력이나 가족, 사회적 정의 등에 멋대로 가중치를 두고 토론에 임한다.

상속세는 여러 가지 사적인 의문들과 연관되어 있다. 피상속인과 상속인 공동의 가족 정체성은 일종의 감정적인 스트레스 상황의 근거가되며, 이 감정적 측면은 상속을 둘러싼 싸움이나 상속세 관련 논쟁에서 자주 볼 수 있는 흥분과 격정의 기반이 된다. 몇몇 상속인들은 가족의 노력이 있었기 때문에 상속이 이루어질 수 있었다고 본다. 이 가족의 노력이라는 표현에서 우리가 이해할 수 있는 것은 합리적으로 규명되지 않는 종류의 것들이다. 어째서 성실한 아버지가 아들의 조세 특혜를 용인하는 근거가 될 수 있는지는 명확하지 않다. 한 사람의 능력이나 노력은 다른 사람에게 상속될 수 없는 것이다. 하지만 합리적 근거에 반하는 종류의 설득이라 해도, 이것을 진지하게 고려해야만 사회적으로 널리 퍼진 상속세에 대한 반감을 이해할 수 있게 된다.

정의관념에 따르면, 가난한 가족과 부유한 가족 모두가 조세혜택을 받는 상황은 상당히 의심스러운 것이다. 국가의 사회복지 지원이 감소하면 주로 가난한 가족이 영향을 받으며, 긴급한 경우 가족은 마지막 비빌 언덕이 된다. 이와 달리 상속은 특히 부유한 가족에게 중요한 의미를 갖는다. 가족에게 주어지는 세제혜택을 찬성하는 것은 부자와 가난한 사람 모두에게 동일한 것을 뜻하지 않는다. 기업 간 합병이 이루어질 때에도 해당 기업이 가족의 재산이라고 강조되기 때문이다. 기업이 가족재산의 표상으로 작동하면서, 상속세 때문에 가족 기업이 파산할 것이라는 위협이 등장하기도 한다. 그러나 많은 경우 가족 기업은 거대 기업집단을 지칭하며, 상속세 때문에 기업주식을 팔아야 하는 경우에도 대부분 별문제 없이 기업지배가 가능하다. 모든 기업가의 자식들이 타고난 기업가일 수는 없지만, 그에 대한 의문은 잘 제기되지 않는 편이며, 그 대답은 보다 더 듣기 어렵다. 미국 건국의 아버지들 중한 명인 토머스 페인Thomas Pain은 자신의 격문인 『인간의 권리』에서 다음과 같이 썼다. "나는 문학과 모든 학문이 상속자들에게 굴종하게될 때 어디까지 추해질 수 있을지를 생각하면 조용히 웃음이 지어진다. … 나는 호머나 유클리드가 자식이 있었는지는 잘 모르지만, 그들이 자신의 작품이나 학문적 성과를 완결 짓지 못하고 죽었을 때 그 자녀들이 그것을 완성시킬 수 없었으리라는 것만은 확신을 갖고 말할 수 있다."[23]

노동에 대해 과세가 이루어지는 이상, 상속에 대해서도 과세가 이루어져야 한다. 미국과 유럽의 상속과세 제도의 역사를 살펴보았을 때 확실한 것은, 상속재산에 대한 과세로는 본질적인 자산 재분배가 거의 일어나지 않았다는 점이다.[24] 부분적으로 명목세율이 높다고 하더라도, 상속된 자산에 대한 실제 세금 부담은 자산집중을 극단적으로 감소시킬 정도로 높았던 적이 단 한 번도 없었다. 정의를 외치는 극단적인 수사와 얼마 안 되는 세금부과 액수 사이의 간극은 현저히 깊다.

상속과세 제도의 역사에서 아주 짧은 기간 동안에만 세금을 통한 재분배가 추구되었다. 바로 1930년대 루스벨트가 미국 대통령으로 재임했던 기간이다. 1920년대 말 미국에서 발생한 재정위기가 지나가자, 루스벨트는 대담한 증세를 통해 전쟁 비용을 확보하려 하였다.[25]

진보적인 상속세는 20세기 특유의 경제정책 수단이었다. 독일에서는 1906년에 상속세가 도입되었다. 미국에서는 1916년에 상속재산세가 도입되었고 1916년과 1945년 사이에는 총 11번의 세제개혁이 이루어져 제2차 세계대전이 끝났을 때 상속 관련 최고세율은 77퍼센트에 달했다.

1972년 미 민주당 대통령 후보였던 맥거번은 50만 달러를 초과하는 모든 상속재산에 100퍼센트의 세율을 적용하자는 공약을 내세워 유권자의 표를 얻고자 했다. 그러나 이 합리적인 공약은 유권자의 표심을 잡지 못했다. 평생 그만한 돈을 모아 보지도 못할 저소득층 또한 이 공약에 반대했던 것이다.

특히 살아가면서 여러 차례 손해를 경험한 사람들은 자신의 자녀들만은 좀 더 나은 삶을 살 수 있으리라는 데 희망을 품는다. 이 사람에게 상속세는 또 다른 종류의 불이익으로 다가온다. 실제로 상속할 재산이 한 푼도 없어도, 가난한 사람들에게 상속은 사회적 이동성의 관념과 연결된 것이다. 실제로 상속은 고귀한 사람들만 그 지위를 이어받는 왕조적인 측면을 가지고 있어 자산 불평등을 고착화시키지만, 가난한 사람들의 머릿속에 그 반대의 이미지, 즉 신분상승과 사회적 이동성의 모습을 심어 놓는다.

상속은 피상속인의 죽음과 관련됨으로써 무언가 의미심장한 것이 된다. 피상속인은 아마도 자산을 물려줌으로써 자신이 죽은 이후에도 가족 내에서는 상징적으로나마 영생한다는 사실을 보았을 것이다. 그리고 상속인은 이 자산의 이동을 우연한 자산증가가 아니라 가족의 일원임을 증명하는 표상으로 바라볼 것이다. 자산은 재산 속에서 정신적인 영생을 누리게 된 것이다.

미국에서는 상속재산세가 사망세라는 이름으로도 불린다. 상속세의 장단점을 생각하는 과정에서는 항상 그 자체의 사멸성이 함께 고려된다. 부유한 사람들에게 상속이란 자산을 남기는 것 이외에도 가치의 전달이라는 의미 또한 갖고 있다. 흥미롭게도 이 가치는 자본주의에서 그토록 칭송하는 능력의 가치가 아니라, 내 후손이 누리는 특혜에 불과하다.

비록 상속 관련 세금 부담은 오직 부유층에게만 적용되지만, 이 상속세를 통해 획득할 것으로 예상되는 세입의 사용처가 불분명한 경우에는 돈이 그저 부자에게서 국가로 옮겨 간 것처럼 보일 수 있다. 그리고 이러한 인상은 과도한 부자들보다는, 국가 관료제에 의해 매일같이 굴욕을 느끼고 있는 가난한 사람들에게는 그다지 좋아 보일 리가 없을 것이다.

사람들은 자녀의 미래를 더 이상 걱정하지 않을 수 있게 된 후에야 —아마도— 자신의 후손들에게 혜택을 주려는 일을 그만두게 될지 모른다. 가난한 사람들이 불신하는 국가는 상속세 부과를 위해 정의에 입각한 합리적 근거를 제시한다고 해도 그것을 실현시킬 수 없을 것이다. 상속세 소득을 사회적으로 쓸모 있는 일에 사용하는, 정의롭고 상호 연대하는 사회에 대한 믿음을 줄 수 없다면, 사람들은 가족적인 단결이 더욱 중요하다고 생각할 것이다. 사생활에 대한 국가개입을 거부하는 것은 부자나 가난한 사람이나 모두 동일하게 가진 성향이다. 여기에는 심지어 평등이라는 논거도 제시될 수 있다. 이렇게 되면 과도한 부자들을 표적으로 하는 세금은 사회적 소수자를 향한 불평등 대우나 차별로 여겨질 수도 있다. 이 경우 과도한 부자들은 스스로를 정치적으로 탄압받는 소수자로 포장할 것이다. 미국의 경우 국민의 상당수가 언젠가는 스스로 최고수준의 부자가 될 수 있을 것이라는 헛된 믿음을 가지고 있기 때문에 상속재산세를 자신의 문제로 받아들인다. 2018년 미국에서 상속재산이 과세대상이 된 경우가 겨우 1,700건에 불과하다는 점을 상기할 때 위와 같은 사람들의 생각은 기이하기까지 하다.

카를 마르크스는 상속에 대하여 정치적으로 접근하는 것은 틀렸다고 보았다. 상속은 생산 측면에서 벗어나 있으며, 어쨌든 노동자계급은 후손에게 남겨 줄 만한 것은 아무것도 가지지 못한다는 것이었다. 현실사회주의 국가에서 사유재산의 사회화는 상속에 대한 개입보다는 국유화 등을 통해 사적 자산의 축적을 애초부터 방지했다. 상속과 그에 대한 과세는 과도한 부자들만이 극도로 신경 쓰는 종류의 일이 되었다. 과세는 그들의 이해관계에 어긋나기 때문에, 교육이나 기회의 평등 같은 주제가 훨씬 더 자주 언론에 등장하고 논의된다.

3
과도한 부에 대한
관심의 전환으로서 교육

미국과 유럽에서는 부자와 가난한 사람 사이에 놓인 사회적 격차를 줄이려는 시도가 그다지 많지 않았다. "신분상승의 기회"는 "열심히 노력하는 사람들"에게 열려 있어야 한다고 오바마 전 미국 대통령이 소망하기도[26] 했지만, 이는 프랭클린 D. 루스벨트가 1930년대에 착수한 뉴딜정책이 가진 비전에 비하면 상당히 초라한 것이다.

가난한 사람들 특유의 행동양식은 교육의 문제라든가 자원의 문제 같은 것으로 이해될 수 있다. 사람들이 자신의 소득이 허용하는 것보다 더 많은 돈을 지속적으로 지출하게 되면 곧 빚에 허덕이게 된다. 여기서 이 긴급상황이 낮은 소득에 기인한 것인지, 아니면 비합리적인 지출행위에 의한 것인지는 아직 알 수 없다. 그러나 신자유주의적 이데올로기는 이미 이에 대한 대답을 준비해 놓고 있다. 가난한 사람들은 무책임하게 행동한다.

이 주장에 따라 현재의 사회적 지원정책은 "[지원을 받을 만한] 자격 있는 가난한 사람"들에게만 주어진다. 자격 있는 사람들이란, 낮은 소득의 원인이 게으름이나 알코올 중독 같은 행동 및 인성상의 약점에 있지 않은 사람들을 의미한다. 그에 따르면 도움받을 가치가 없는 가난뱅이들을 빈곤에서 탈출시키기 위해서는 교육이 필요하며, "자격 있는 가난한 사람"들은 그저 자선을 통해서만 도와줄 수 있다.

교육은 자주 등장하는 사회정치적 투쟁 주제이다. 그러나 교육을 둘러싼 싸움은 주로 교육체계 구성과 관련된 것으로, 교육의 근본적 의미에 대해서는 그다지 논의가 많지 않다. 교육의 의미는 한 사회의 능력주의적 원칙을 따라 형성된다. 표면적으로는 각 개인들의 노력 여하에 따라 학습성취 달성 여부가 결정되는 것처럼 보인다. 이러한 이데올로기적 관점은 수많은 경험적 증거로 반박되지만 여전히 사회 속에 강고하게 자리 잡고 있다. 어린이의 교육과정은 부모의 교육수준과 가정 내 경제적 여력에 따라 결정된다.[27] 교육수준이 높은 부모는 당사자인 자녀들보다 훨씬 더 교육에 적극적이다. 이를 통해 가난한 가정 출신 어린이들이 거의 따라잡을 수 없는 불리함이 교육의 출발점에서부터 형성된다. 현재의 불평등과 세대 간의 계층 이동성 추세를 염두에 둘 때, 가난한 가정 출신의 불이익은 5번의 세대교체가 이루어진 이후에야 극복될 수 있다. 쉽게 말해, 한 사회에서 저소득층 가계 출신이 평균 소득수준에 도달하려면 150년이 걸린다.[28]

교육은 자산과는 달리 재분배될 수 없는 종류의 것이다. 예를 들어 부동산 자산의 경우 두 종류의 관련 입장이 명확하게 분리된다. 가진 자는 소유하고 없는 자는 빌려 써야 한다. 이와 같은 분리는 교육에서는 존재하지 않는다. 단지 누군가는 더 가지고 있고 다른 사람은 덜 가진 상태인 것이다. 교육받은 사람과 그렇지 않은 사람 사이의 경계는 유동적이다. 더 나은 교육 기회에 대한 주장은 결과적으로 일종의 재분배에 대한 요구이며, 그러므로 사회적 합의에 반대되는 것일 수 있다. 저학력자들이 기존보다 상위 교육기관의 졸업장을 받게 된다고 해서, 기존 고학력자들의 학력이 낮아지는 것도 아니다. 교육은 과도한 부 문제를 해결할 수 없다. 너무 오랜 시간이 걸리기 때문이다. 학교에 가고 직업교육을 받는 과정은 수년에 달하는 것이기 때문에, 사회적 분배의 급격한 변화는 이루어질 수 없다. 교육은 중간계층이 특히 민감하게 받아들이는 주제이다. 교육 부문에서 일어나는 경쟁은 대부분 계층상승을 추구하는 중산층 가족들과 계층추락을 우려하는 중산층 가족들 사이에서 일어난다. 사회적으로 제기되는 교육 관련 주제들은 자산가의 세계에서 아무런 영향력을 행사할 수 없다. 과도한 부자들은 자신의 자녀들의 교육을 사적인 방식으로 확보하기 때문이다.

교육을 통한 개인의 강화는 모든 사람들이 공유할 수 있는 목표이다. 정치가들은 교육 문제에 관심이 많은 것처럼 립 서비스를 남발한다. 특히 경제정책에 투입할 재원이 부족한 경우에 이러한 교육에의 강조는 독려 이상의 현실적인 조치로 발전하기 어렵다. 그러므로 중간 계층이 그토록 교육 문제에 민감한 것이다. 중간계층은 점점 더 불평 등해져 가는 사회 속에서 그들의 기회가 줄어들고 있음을 알아채고 자 녀들의 미래를 위해 투쟁한다. 현재 젊은 세대는 더 나이 든 세대에 비 해 자산축적 속도가 훨씬 느리다. 그러므로 이미 축적된 자산의 유무 가 노동소득보다 더 큰 의미를 갖게 된다. 부유한 부모는 행복에 도달 하는 열쇠가 된다.

우리가 당연하게 받아들이는 교육 관련 정책은 시장친화적 전제에 맞춘 내용들로 채워지게 된다. 교육을 통해 획득한 능력은 시장에서 판매될 수 있어야 한다. 시장친화적 형태의 교육 개념에 따라 모든 기 술과 자격증은 경제적 수요가 있는 것이어야 하며, 불평등 사회의 근 간을 흔들 수 있는 해방친화적 능력과는 관련이 없다. 교육은 과도한 부에 도전하는 것이 아니라, 과도한 부로부터 시선을 돌리게 만든다.

사회 내 기회의 평등이 단지 공허한 슬로건에 머무르지 않기 위해서 는, 가난한 어린이들이 가진 명백한 사회적 불이익을 전반적으로 보완 할 수 있어야 한다. 노동자의 자녀들은 스스로가 교수의 자녀들보다 더 부족하다고 생각한다. 그들은 자신의 능력에 믿음을 갖고 있지 않 으며, 이 환경적 요인은 교육을 받을 수 있는 기회뿐만 아니라 교육을 통해 직업적 성공을 획득할 수 있는 기회에도 커다란 영향력을 행사한 다. 사회적 신분상승을 추구하는 사람들이 종종 부딪히는 유리천장은 이 계급의 환경적 경계선에 기반한다. 교육체계의 요구는 주로 중간계층의 문화적 습성에 맞추어 제기된다. 이 외에도, 가난한 사람들에게 더 많은 교육을 제공한다고 해서 반드시 이들이 더 높은 사회적 위치를 획득하거나 곤궁한 형편에서 벗어나는 것은 아니다. 교육 부문은 기존의 중간계층 구성원과 이제 막 중간계층에 진입하려는 사람들이 능력이라는 도구를 가지고 투쟁하는 영역인 것이다.

4 중간계층과의 공감

감정정치는 특히 경제위기 시기에 중요한 역할을 한다. 경제적으로 어려운 시간에는 정당성의 기반이 부서지기 쉬운 까닭이다. 국민들 사이에 경제는 우리의 모든 것이다라는 소문이 퍼지면, 사람들에게 감정을 유발하고, 이 감정의 방향을 돌리는 일들이 중요해진다. 자본주의적 시스템의 안정성이 위기에 처하면 도덕과 감정은 사회적으로 주목받게 된다. 과도한 부에 대한 여러 의견과 적대감, 불의의 느낌 및 과도한 부자들의 사회적 기여에 대한 인식 등이 해명되어야 하며 정치적 결정과정에서 무게감을 갖게 된다.

자산에 대한 자료가 부족하다는 사실은 많은 사람들에게 서서히 알려지고 있으며, 아마도 쉽게 해결될 수 있는 문제일 것이다. 정치인들이 부에 대한 자료 부족을 비난하는 경우, 이들은 이 문제를 해결하기 위해 무엇인가 시도하는 것이 아니라, 단지 자산불평등에 유감을 표시하고 있는 것일 뿐이다. 정치인들은 부자들에 대해 전혀 구체적으로 알고 싶어 하지 않는다. 신뢰할 만한 경제정책을 펼치기 위해 필수적으로 요구되는 자료가 부족한 상황은 의도적인 행위의 결과이다.

정치는 그보다는 사람들이 느끼는 불평등이라는 주제에 더 관심을 보인다. 이미 아리스토텔레스는 그의 책 『수사학』에서 사람들의 감정에 영향을 끼치도록 해 주는 연설의 기술들을 묘사하려 했다.[29] 아리스토텔레스의 수사학에서 지배는 적절한 감정정치적 기술을 통해 확보되는 것으로 설명된다. 그에 따르면 청소년들은 감정에 대한 교육과, 올바른 판단을 내리는 실습을 필요로 한다. 이후 청소년들은 이것을 습관처럼 자연스럽게 사용할 수 있게 된다. 아리스토텔레스는 감정을 좋다, 나쁘다의 두 가지로 구분하지 않았으며, 모든 감정은 그 반대의 감정을 가졌다고 규정하였다. 예를 들어 분노의 감정은 고통을 동반하는 것이지만, 복수에의 희망은 꿀보다 달콤한 것이다.

아리스토텔레스의 신봉자인 마사 누스바움Martha Nussbaum 또한 국가에 의해서 일깨워져야 마땅한 여러 감정들을 중요시한다.[30] 그는 재분배를 강화할 것을 주장하며, 질투와 경쟁심을 사회에서 몰아내면서 공감의 정서를 확산시키고자 한다. 누스바움에 따르면, "자유주의적 사회는 사람들로 하여금 과한 욕심과 이기주의를 수치스럽게 여기도록 촉구한다."[31]

유럽과 미국의 사회적 현실은 보통의 가난한 사람이 극빈자를 질투하도록 독려하고 있으며, 공감은 이따금씩 짧게 일깨워질 뿐이다. 여기서 우리는 재분배와 더 평등한 사회를 추구하는 감정정치를 발견할 수 없다.

국가만이 사람들에게 감정적 효과를 일으키기 위한 특정 행위들(연설, 기념식, 축제 등)을 하는 것은 아니다. 과도한 부자들이 지배력을 행사하는 사회 속에서는 그들의 자체적인 감정정치도 존재한다. 2008년 금융위기가 벌어졌을 때 이 위기는 종종 1930년의 세계 경제대공황에 비견되곤 했지만, 이 두 위기상황에서 일어났던 감정정치가 상당히 유사하다는 사실은 그다지 주목받지 못했다.

1930년대 경제위기 시기 미 대통령 프랭클린 D. 루스벨트는 여러 가지 경제 문제와 씨름하고 있었다. 그중 높은 실업률, 빈곤의 확산, 명백한 자산집중 등은 가장 중요한 것들이었다. 당시 상황은 진보적인 경제정책적 강령을 세울 만한 출발점이 되기에는 어려웠다. 당시까지 복지국가의 전통이란 것은 존재하지 않았으므로, 당시 미국에서는 빈곤과의 싸움이란 국가 계획을 실현하기 위해서 새로운 사회정치적 관점이 형성되었다. 그러나 이 관점은 사회적으로 쉽게 수용되지 못했다. 저소득층은 국가의 정책으로 직접적인 이득을 보지 못한 채, 그들의 혈세를 그들보다 더 가난한 사람들을 위한 정책에 투입하는 것을 지켜보아야 했기 때문이다. 이러한 상황을 타개하기 위해 정부는 감정에 호소하고자 했다. 경제정책적 프로그램은 일관된 이야기 구조와 그것을 만들어 내는 사람을 필요로 했다. 일단 국민들에게 감정을 불러일으킬 수 있게 되면 경제정책적 프로그램이 사회적 다수의 지지를 받을 것이었다.

루스벨트 정부는 당시의 심각한 경제적 상황을 모든 미국인들에게 닥친 불행으로 규정했다. 이로써 불의는 절대 일어나서는 안 되는 일이 되었으며, 이를 통해 정부는 대통령 자문위원들이 걱정했던 "부자들의 파업"을 미연에 방지하려 하였다.

1929년 벌어진 증권시장 붕괴로 수백만의 미국인들은 빈털터리가 되고 말았다. 이들이 통제되지 않은 시장에 갖는 공포는 매우 컸다. 루스벨트는 시장의 결과를 국가의 개입으로 수정하고자 했다. 그러나 시장에서 여러 과정을 통해 생겨난 실업률과 빈곤이 '있을 수 있는 일'로 받아들여지는 한, 국가의 개입주의는 국민들의 지지를 받을 수 없었다.

루스벨트 대통령은 여러 종류의 대국민 설득작업을 벌여야 했다. 부유한 가문의 후손이자 백만장자였던 루스벨트는 많은 미국인들이 가난한 사람을 게으르고 책임감 없다고 여기면서, 가난한 사람들 스스로가 그들의 비참한 상황을 불러왔다고 믿는다는 사실을 알고 있었다. 사람들은 온건한 사회정책적 개혁이라 해도 급진적인 것으로 받아들였다. 모두가 자신의 행복을 만들어 가는 대장장이가 되어야 하는 나라에서는 재분배 계획이란 정치적인 이물질에 불과했다. 이 상황에서 개인주의와 집단주의를 화해시키려는 시도는 매우 어려울 것으로 보였다.

가장 먼저 국민들 사이에 가난한 사람들을 향한 공감을 일깨우려는 작업이 시작되었다. 그렇게 해야만 부자에 대한 진보적인 과세와 가난한 사람에 대한 재정적 뒷받침이라는 경제정책적 기획을 확실하게 할 수 있었던 것이다. 루스벨트 정부는 정치적 목표 달성을 위해 합리적인 근거를 제시하는 설득작업이 아니라 선동의 방식을 활용하였다. 감정의 자극과 미화가 특히 중요한 역할을 했다. 마사 누스바움은 그의 책『정치적 감정』에서, 뉴딜 시기 미국에서 공감이라는 감정에 부여된 중심적인 역할을 묘사하였다.

정치에서 감정의 역할은 그것이 사람들 문화의 일부이기 때문만이 아니라, 국가 스스로가 특정한 감정을 불러일으키려 한다는 점에서 부여된 것이다.[32]

루스벨트 정부는 도로시아 랭Dorothea Lange, 워커 에번스Walker Evans 등 여러 사진가들을 고용하여 미국의 빈곤을 보여 주는 사진을 찍도록 했다. 이후 특정 사진을 선정하여 언론에 제공하였다. 이러한 방식으로 빈곤에 대한 사진가의 관점들을 사진 공개 이전에 검수할 수 있었다. 도로시아 랭은 파업과 관련된 의미심장한 사진들을 보여 주었지만, 다른 뉴딜의 사진가들은 정부가 선호하는 방식을 선택했다. 그들은 빵 한 조각이나 수프 한 그릇을 얻기 위해 긴 줄에 서서 차분하고 끈기 있게 기다리는 가난한 사람의 모습을 보여 주었다. 뉴딜의 사진가들이 찍은 가난한 사람들의 모습은 생필품이 부족하고 생존 욕구를 채울 수 없음에도 불구하고 화를 내지 않는 사람들이었다. 자선을 받기 위해 기다리는 사람들 중 그 어느 누구도 과도한 부자들을 비난하지 않았던 것이다.

도로시아 랭의 한 유명 사진 작품에는 모자를 쓴 남성들만이 찍혀 있다. 이들은 인상이나 표정으로 구분되지 않는다.[33] 뉴딜 시대 정부가 발주한 사진들은 개인적 질투의 특수성이 아니라, 순수한 사람들로 이루어진 집단의 동질성을 웅변하고 있다. 어머니는 질투를 참아 내고 올바른 자세와 초롱초롱한 눈망울을 가지고 있으며 아무런 비난도 하지 않는다. 이 사진들로 추론할 수 있는 것은, 사람들이 상실 속에서 서로 똑같아졌다는 점이다. 이들은 경제적 재난에 의해 바닥에 내팽겨쳐지고, 다시 일어서려 노력하면서 참을성 있게 새로운 기회를 기다리고 있다. 그러므로 특히 가난한 사람들을 경제공황의 죄 없는 희생자로 담아낸 사진들이 선택되었다.

마사 누스바움은 루스벨트 정부의 선동전략이 정당하다고 본다. 그와 반대로, 주의 깊은 민주주의 이론적 시각에서 위와 같은 행위는 비판받을 수 있다. 비록 이 행위가 좋은 일에 기여한다고 해도 정당화될 수 없는 것이다. 이 좋은 일이란 우선 공론장에서 정의되어야 하는 것이기 때문이다. 루스벨트는 부자에게서 가난한 사람에게로 부를 재분배하는 것을 합리적 근거를 가지고 정당화하려고 하지 않았다. 그에게 과도한 부자의 자산 중 얼마 정도가 가난한 사람에게 가야 할지는 논쟁의 대상이 아니었던 것이다.

과도한 부라는 주제와 관련해서 이 역사적 에피소드는 중요하다. 루스벨트의 기획은 중간계층을 끌어들여 부자와 가난한 사람 사이의 명확한 대비를 흐릿하게 만들었다. 이 점은 미셸 랜디스 도버Michele Landis Dauber가 수행한, 당시 대통령 영부인 엘리너 루스벨트Eleanore Roosevelt가 받았던 편지에 대한 연구에서도 확인된다. 1930년대 당시 영부인은 시민들로부터 자금 지원을 부탁하는 수십만 통의 편지를 받았다. 도버는 시민들이 보낸 편지에서 자금 지원을 부탁하는 이유들을 밝혀냈다. 바로 중간계급 지위 상실의 두려움이나 가족의 질병, 그리고 어린이 양육 문제 등이 영부인에게 자금 지원을 부탁하는 주요 이유가 되었다.[34]

루스벨트는 자신의 정치적 목표 달성을 위해 국민들의 정서적 지지를 필요로 했다. 그는 엄격한 논의로 가득 찬 지난한 민주주의적 절차를 밟지 않았으며, 그의 목적에 맞춰 도구화된 예술을 이용한 선동을 통해 지름길로 가고자 했다. 하지만 이 사실은 왜 루스벨트가 국가의 개입을 천명하는 케인스주의적 기획을 선택했는지를 설명해 주지 못한다.

1930년대에는 사회비판적인 반대파의 정치적 압력이 강했으며, 이에 민주당 내에서 루스벨트의 위상이 위협받고 있었다. 그의 경쟁자 중 하나였던 루이지애나 출신 상원의원 휴이 롱은 당시 급진적이면서도 과반수 국민의 지지를 받을 수 있는 대안적인 정책 패키지를 내놓고 있었다.

휴이 롱은 시민들의 공감에 호소하는 것에 그치지 않고, 모든 사람은 총자산에서 정당한 몫을 가지고 있다고 주장했다. 그는 우리의 부유한 사회를 나누자는 명칭으로 정치적 결사체를 만들었으며, 이 조직은 1935년에 7백만 명 이상의 회원을 보유하게 되었다. 1935년 휴이 롱은 미 대통령 선거에 입후보했지만, 얼마 안 가 암살 시도를 당하여 그 후유증으로 사망했다. 그의 나이는 42세에 불과했다.

휴이 롱은 루스벨트가 두려워하는 강력한 당내 경쟁자였다. 그는 자비로움의 건반을 두드리는 것이 아니라 빼앗긴 자들의 권리를 주장하고 과도한 부를 제한해야 한다고 경고했다. "우리는 부자가 없어야 한다고 주장하지 않습니다. 우리는 부를 나누어야 한다고 요구하지 않습니다. 우리가 주장하는 것은, 그저 한 사람이 자신과 자녀들, 그리고 손자녀들이 평생 소비하거나 쓸 수 있는 것보다 더 많이 가지게 되면, 그 사람이 우리의 몫을 가졌다고 할 수 있다는 것입니다. 이 말이 무슨 뜻이냐 하면, 한 사람이 소유할 수 있는 돈의 한계는 수백만 달러 정도라는 것입니다."[35]

휴이 롱은 가난한 사람에 대한 알량한 자선 따위에 만족하려 하지 않았으며, 이는 미국 사회의 부유한 주류세력에 위협이 되었다. 그의 급진성은 그라쿠스 바뵈프Gracchus Babeuf[앞서 언급한 프랑수아 노엘 바뵈프의 별명]의 주장을 연상시킨다. "내 목소리는 예전과 같을 것입니다. [나에 대한] 대가성 지원은 그것을 바꾸지 못합니다. 두려움도 그것을 바꾸지 못합니다. 박해도 그것을 바꾸지 못합니다. 내 목소리는 사람들이 고통받는 동안에는 바뀔 수 없습니다. 그것이 바뀔 수 있는 유일한 방법은, 이 사람들의 삶을 품위 있고 존중할 만하게 만드는 것입니다."[36]

이러한 상황에서 루스벨트는 자산집중이라는 주제를 두 개의 정치적 파벌에 관한 것으로 보게 되었다. 즉 진보적 과세정책이나 유산세 등으로 자신의 물질적 이해관계가 훼손되었다고 보는 과도한 부자들을 한편으로 하고, 그 반대편에 급진적인 재분배 정책을 지지할지도 모르는 가난한 사람과 중간계층을 위치시켰다.

독일의 경제학자이자 강단사회주의자인 구스타프 슈몰러Gustav

Schmoller는 모든 혁명은 시의적절한 개혁으로 방지할 수 있다고 확신하였다. 혁명에 대한 공포에서 생겨난 이와 같은 개혁주의의 고전적인 실례는 사회보험을 도입한 비스마르크식의 복지국가이다. 미국의 뉴딜정책 또한 이러한 전통의 선상에서 인식할 수 있다. 루스벨트는 감정정치를 이용하여 개인주의와 애국주의의 결합을 추구했다. 개인은 찬미되었고 미국의 제도는 기념의 대상이 되었다. 우리는 루스벨트의 취임사에서부터 이와 같은 인상을 받는다. "환전업자는 문명의 사원에 있는 높은 자리에서 피신했다. 이제 우리는 이 사원을 그 본연의 진실에 다시 돌려줄 수 있게 되었다. 이 일이 어디까지 가능할 수 있을지는, 우리가 단순한 돈의 소유보다 더 고귀한 사회적 가치를 얼마만큼 만들어 내는가에 달려 있다. 행복은 그저 돈을 가지고 있다고 얻을 수 있는 것이 아니다. 행복은 우리가 성취한 업적과 창조적인 노동의 기쁨에 대해 갖는 자부심 속에 있다. 노동의 기쁨과 윤리적 동력은 덧없는 이득을 허겁지겁 쫓아가는 삶 속에서 잊혀서는 안 된다. 현재 우리가 처한 어두운 현실에 비싼 대가를 치르고 있지만, 도움의 손길을 마냥 기다리지 않고 우리가 우리 스스로를 돕고 다른 동료들에게 봉사하는 것이 우리의 사명이라는 점을 가르쳐 주고 있으므로, 이 어두운 나날에 우리가 치르고 있는 대가는 가치 있는 것이다."[37]

마사 누스바움은 위의 취임사를 감성적 독려 방면의 걸작으로 평가한다. 이 연설은 뉴딜의 성공적인 실현에 결정적인 역할을 하는 감정들을 일깨우고 있기 때문이다.[38] 내적인 풍요가 외적인 부보다 더 중요하고, 가치는 개인적 이해관계보다 중요하다는 것이다. 또한 이와 함께 결정적인 한 감정이 두드러지게 나타난다. 그것은 바로 국가에 대한 자부심이다.

미국 국민들이 국가에 갖는 신뢰는 더욱 강화되어야 했다. "우리는 진정한 민주주의의 미래에 대해 걱정하지 않는다. 미국의 국민들은 실패하지 않았다."[39] 대통령의 이 연설은 경제위기가 사람들의 도덕적 타락으로 이어지지 않도록 하기 위한 것이지 경제적 참사의 문제에 관한 것이 아니며, 미국의 근본적 가치는 흔들림이 없다는 것이다.

루스벨트는 취임사 어디에서도 '연대'라는 단어를 사용하지 않았으며, 힘겨운 사람들에 비해 잘사는 사람들은 도덕적 채무를 진다는 말도 하지 않았다. 또한 그는 야당이 겁에 질려 있다고 비난했다.

그가 뉴딜정책을 위해 치를 준비가 되어 있었던 사회정치적 대가는, 과도한 부자들이 사회 문제를 유발한다는 사실에 침묵하는 것이었다. 과도한 부자들의 자산은 1930년대를 거치면서 눈에 띄게 줄어들었다. 그러나 정치 이슈화된 것은 재분배를 위한 경제정책이 아니라, 공동체에 대한 걱정이었다. 이러한 종류의 감정정치는 경제위기 상황에서 과도한 부자들의 사적 자산을 제한하거나 몰수하려 하지 않기 때문에 과도한 부자들에게 도움이 되는 것이었다. 가난해진 사람들의 감성 영역에서 발생하는 부정적인 반응인 분노나 질투 또한 쉽게 차단할 수 있었다.

5

견실한 은행가의 영광

2008년 금융위기 기간 동안 은행과 증권사는 대규모 국가 공적 자금 지원을 받았다. 국가는 이러한 방식의 위기 대응을 어느 정도까지 할 수 있을까?

국가는 과도한 부자들을 구해 주면서, 금융 시스템은 우리 경제의 혈맥과 같기 때문이라고 주장했다. 혈액이 흐르지 않으면 조직이 죽어 버린다는 극적인 메시지였다. 경제위기가 닥치면 경제정책 입안자들은 아무런 힘이 없다는 것을 그들 스스로 내보인다. 정책 입안자들은 강력한 금융행위자들의 손바닥 안에서 벗어나지 못한 채 그들의 변호인 행세를 한다. 그들은 기업 대표에게 경고를 날리고 소득불평등에 대한 토론을 진행하지만 자산의 집중에 대해서는 거의 침묵한다. 기업 대표들의 높은 보너스는 2008년 금융위기 당시 경제 정의와 관련된 논쟁의 핵심 소재였다.[40] 극단적으로 불평등한 자산관계는 금융위기 초기 몇 년간은 거의 문제시되지 않았다. 그러나 부자들의 물질적 이해관계 측면에서 보면, 자산은 소득보다 훨씬 더 중요하다.

금융위기 발생 이전, 은행장들의 높은 급여를 정당화하는 논리는 금융시장이 승자독식시장이기 때문이라는 것이었다.[41] 급료의 대부분은 소수의 승리자에게 몰리게 된다는 것이다. 이러한 종류의 시장에서 사람들의 성공은 상대적인 능력 여부에 달려 있다. 한 사람이 다른 사람에 비해 얼마나 많은 정도로 성공을 거두었는지가 급여의 수준을 결정한다. 여기서 그 성공 자체의 객관적인 크기는 중요하지 않다. 일상적인 용어로 표현하면, 금융 부문의 급여 결정은 이른바 '파바로티 효과'와 관련이 깊다. 유명 성악가의 이름을 딴 이 효과는 모든 성악가들 중 파바로티가 가장 슈퍼스타이기 때문에 천문학적인 소득을 올리게 된다는 의미이다. 하지만 미국에서만 1만 명의 투자은행가들이 2백만 달러 이상의 연봉을 수령하는 사실을 염두에 두면 이 금융계의 슈퍼스타들은 그 수가 너무 많은 것이다. 오히려 터무니없이 높은 회장의 연봉은 유리한 권력구도의 결과였다. 주식가치를 지향하는 경향과 자율화 및 탈규제로 대표되는 신자유주의적 경제정책에 의해 금융 기업의 대표들은 그들의 노동능력에 따른 시장 수요와 가격을 대부분 스스로 결정할 수 있었다.[42]

사회적 불평등 문제를 기업 대표의 고연봉에 한정시키게 되면, 정의 문제가 소득 부문에 머무르게 된다. 전통적으로 소득은 능력주의적 정의와 관련된 논쟁에서 자주 인용되는 것이었다. 금융 부문의 보너스에 초점을 맞추면 이 논쟁의 범위가 좁아진다. 자산 상속자, 성공한 금리 생활자 등 여러 다른 종류의 과도한 부자들은 잊혀지게 되는 것이다.

2008년 이후 수년간 이어진 경제위기 속에서 정치가들은 사람들이 느끼는 불의를 부유한 기업 대표에게 돌리려는 시도가 성공적이었는지 확신할 수 없었다. 최소한 얼마간은 윗분들에 대한 일반적인 분노가 매우 컸기 때문이다. 또한 국민적 비난의 화살을 돌리려는 시도는 국가의 금융 부문 개입을 정당화해야만 했다. 국가의 개입은 뜨거운 감자였다. 시장 메커니즘은 파산이라는 벌을 이미 예상하고 있었기 때문이다. 그러나 결국 이 시장을 통한 처벌 가능성은 소멸했으며, 금융 기관과 그 채권자 및 주주들은 구원을 받았다.

금융시장에서 있었던 갖가지 지리멸렬을 만회하는 과정에서 능력주의 원칙을 엄격하게 적용할 수도 있었을 것이다. 능력주의적 이상은 자신의 능력에 책임을 져야 한다는 책임의 원칙에 입각해 있으며, 책임의 범주를 개인으로 제한한다. 특정한 부류의 사람들은 그들의 책임을 인식하지 못했다. 여기서 인간의 원초적인 소유욕에 모든 문제의 원인을 돌리는 것은 적절하지 않다. 금융시장이 진정으로 능력주의적이었다면, 개인적 실패는 그로 인한 손해배상을 촉구하는 소송으로 이어졌어야 한다. 그러나 실제로 개별 은행가들의 실패는 개인의 형사고발이나 처벌수위의 강화 같은 것으로 이어지지 않았다. 당시 관련 논쟁들은 오히려 도덕적 문제에 집중했으며, 형법상의 책임이라는 주제는 논쟁의 수면 아래로 숨어 버렸다. 해당 논쟁에서 제기된 새로운 투명성의 규칙이나, 윤리적 정도를 지키려는 자발적 행위 같은 것들은 금융 부문의 자산가들에게는 그다지 비용이 들지 않는 종류의 것들이었다.

유럽과 미국의 정치적 담론은 선의의 미덕을 강조하고 탐욕의 죄악을 내세웠다. 개인의 잘못이 아니라, 은행들, 혹은 이보다 한층 더 나아가 인간의 탐욕적 본성의 잘못이라는 것이다. 이러한 방식으로 잘못은 우리 모두의 잘못으로 돌려졌으며 개별 은행가들의 직업적 실패는 비난의 화살을 피해 갈 수 있었다. 은행장의 욕심과 사적으로 부를 축적할 수 있는 수단들에 대해 요란스런 한탄이 벌어지면서 국민들의 분노를 세련된 방식으로 분출하는 통로가 만들어졌다. 이전에는 모든 은행가들이 신사로 여겨졌지만, 2008년 금융위기 이후에는 견실한 은행가의 명예가 공적 논쟁에 등장하기 시작하고 곧 은행장의 올바른 행위를 판정하는 기준이 되었다.[43]

금융위기 시기 신자유주의 국가비판적 관점인 시장극단주의는 선동으로 드러났다. 최근 부유한 주식보유자들은 땅 짚고 헤엄치는 것 같은 호시절을 누렸다. 이들은 고위험 상품에 투자함으로써 자산증식을 훨씬 빨리 이룰 수 있었다. 높은 위험을 감수할수록 그들의 이익은 추세적으로 상승했던 것이다. 그들이 감수한 위험이 물질적 손해로 귀결되는 경우에는 사회가 그 손해를 메워 주어야 했다. 일상 언어로 회자되는 표현인 은행 지원 패키지는 반역적으로 솔직한 것이었다. 도움을 받는 주체는 은행이지 그 고객이 아니기 때문이다. 심지어 공적 지원조건의 일부가 금융기관의 선호도에 따라 만들어지는 경우도 있었다. 거액의 은행 지원 때문에 국가는 국고 활용 범위의 축소를 감수해야 했으며, 은행이 아닌 나머지 국민들이 미래에 기대할 수 있는 기회도 그만큼 줄어들게 되었다.

오스트리아는 과도한 부자들에게 특히 비굴한 태도를 보였다. 몇몇 과도한 부자들이 금융위기 와중에 부자들에 대한 더 높은 과세에 찬성하려 하자 이들에게 재무장관이 편지를 보내, 이는 좋은 생각이 아니며 차라리 기부할 것을 권했던 것이다.[44]

부자들이 스스로 내어놓는 작은 세금기여는 사회 속에 자리 잡은 자산불평등을 감소시키는 데 충분하지는 않았겠지만, 그로 인한 세수의 증가분을 공공복리를 추구하는 목적에 투여할 수 있었을 것이다. 그러나 심지어 이 소소한 대처방안마저도 불가능하게 되었으며, 과도한 부자들에 대한 낮은 과세는 단 한 번도 문제시되지 않았다. 오스트리아에서는 은행에 대한 과세가 추진되기도 했으나, 이 은행세는 고객에게 쉽게 전가될 수 있는 종류의 것이다. 부자들과는 직접적인 관련이 없는 금융자산이동세조차도 유럽연합에서 과반의 지지를 얻지 못했다.

물론 과도한 부자들이 모두 그들의 자비로움을 보여 주기 위한 상징적 제스처를 취한 것은 전혀 아니다. 금융위기 당시 골드만삭스의 CEO 로이드 블랭크파인Lloyd Blankfein은 스스로를 "신의 일을 행하는 은행가"로 표현했다.[45] 많은 이들의 관심을 끈, 아마도 냉소적인 농담으로 보이는 이 발언을 통해 블랭크파인은 자신의 세계 인식을 보여 주고 있다. 이와 동시에 그는 자신의 직원들에게 사람들의 분노를 불러일으킬 수 있는 과시적인 사치, 소비를 하지 말 것을 당부했다. 블랭크파인은 은행 엘리트들에게 그저 상징적인 처벌에 불과할 뿐인 정책들에 적절하게 대응한 셈이다. 은행 엘리트들에 대한 비난의 초점은 그들의 파렴치함이었다. 여러 직원들이 경제위기에도 불구하고 보너스를 요구했기 때문이다.

과도한 부자들의 물질적 이해관계는 2008년의 금융위기 동안에도 전혀 위협받지 않았다. 미국과 유럽의 각국 정부들은 사회민주당 계열과 보수당 계열을 막론하고 모두 이 과도하게 부유한 소수자 집단이 국민의 대다수보다 더 중요하다는 사실을 알고 있었다.

1980년대 이래로 지속된 국가의 약화는 과도한 부자들의 정치적 이해관계에 거의 문제를 제기할 수 없는 지경에 이르렀다. 물론 과도한 부자들은 자신의 사회적 명망에도 신경을 쓴다. 이들이 다른 나머지 국민들의 지속적인 호감에 의지할 수 있다는 생각은 애덤 스미스에게서 나온 것이었다. 악덕 은행가나 욕심에 가득 찬 부자들을 향한 상징적인 악평을 상기해 볼 때, 이 애덤 스미스의 생각은 항상 옳지는 않았으며, 실제로 엘리트의 사회적 위상에 생채기를 냈을 수 있다. 그러나 이를 통해 과도한 부자들은 자신들의 위기를 싸게 극복할 수 있었다.

6

소유자 사회

정치적 자유이념은 '우리'라는 감정을 필요로 한다. 그러므로 정치적 기획은 동질감을 만들어 내기 위해 노력했다. 예를 들어 이것은 복지국가에서 연대의 감정으로 나타난다. 우리 사회는 공감으로 유지되고, 특히 어려운 시기에 안전망을 제공한다는 것이다.

소유자 사회는 복지국가의 정반대 편에 위치한 정치적 기획이다. 이 사회는 모든 개인이 사유재산 획득을 추구하여 조금이나마 재산을 가질 수 있는 사회에 대한 믿음에 기반하며, 여기서는 소수가 많은 것을 가진 것이 아니라, 많은 사람들이 적게 가진 것이 정의와 관련된 문제가 된다. 소유자 사회는 재산획득에 대해 세금혜택을 제공한다. 예를 들어, 주택건설 보조금과 같은 수단은 부동산 재산을 매력적인 것으로 만든다.

적은 재산을 가진 사람은 정치로부터 원하는 것이 많지 않다. 그들은 검소하게 생활하고 자신의 소소한 자산을 돌본다. 이러한 경우에 저항이나 반항 같은 것은 별로 현실성이 없게 된다. "이러한 방식으로 자신의 행복을 쫓아가는 사람들에게 강렬한 정치적 열정은 별 영향을 끼치지 못한다. 작은 가게를 운영하는 사람이 갖는 시샘은 힘 있는 사람들에게 대적하는 열정을 증발시켜 버린다."[46] 소유자 사회에서는 사적 인간으로서의 시민이 국민으로서의 시민에게 승리를 거둔다. 이와 관련하여, 사회과학자 앨버트 허시먼Albert Hirschman은 사적 이해관계 추구가 사람들로 하여금 사회운동의 일부가 된다는 만족스러운 감정을 동반하게 하는 역사적 단계 또한 존재한다고 예측하였다. "사적 공간이 공적 공간에 대해 행했던 마지막 이데올로기적 복수는 다음과 같은 이상 속에 숨어 있다. 즉 (사적 행위의 목적으로서) 부를 쌓는 것이 공적 행위의 유일한 목적으로서 권력을 추구하는 것에 비해 근본적으로 우월하다는 것이다. 권력투쟁과는 달리, 물적 부를 쌓는 것은 모든 관련자들이 이득을 볼 수 있는 일종의 놀이로 찬미된다."[47]

시민들은 정치적 참여에서 벗어나 완전히 사적인 일들에 집중한다. 자유는 소유자 사회의 핵심 개념이다. 소유자 사회에서 자유는 선택의 자유와 국가적 규제의 부재로 이해되며, 이로써 개인의 자유라는 실체적 이념은 시장에 결합하게 된다. 이러한 사회에서는 사유재산을 가지고 있지 못한 가난한 사람들조차도 복지사회에서보다 더 많은 자유를 가진 것처럼 이야기된다. 자산은 존재의 불안에 대한 막연한 희망을 표시한다. 오스트리아의 연방 총리 쿠르츠Kurz는 노년 빈곤에서 벗어나는 방법으로 부동산을 소유할 것을 권하기도 했다.[48] 그러나 소득이 낮은 상황에서 부동산 보유의 길은 극단적으로 가파르다. 매월 2백 유로를 연이율 3퍼센트로 45년간 저축해도 뮌헨이나 빈의 평균 자가 주택 가격에는 미치지 못하기 때문이다.

하이에크는 사람들을 돌보아 주는 복지국가와 사람들의 자유를 실현해 주는 시장의 차이를 크게 부각시켰다. 시장-국가의 이분법은 그러나 실제적인 것이 아니라 만들어진 것이다. 이 이분법은 시장을 효율적인 것으로 미리 전제해 놓고, 국가를 이른바 비효율적인 관료제로서 시장과 구분하는 데 기여한다. 늦어도 1980년대 후반 이래 미국과 유럽에서는 자신의 일이 아닌데도 불구하고 끼어드는 개입주의적 국가에 대한 공포가 지배적이었다. 하이에크의 불신은 국가를 향한 것이었다. 그는 자신의 책 『노예의 길』에서 사유재산 제도를 자유를 보장하는 데 가장 중요한 것으로 묘사한다. "나의 이웃이자 고용주일 수도 있는 대부호가 나에게 행사할 수 있는 권력이, 국가폭력을 행사하면서 내가 어떤 조건에서 일하고 생존할 것인지를 자기 멋대로 결정해 버리고 마는 아주 작은 관료보다 훨씬 더 적다는 것을 누가 인정하지 않겠는가? 또한 부자들이 권력을 가진 세계가 이미 권력을 가진 사람들이 부유함까지 독식해 버리는 세계보다 낫다는 것을 부인할 사람이 누가 있겠는가?"[49]

그럼에도 불구하고 인간 존재에 대한 걱정으로부터 벗어나도록 위험에 대비하는 복지국가는 유럽에서 많은 사람들에게 중요한 것으로 여겨진다. 충분한 노동소득을 얻을 수 있는 시스템이 원활히 작동하는 복지국가에서는 저축이 그다지 필수적이지 않다. 그러나 국가의 보호 기능이 약화되면 모든 사람들은 자산을 축적하도록 강요당한다. 이 사적인 재산획득은 많은 사람들을 지치게 한다. 소유자 사회의 이데올로기적 측면은 동원 가능한 노동소득이 아니라 재산을 획득하는 능력을 미덕으로 삼는 데 있다. 자가 주택의 획득은 알뜰함이나 장기지속성 등의 부차적인 미덕들과 연관되어 있으며, 이에 부채와 소비절약은 소유자 사회에서의 삶을 상징하는 두 요소가 된다. 부동산 재산은 돈이 부족하고 유산을 받을 일이 없는 사람들에게 특히 더 많은 자제력을 요구한다. 대부분의 주택 대출은 20년, 30년 단위로 이루어지기 때문에 장기적인 생활 계획도 불가피해진다.

전통적으로 집을 마련하는 일은 보수적인 사회정책의 목적에 해당되었다.

가족이 머무는 자가 주택은 프랑스 혁명 이래 반동적 정치논쟁에서 집단주의적 정치강령에 대항하는 효과적인 보호책으로 여겨졌다.[50] 프리드리히 엥겔스는 1887년에 작성한 『주택문제에 대하여』라는 글에서 다음과 같이 말했다. "지배적 계급의 이성적인 지도자들은 프롤레타리아에 대항하는 군대를 양성하기 위해 항상 소규모 재산을 소유한 사람들의 수를 늘리는 데 노력을 기울여 왔다."[51] 이미 19세기에 시민계급의 주택개혁가들은 부동산 자산이 소유자 사회의 단초로서 가장 중요한 주제로 자리 잡도록 노력했다.

1990년대 시도된 소유자 사회 수립을 위한 경제정책적 기획은 부동산 소유자의 수를 늘리는 것을 목적으로 했다.[52] 그러나 실제로 모든 사람들이 부동산을 소유하는 상황은 현재까지 미국에서조차도 실현된 적이 없다. 다만 2000년대에 잠깐 동안 미국에서는 아무런 소득이 없는 자가 주택 소유자와 직업이 없는 금융자산가가 있었다. 이들은 자신의 자산을 담보로 대출을 일으켜 자금을 융통할 수 있었다. 대출로 조달된 자가 주택의 부동산 가치가 지속적으로 상승하리라는 환상은 2008년 금융위기로 철저히 박살났다. 부동산의 가치상승이 장기적으로 모든 부동산 소유자들을 부자로 만들어 줄 것이라는 생각은 시장의 능력에 대한 순진한 믿음을 방증한다.

하지만 부동산 재산은 여러 가난한 사람들의 상상 속에서 긍정적인 것으로 자리 잡고 있다. '우리 아이들은 나보다 더 나은 환경에서 살게 해야지'라는 소망이 사회 전반에 퍼져 있으며 이러한 가족 연대의 형태를 만들어 내는 것이 바로 상속 가능한 재산이다. 대부분의 사람들이 자산을 거의 갖지 못한다는 현실은 소유자 사회의 이상을 해치지 못한다.[53] 실업, 부족한 노후대비, 불충분한 교육 및 의료체계 등으로 상징되는 세계에서 자산이 없다는 사실은 사유재산에의 소망을 더욱 키워 줄 뿐이다.

자산가의 이해관계와 밀착된 국가는 사람들이 재산을 형성하도록 독려하고 실존적인 안전 책임을 사적인 것으로 만든다. 소유자 사회의 찬동자들은 국가의 과업을 빈곤의 개선이나 더 많은 평등의 확립 같은 것에 두지 않는다. 반대로 이들은 관료제를 축소하고 개인의 기회를 늘리는 데 국가의 역할을 기대한다. 사람들이 스스로를 더 잘 챙기기 위해, 사람들의 뒤를 받쳐 주는 국가는 사라져야 한다는 것이다. 이는 사람들에게 더 많은 자유를 약속하는 유토피아적인 기획이지만, 동시에 과도한 부자들을 국가 간섭에서 벗어나게 해 주는 것이기도 하다.

복지국가와 소유자 사회는 둘 다 해당 구성원들의 걱정을 덜어 주고 안전을 제공해야 한다. 전자는 이 목표를 집단적인 시도로 달성하고자 하며, 후자는 개인주의적인 방식을 추구한다. 한 사회에서 사람들이 안온함을 느낄 때, 위 두 모델 중 어떤 것을 선호하는가는 다양할 수 있다. 이에 따라 소유자 사회의 정책은 우선 걱정을 만들어 내려 한다. 그렇게 되면, 이 불안전을 자산 형성으로 돌파해야 한다는 주장이 이루어질 수 있다. 이러한 관점에서는 요양제도의 위기, 낮은 노령연금, 불안한 의료체계 등은 해결될 수 없는 문제로 보여야 한다. 그럼으로써 개혁의 필연성이 등장하게 되고 소유자 사회가 최후의 해결책으로 등장할 수 있기 때문이다.

7

경멸의 정치

드워킨의 "경멸의 정치"는 과도한 부자들을 지원하고 가난한 사람들을 경멸하는 정치를 의미하기도 한다. 이 정치는 걱정과 공포를 퍼트리고 적대적인 이미지를 만들어 낸다. 미국과 유럽에서 가난한 사람들에게 대항하는 존재로 만들어지고 있는 것은 과도한 부자들이 아니라 난민들이다.

장 자크 루소는 1755년 디드로Diderot와 달랑베르d'Alembert가 편찬한 『백과사전』에 투고한 글인 「국가의 경제」에서 다음과 같이 말했다. 국가는 "부자들의 헤아릴 수 없이 많은 재산의 강력한 보호자이며, 가난한 사람들에게는 간단히 지을 수 있는 움막조차 거의 제공하지 않는다. 사회의 모든 이익은 권력자와 부자들에게만 가지 않는가? 이들이 모든 괜찮은 공직을 독점하고 있지 않은가? 이들에게 모든 은혜와 특권이 먼저 주어지지 않는가? 그리고 이들은 공적 권위에 의해 혜택받고 있지 않은가?"[54] 존 스튜어트 밀은 그의 책 『공리주의』에서 중요한 논점을 제공한다. 부자들은 "법과 정부가 없으면 가난한 사람들보다 자신의 안전을 훨씬 더 잘 도모할 수 있을 것이며, 심지어는 가난한 사람들을 자신들의 노예로 만들 수 있을지도 모른다."[55]

전통적으로 부자친화적인 정책 도구에는 재산보호 조치, 기업보조금, 법인세 감면 등이 있다. 경제위기 상황에서는 여기에 감정정치가 추가된다. 루스벨트가 펼친 공감의 정치가 중간계층을 겨냥한 것이었다면, 2008년 금융위기는 부자의 탐욕에 반대하는 담론을 등장시켰다. 탐욕 없는 부는 독일 좌파당 정치인인 자라 바겐크네히트의 책 제목이기도 하다.[56] 그러나 탐욕은 문제의 핵심이 아니다.

　정치가 평등 목표를 포기하고 과도한 부자들을 지원하는 데 집중하게 되면, 이른바 낙수효과 이론이 가장 중요한 이데올로기로 등장한다. 프란치스코 교황이 그의 저서 『복음의 기쁨』에서 격렬히 비판한 바 있는[57] 이 이론은 말똥이론이라고도 불리는데, 말에게 좋은 귀리를 먹여야 참새들이 말똥에 섞인 귀리 씨앗을 뽑아 먹을 수 있다는 것이다. 이러한 주장에 따르면, 부자들이 더욱 부자가 되는 것은 아무런 문제가 없다. 그를 통해 가난한 사람들이 빈곤에서 벗어날 수 있다고 보기 때문이다. 오늘날 증가하는 이윤은 미래의 투자와 일자리이며, 그러므로 이 과정에 재를 뿌리는 것은 잘못이라는 것이다. 이 이데올로기 쪼가리는 경험적으로 유효하지 않다.

　미국 하원의원의 절반 이상은 백만장자이다.[58] 미 [전] 대통령 도널드 트럼프의 자산은 31억 달러로 추산되며, 이는 포브스의 미국 부자순위에서 248위에 해당한다. 하지만 이 과도한 부자는 국민과 결합하여 엘리트들에 대항하는 이미지를 연출한다. 많은 정치인들은 자신의 임금을 크게 줄이거나 아예 무보수로 일하기도 한다. 도널드 트럼프 또한 단 1달러의 연봉을 받기로 했다. 언뜻 보기에 이는 국가에 좋을 것만 같다.

그러나 정치적 직위에서 받기로 되어 있는 임금을 반납하는 것은 개인의 겸손함을 보여 주는 것이 아니다. 이는 오히려 상징적인 조치에 가깝다. 이들은 정치활동 이후 찾아올 막대한 돈을 끈기 있게 기다릴 수도 있고, 스스로의 자신이 너무 커서 정치적 직위의 임금이 필요 없을 수도 있으며, 정치활동으로 얻은 인맥을 활용하여 자산을 더 크게 불릴 수도 있다.

도널드 트럼프는 자신의 정부에서 일할 사람으로 가난한 사람보다는 부자를 선호한다고 천명하였다.[59] 이렇게 대놓고 드러내지 않아서 그렇지, 그의 전임자도 마찬가지였다. 이러한 방식의 정치를 하기 위해서는 민주주의와 과두정치의 경계를 흐릿하게 하는 관점이 필요하다. 이미 초기 자본주의 시기에도 이러한 부와 정치의 밀접한 결합관계가 명시적으로 나타났다. 토머스 모어Thomas Morus는 『유토피아』에서 부자와 그의 정치적 하수인들을 다음과 같이 말했다. "좋은 지배자는 특정 사인私人에게 자기 인민의 이해관계에 반대되는 이익을 주기 꺼린다. 즉 [그러한 이익을 획득하기 위해서는 지배자에게] 돈을 많이 주어야 한다."[60]

사적 경제 분야에서 엄청난 임원 보수와 형편없는 사원 임금의 문제를 제기하는 정치가는 거의 없기 때문에, 정치가들은 그들 스스로 질투로 가득 찬 비교의 대상이 되는 것을 감수해야 한다. 과도한 부자들에 비하면 정치가들은 부자들의 가난한 친척 정도로 보인다. "부자들은 더 많은 부를 통해 그들의 삶을 개선할 수 있을 것으로 믿는다. 그들의 목표를 이루는 데 도움이 될 만한 정치가를 뽑거나 받아들이도록 국민들을 설득하기 위해, 부자들은 미국과 수많은 다른 나라에서 자신의 부를 정치적으로 사용한다."[61]

미 대통령 선거에서 나타나는 정치 게임은 부자와 가난한 사람의 대결이 아니라, 나의 억만장자와 너의 억만장자의 대결로 나타난다. 여기에서는 서로 다른 사회적 계급의 대표자들이 대결하는 것이 아니라, 자산가들의 각 정파를 대변하는 사람들이 등장한다. 미 대통령 선거에서는 부자들의 대표자에게 대항하는 가난한 사람들의 대표자가 아니라 부유한 사람들이 출마하며, 이들 뒤에는 종종 더 부유한 사람들이 버티고 있다. 억만장자 없이는 정치 게임이 이루어질 수 없다. 그러나 이는 돈이 오롯이 선거를 결정한다는 뜻은 아니다.[62] 미 대선 게임에 참여하기 위해서는 판돈이 필요하다는 것이다. 미국의 코크 형제[찰스 코크와 데이비드 코크 형제는 미 공화당의 자금줄로 유명하다]는 이미 2012년 대통령 선거에서 밋 롬니 후보에게 수억 달러를 베팅할 준비가 되어 있었지만, 이는 대선 결과에 영향력을 발휘하지 못했다.

부유한 정치가는 자신을 쉽게 주류에 저항하는 모습으로 등장시킬 수 있다. 그 자신이 주류에 속해 있으며, 주류의 문화적 코드와 분위기를 알고 있기 때문이다. 부유한 정치가의 열정은 부 자체가 아닌, 사회적 인정을 추구한다. 물질적 성공에는 그에 걸맞은 감정, 즉 '나는 성공할 자격이 있었다'는 느낌이 따라와야 한다. 바른 품성의 문제는 여기서 부에 대한 사회적 인정을 획득하는 열쇠가 된다. 중간계층은 부자들을 지지하고 그들의 사회적 기여를 인정한다. 평등주의적 원칙이 중간계층 스스로의 자산을 위협한다고 두려워하기 때문이다. 토크빌Tocqueville은 1835년 『미국의 민주주의에 대하여』라는 글에서 다음과 같이 묘사하였다. "넘치지도 비참하지도 않을 정도로 괜찮게 사는 사람들은 자신의 재산에 엄청난 가치를 부여한다. 이들은 아직까지 빈곤에 이웃해 있기 때문에 재산에 강력한 집착을 가진다. 그리고 그들은 자신과 가난한 삶들 사이에는 아주 조그마한 상속재산 정도의 차이밖에는 없다는 사실이 두려운 나머지, 자신의 모든 두려움과 희망을 그 재산에 집중시킨다."[63]

미국과 유럽에서 부자들의 물질적 이해관계에 반하는 유산세와 자산세는 낮아지거나 철폐되었다. 정치적으로 보았을 때 평등은 기회평등의 원칙을 거쳐 교육 관련 주제에 연관된 것으로 축소되었다. 이렇게 되면 기회평등이란 중간계층에 도달할 수 있는 가능성에 국한된다.

경제학 서적에서 프랭클린 D. 루스벨트의 뉴딜은 보통 급진적인 경제정책적 시도로 여겨진다.[64] 실제로 그의 정책 방향은 그보다 더 급진적인 정책적 경쟁자에 의해, 그리고 관련된 감정정치에 의해 세워졌다. 미 민주당 상원의원 휴이 롱은 자산소유의 최대 한계치를 설정할 것을 주장하였고, 이에 수많은 국민들의 지지를 받고 있었다. 이러한 방식으로 롱은 루스벨트로 하여금 경제정책을 확대하지 않을 수 없도록 만들었다. 그러나 결국 미국의 정치적 급진화는 저지되었다. 역사적으로 보았을 때, 불평등의 조세정책적 개선은 아주 오래전에나 시도된 것이었으나, 휴이 롱은 연관된 정치논쟁에서 사유재산 관련 규정의 심대한 수정을 요구하였으며, 결국 뉴딜 담론에서 애국주의적 격정이 지배적인 위치를 차지하게 되었다.

2008년의 금융위기는 미국과 유럽 어디에서도 사유재산 규정이나 과도한 부에 대한 논쟁을 촉발시키지 않았다. 정치적 수사의 초점은 부자들을 조금 누그러뜨리려는 데 맞춰졌다. 금융 부문 스스로의 잘못으로 발생한 손해를 전체 국민의 혈세로 메웠는데도 불구하고 아무런 사회적 저항이 일어나지 않았다. 그래서 자산세 폐지나 유산세 감면 등의 또 다른 부자친화적 대처들이 가능할 수 있었다. 과도한 부자들의 사회적 지위는 경제위기를 거치며 결정적으로 강화되었다.

제4장

근거 있는, 혹은 마땅한 부

부자들이 자신의 부를 정당화 하는 데 동원되는 설명은 끊이지 않아 왔다. 어떤 것이 당연한 것이 되는가의 여부는 대부분 감정, 그중에서도 특히 질투나 공감 같은 것에 달려 있다. 그러나 근거를 제시해야 한다는 요구는 마땅한 부를 주장하는 것보다 더 폭넓은 것이다.

라이너 포르스트Rainer Forst는『정당화의 권리』라는 책에서 자신의 구성주의적 정당화 이론의 핵심을 소개하였다. 사회의 각 구성원들은 정당화의 권리를 가지고 있으며, 정당화와 관련된 모든 종류의 불평등은 특히 그 피해자들에게 정당화되어야 한다. 불평등으로 혜택받는 사람들은 손해 보는 사람들에게 어떻게 현존 사회관계가 정당한지를 설명해야 하는 것이다. 사회적 불평등에서는 특히 평등의 이상에서 이탈하는 것에 대한 근거가 제시되어야 한다. 한 사회가 부를 용인하는가의 여부, 또는 만약 용인한다면 어느 정도까지인가의 결정은 근거 지어진 정당화의 문제이다. 사람들은 무엇이 정당한지 이야기해야 하며, 누가 어떤 근거에 기초해서 어떠한 형태의 부를 쌓거나 보유할 수 있는지 합의를 보아야 한다. 이 합리적 이상은 불평등의 사회적 수용보다 훨씬 더 우선하는 것이다.

그러나 부의 정당화는 권력관계로 특징지어지는 사회에서 나타나며, 합리적 근거의 자유로운 교환이라는 조건에서는 등장하지 않는다. 부자들이 가난한 사람들 앞에서 자신의 물질적 특수 지위의 근거를 대는 경우는 거의 없지만, 민주적 헌법을 가진 사회에서 부자들은 자산의 정당화라는 문제를 완전히 피해 갈 수 없다. 결국 그들은 자신의 사회적 특권에 대한 일정 정도의 사회적 용인을 필요로 한다. 합법적으로 획득한 재산이라고 해서 곧 정당화된 자산이 되는 것은 아니다. 경제적인 관점에서 보아도 자산보다 노동에 더 무거운 세금이 매겨지는 사실에 대해 합리적인 근거를 대기란 거의 불가능하다.

부가 과도한 것이 되지 않기 위해서는 정당화를 판단받는 법정이 필요하다. 정당화 없는 부는 부당한 특혜가 된다. 민주주의 사회에서 정당화된 부는 혜택받은 소수뿐만 아니라 모든 사회구성원들에게 인정받는 부가 될 것이며, 과도한 부자들은 무엇보다 사회적으로 인정받는 부의 근거들 속에서 자신의 특혜를 정당한 사회적 특수 지위로 변형시킬 수 있을 것이다.

그러나 부를 정당화하는 길은 가려져 있다. 노동소득의 정당화는 시장을 그 법정으로 삼게 될 것이다. 무엇이 정당화된 소득인가를 결정하는 곳은 시장이기 때문이다. 상속받은 자산과 부동산은 어떠한가? 재산의 많은 부분은 여러 세대를 거쳐 형성된 가족집단 속에 머물고 있으며 시장에 출몰하지 않는다.

　제2차 세계대전은 사회의 구조를 변화시켰다. 소유자 사회를 독려하기 위한 경제정책적 조치들의 결과로,[1] 부동산 자산을 소유한 중간계층이 출현한 것이다. 이는 사회계층의 변화를 가져왔을 뿐만 아니라, 이들과 관련된 근거 짓기 작업을 필연적으로 만들었다. 이제는 누가 중간계층으로 올라서야 하고, 또한 그 밑으로 추락해야 하는지에 대해 정당화가 필요해졌다. 명백한 자산격차와 유산의 중요성 증가는 많은 이들이 요구했던 사회적 이동성에 반대되는 현상으로서, 현존하는 사회적 지위를 세대를 거쳐 안정시킨다.

　부의 형성과 사용에 대해 합리적 정당화가 불가능한 것은 아니다. 능력을 통한 부의 정당화는 주로 부의 형성과정에 근거를 대고 있으며, 자선은 부의 사용처를 해명할 때 사용된다. 부의 형성이나 활용의 측면 모두 정당화되어야 하는 것이다. 그러나 이러한 정당화는 잘 이루어지지 않는다. 그저 부자친화적인 그림이나 과도한 부자에 대한 일률적인 캐리커처 같은 것만이 그려질 뿐이다.

　애덤 스미스는 이성의 왕국을 자연의 왕국과 대조시키면서, '아마 올바를 것'과 '실재하는 것' 사이의 모순을 풀어냈다. "현명한 사람은 다음과 같은 본성을 알고 있었다. 즉 서열을 정하고 사회의 평화와 규율을 확보할 때, 눈에 보이지 않고 종종 확실하지 않은 지혜와 미덕의 격차보다는 명확하고 손에 잡히는 출신과 자산의 격차에 기반하는 것이 더욱 안전한 것이다."[2] 출신과 자산의 격차는 앞으로도 지배적일 것이다. 지혜와 미덕의 격차는 현재에는 존재하지 않지만, 그 자리에 능력과 자선의 격차가 들어서 있다.

능력을 통한 부의 정당화

능력이라는 범주는 자본주의 안에서 특별한 지위를 차지하고 있다. 능력은 중심적인 정의원칙으로서 소득격차의 근거를 대는 데 동원된다. 봉건주의에서 신분에 따른 특혜가 유효했다면, 자본주의에서는 능력에 따른 사회적 격차가 정당화된다. 근대 사회는 스스로에 대한 인식상 신분에 따른 우선권을 인정하지 않는다. 그러나 능력에 따른 정의규범을 세우기 위해서는 실현된 능력들 간의 비교가 가능해야 한다.

한 노숙인의 능력을 기업 대표의 능력과 비교할 수는 없다. 비교가 가능하려면, 사회적으로 가까운 참고 집단 내에서 이루어져야 한다.

부자들이 스스로를 부유하다고 보는 경우는 많지 않다. 그리고 자신을 부유하다고 보지 않는 사람은 스스로를 다른 사람들 앞에서 정당화하고 싶어 하지 않는다. 누군가 자신의 자산이 중간 정도라고 주장한다면, 그는 자신이 중간계층에 속한다고 느끼는 한 자신의 부를 정당화할 필요가 없을 것이다.

오직 자신의 재산을 제3자 앞에서 인정하고 사회적 인정을 받기 위해 노력하는 부자들만이 스스로의 특권적 지위를 정당화하고자 한다. 정당화 없이 그저 자산을 축적하기만 하는 올리가르히[본디 과두정치를 의미하는 Oligarch는 사회주의 붕괴 후 러시아에서 신흥재벌을 뜻하게 되었다]는 정당화를 숙고할 때 한 지점을 형성한다. 폭력으로 전환되는 권력은 정당화하기를 멈춘다.

억만장자의 자산 규모를 정당화하는 데 능력을 끌어들이게 되면, 자산 없는 사람은 아이디어도 없고 용기도 없으며 위험을 회피하려고만 하는 사람으로 등장할 것이다. 어마어마한 능력을 가진 한 사람의 반대편에는 수십억 명의 능력 없는 사람들이 서 있게 된다. 가난한 가족의 생활과 생존에 필수적인 것들을 확보하기 위한 그들의 노력을 바라보면, 위와 같은 능력을 통한 정당화가 비합리적임을 알 수 있다.

능력 범주는 사회적 불평등을 정당화하는 데에도 이용되지만, 한 사람이 스스로의 노력을 주관적으로 평가하는 데 있어서도 중요한 역할을 한다. 능력과 그 능력의 인정은 거의 모든 사람들에게 중요한 문제이다. 그러나 무엇이 이 '능력'에 포함되는가의 문제는 오직 헤게모니적인 사회적 투쟁의 결과라고 볼 수밖에 없다.

노동소득 격차는 어느 정도의 수준까지는 비교될 수 있고, 합리적으로 근거 지어질 수 있다. 격차는 책임감, 교육수준, 노력, 투입한 시간, 사회적 가치 등등에도 존재한다. 비록 의사와 건설노동자, 투자은행가 사이의 합당한 보수 차이에 대해서는 합의가 이루어지지 않겠지만, 아마도 특정 사회집단의 능력에 낮은 보수가 주어지는 것을 이해할 수는 있다.

엄청난 자산집중에 근거를 대는 과정에서 위와 같은 능력의 격차를 통한 정당화는 안에서부터 붕괴된다. 거대한 자산격차는 능력의 격차로 설명될 수 없다. 몇몇 사람이 수십억 달러의 자산을 가진 반면 다른 수많은 사람들은 하루 벌어 하루 먹고살아야 한다면, 능력에 빗대어 보는 것은 그저 이데올로기적인 기능만을 가질 뿐이다. 자산가들이 다른 사람들보다 수백만 배나 더 뛰어난 능력을 보여 줄 수 있을 리가 없기 때문에, 그들은 자신 스스로의 능력을 강조하는 경우일지라도 위와 같은 능력의 비교는 잘 하지 않는다. 그러므로 부자들은 분리된 연구 대상 집단으로 인식되고자 한다. 경제학 분야 연구에서는 합리적인 관점을 충분히 적용하지 않은 채로 자산순위의 상위 퍼센트를 주목하고 있다. 가난한 사람과 부자의 두 세계가 와해되면, 특정 사회집단 내부에서만 비교가 이루어진다. 맨더빌은 그의 책 『꿀벌의 우화』에서 위와 같이 가난한 사람과 부자의 두 사회적 세계가 붕괴하는 것을 미화 없이 보여 준다.

"별 노력 안 하는 몇몇 부자는,
자기 사업을 만개시켰는데,
그동안 낫과 삽을 가진
어쩌면 몇몇 성실하고 가난한 악마가
노동에 절어 땀 흘리며 서 있다.
무언가 씹을 거리를 찾을 수 있도록."[3]

하지만 많은 사람들이 선호하는 이야기는 비범한 기업가에 대한 것이다. 대학을 중퇴한 스티브 잡스는 컴퓨터 세계에 혁명을 가져왔으며, 자수성가한 억만장자의 예로 즐겨 인용된다. 이러한 혁신적 인물의 특성은 도전으로 가득 찬 삶 속에서 성공가도를 달려왔다는 데 있다. 비범하고 기업가적인 사람은 시장에서 성공을 거두며, 나머지 국민들은 이 능력자의 발명품을 즐기는 데 만족해야 한다는 것이다. 여기서 망각되는 것은 노동자뿐만 아니라, 다양한 기업보조금과 세금으로 건설된 인프라를 통해 혁신가의 성공조건을 제공한 국가도 마찬가지다.

성공한 사회적 신분상승을 이룩한 사람은 중요한 기능을 담당한다. 그는 자본주의적 게임에서 승리할 수 있으며, 그래서 도전해 볼 가치가 있다는 것을 보여 주는 실례가 된다. 상층과 하층으로 양극화된 사회에서 훌륭한 아이디어를 가진 혁신적이고 비범한 사람은 비록 하류층 출신이라 하더라도 상류층에 도달할 수 있으며, 스스로 법칙의 예외를 증명한다. 슬럼이나 파벨라[브라질의 대표적인 빈민개] 출신이면서도 자산가로의 길을 성공적으로 개척하는 사람들은 분명히 있다. – 그러나 이는 자주 일어나는 일이 아니다.

시장에는 항상 우연적인 요소가 들어가 있다. 그리고 그 시장에서 성공한 사람들은 경쟁을 추구하지 않고 오히려 멈추려 한다. 시장에 대적하는 과도한 부자들의 음모는, 공정경쟁을 강제하는 정책 없이는 시장이 작동하지 않는다는 사실만으로도 쉽게 증명된다. 시장 실패나 시장 결함은 예외적인 것이 아닌 법칙이다. 그럼에도 불구하고 자본주의에서는 능력의 측정이 이 결함 있는 시장에서 이루어지기 때문에,

사회가 더 높은 분배정의를 가질 수 없다는 주장이 가능해진다. 시장은 그것을 허락하지 않을 것이다.[4]

처음부터 시장은 일종의 도덕적인 육성기관으로 개념화되었기 때문에, 사람들은 시장의 결정에 복종해야 한다. 정의에 대해서는 이러쿵저러쿵 떠들 수 있지만, 정당화된 부에 대한 최종 결정은 시장에서 이루어진다. 하지만 시장이 능력을 규정하는 방식은 순환적이다. 능력이 시장에서 측정되면 그에 걸맞은 임금이 주어지고 이 임금은 그 자체로 능력의 가치 근거가 된다.

억만장자들은 모두에게 이익이 되는 혁신이나 빈곤한 사람을 돕는 자선 등을 즐겨 언급한다. 스스로가 경력을 시작했을 때 어려웠다는 사실도 정당화를 위한 우화에 도움이 된다. 애플 신화의 시작으로 지목되는 스티브 잡스의 차고는 이해하기 쉬운 그림이기도 하지만, 아름답게 치장하는 기능을 한다. 이 창고는 일시적인 제한을 상징하며 뒤이어 찾아오는 승리의 영광을 더욱 밝게 비추게 되는 것이다. 이것은 위험하지 않은 자원부족 현상과 관련되어 있기 때문에 미화의 역할을 담당한다. 이 삶의 단계는 마치 대학생들의 경제 사정과 같은 일시적인 빈곤상태로서, 상대적으로 기간이 짧고 이 시기가 지난 후 더욱 많은 것을 얻을 수 있게 된다.

상속받은 자산에서 능력을 통한 정당화의 가능성은 완전히 소멸한다. 모든 상속자는 아무런 노력 없이 우연한 기회에 상속을 받기 때문이다. 자산의 이전은 사회적 특혜를 세대를 거쳐 안정시켜 주며, 이로써 시장행위의 우연성에서 탈출한다. 이는 20세기 근대 사회의 능력주의적 이상에 어긋나는 것이다.

보마르셰의 희극인 〈피가로의 결혼〉(1784)에서 알마비바 백작의 하인인 피가로는 백작부인의 하녀인 쉬잔과 결혼하고 싶어 한다. 쉬잔을 마음에 들어 하는 백작은 이 결혼을 허락하지 않으려 한다. 피가로의 독백에는 다음과 같은 항의가 등장한다. "백작 나리, 당신은 절대 쉬잔을 차지할 수 없습니다! 대단한 귀족이신 데다가 재능도 많다고 생각하시지요. 작위와 재산, 수많은 직분, 이것저것을 모두 꼽아 보면 콧대가 높아지는 것도 당연하겠죠. 하지만 그만한 혜택을 받기 위해 도대체 무엇을 하셨습니까? 노력하신 것이라곤 '응애' 하고 세상에 태어난 수고, 그것 하나뿐이지 않습니까? 인생을 낭비하고 치장하는 데나 바치면서!"[5] 위와 같은 18세기 말의 혁명적 판단은 특혜가 능력에 기반한다는 견해에 모순된다. 결국 봉건적 우선권도 현대의 부도, 이 월권적 소유에 아무런 합리적 근거를 제시하지 못한다.

2

자선을 통한 부의 정당화

부유한 사람에 의한 관대한 기부행위의 모범 사례 중 가장 유명한 것은 아마도 강도 남작이라 불렸던 앤드루 카네기Andrew Carnegie(1835-

1919)의 경우일 것이다. 카네기는 19세기 말 미국에서 철도 및 철강산업을 통해 거대한 자산을 축적했다. 가난한 스코틀랜드 출신 이민자 부모를 둔 그의 인생은 마치 아메리칸드림의 동화와 같다.

1889년 카네기는 『부의 복음』이라는 유명한 책에서, 부유한 사람은 공동체에 대한 의무를 갖는다고 주장했다. 자산가들은 특별한 인성을 가지고 있으며, 이는 그들의 기업가적 성공을 가능하게 해 주었다. 그러나 그들은 박애주의적 이상에 따라 살아야 한다는 의무를 갖는 것이다. "그저 부자로 죽는 사람은 불명예스럽게 죽는 것이다."[6]

카네기는 개인이 획득한 자산은 공동체의 발전을 위해 쓰여야 한다고 강조했다. 그가 자선의 근거로 제시한 것은 엘리트주의적이었다. 부유한 사람은 동시에 선택받은 소수이므로 대다수의 사람들보다 도덕적으로 우월하다는 것이다.

1892년 카네기 소유의 업체에서 벌어진 홈스테드 파업은 미국 역사에서 가장 유혈이 낭자했던 노동자와 자본가의 싸움이었다. 이 파업은 4개월이 넘게 지속되었으며, 직장 폐쇄와 폭력적인 대치가 발생했다. 최소 10명 이상의 노동자가 사망했으며 수백 명이 부상당했다. 파업에 가담한 노동자들은 파업을 깨부수는 비노조원들에게 굴복하지 않을 수 없었다.

이 사실은 카네기의 복지재단과 기부에 비해 언론에 잘 보도되지 않았지만, 다른 한편으로는 이 결정적인 에피소드가 카네기에게 큰 인상을 남겼을 수도 있다. 생전에 자신의 노동자들에게 인색하게 굴었을지언정 카네기는 자신의 공익재단에서 한정 없는 기부를 지향했다.

그는 자신의 자산을 도서관과 대학에 기부했으며, 그의 생애를 통해 40억 달러가 기부되었다. 33세에 이미 "부의 축적은 최악의 우상숭배 중 하나이며 돈의 숭배보다 더 타락한 우상은 없다"[7]라고 썼던 카네기는 공익재단의 설립에서 육체의 죽음을 넘어서는 정신적인 영생의 가능성을 보았다.

아리스토텔레스가 그랬던 것처럼 과도한 부자들을 기본적으로 탐욕스러운 존재로 보는 시각은 현실에 맞지 않는 경우가 많다. 부자들의 자선은 그 절대 액수에서 깊은 인상을 남긴다. 그러나 사실 우리는 부자들의 기부에서 상대적인 액수를 살펴보아야 한다. 도덕적 관점에서는 기부가 기부자의 자산과 관련이 있다고 보는 것이 적합할 것이다. 10억 유로를 가진 자산가가 일반 사람들은 상상조차 할 수 없는 9억 9천 9백만 유로를 기부한다고 하더라도 여전히 그는 백만장자일 것이며, 그렇게 거대한 기부를 한 이후에도 평균적인 오스트리아인의 10배가 넘는 자산을 갖게 된다. 부유한 기부자는 자신의 기부를 통해 관대함을 보여 주기보다는 자신이 동화책 속에서나 나올 만큼 부유하다는 사실을 과시한다.

독일의 철학자이자 문화학자인 페터 슬로터다이크Peter Sloterdijk는 위와 같은 주제에 대한 논쟁을 확장시켰다. 그는 "기존의 조세체계를 강제징수라는 관료화된 의식에서 공동체의 성장을 위한 자발적인 기여로 전환"[8]해야 한다고 주장했던 것이다.

능력과 관련해서 부에 합리적 근거를 대기 위해서는 사람들 능력 사이의 비교가 가능해야 했던 것과 마찬가지로, 자선에 근거를 제시하려면 우선 자선이 사회 전체에 이득이 된다는 점을 보여 주어야 한다.

복지국가가 사회 지출을 줄이면, 그에 반대하는 논쟁이 벌어지며 사람들이 시위를 벌이기도 한다. 과도한 부자의 사적 기부는 이와 반대로 아무런 반대도, 요구도 일으키지 않는다. 기부를 받는 쪽에서는 언제 기부가 끊길지 모르는 두려움을 안고 있으며, 사적 자금 지원은 공적 지원에 비해 훨씬 큰 불확실성을 갖는다.

공익 사업의 선발과정에서 과도한 부자들은 각 사업의 내용들 가운데 우선순위를 결정한다. 이는 기업 이미지 상승이나 마케팅, 기부자가 갖는 '좋은 것'에 대한 개인적 관점 등 여러 가지 기준에 따라 이루어진다. 그들의 박애주의적 참여가 실제로 가난한 사람들에게 이득이 되는지, 또는 특혜집단의 이해관계 달성과정에서 지나가는 우회로에 불과한 것인지를 알기 위해서는 각 개별 사례로 판단할 수밖에 없다.

과도한 부자들에게 자선은 쓸모 있는 행위이다. 부가 능력을 통해 근거 지어질 수 없기 때문에, 박애주의적 행위는 한 사회에서 과도한 부자들의 사회적 위상에 중요한 역할을 하게 된다. 공동체 지향적인 부의 이용을 통한 정당화가 유용한 것은 이 때문이다. 자신의 부를 박애주의적으로 정당화하려는 일부 과도한 부자들의 집단은, 과도한 부 자체를 자산 없는 사람들의 요구에 대항하여 지키는 데 도움이 된다. 냉정하게 말해서, 그들은 자신의 부를 선사하는 것이 아니라 그 일부를 자신의 안전과 도덕적 평안을 얻기 위해 투자하는 것이다. 이 과정에서 세제혜택을 챙기는 것은 덤이다.

자산집중이 공동체에 끼치는 해악은 과도한 부자들의 선행에 비해 잘 드러나지 않는다. 판다를 위해 동물원에 새로운 공간을 만든다거나, 난민 지원단체에 사무공간을 제공한다든지, 병원에 새로운 수술실을 만드는 등의 일은 직접적인 도움을 준다. 하지만 위와 같은 기부는 과도한 부자 자신들에게도 도움이 되는 일이다. 그렇지 않고서는 예술을 지원한 사람들을 기리기 위해 전시된 명패들은 훨씬 작았을 것이고, 유명한 뉴욕의 카네기 홀은 아마 그저 뉴욕 시민 홀이 되었을 것이다.

선행을 오로지 기능성에 근거한 것으로 볼 수는 없다. 아무런 기부도 하려 하지 않는 부자들도 물론 있기 때문이다. 그러나 의미론적으로 인간애에 기초한 자선이 온전히 공감 정서의 발로라고는 할 수 없다는 점을 상기할 필요가 있다. 사회 속에서 자선이 드러나는 방식을 보면 변화가 필요하다는 것을 알 수 있다. 자선행위의 형식은 대부분 문화적인 수단을 통해 이루어진다. 미술관, 박물관 또는 피아노 콘서트 등은 부유한 자선가를 끌어모으는 안전한 항구의 역할을 하며, 그들은 이곳에서 기부하면서 자신의 문화적 자본을 증식시킨다.

민주적으로 정당화되지 않은 부자들이 그들의 사회적 이상을 국가 정책 바깥에서 실현하려 할 때, 자산가들의 자발적인 사회적 참여가 복지국가적 사회정책 옆에 등장하게 된다. 21세기의 사회적 초점은 특히 미국에서 과도한 부자들의 넉넉한 자비에 모아지고 있으며, 이는 국가적 차원의 재분배를 시대에 뒤떨어진 것처럼 보이게 한다. 복지국가를 비효율적 관료주의로 비방하는데, 소유자 사회가 가장 자선을 잘할 수 있다는 것이다. 프리드리히 엥겔스는 부자에 대한 자신의 생각을 격정적으로 풀어놓았다. "내가 선행을 목적으로 그만큼 많은 돈을 사용한다면, 이를 통해 나는 성가신 일을 당하지 않을 권리를 구매하는 것이다. '자, 너희들은 이제 너희의 비참함을 대놓고 떠들어 대서 나의 섬세한 신경을 건드리지 말고 너희들의 어두운 동굴 속에 처박혀 있어야 한다'는 것이다."[9]

소설가 찰스 디킨스Charles Dickens는 이 어두운 노동자들의 동굴을 살펴보았다. 그러나 그는 엥겔스와는 달리 선행을 통해 이 처참한 곳에서 빠져나올 수 있다고 보았다. 디킨스는 이른바 빈곤 문학의 대표자로서 지배적인 빈곤에 대한 사실주의적 묘사로 유명하다. 카를 마르크스와 엥겔스도 그의 독자였다. 디킨스의 문학세계에서 부유한 자선가들은 가난한 고아들을 도우며, 정직한 선행에 대한 믿음을 보여 준다. 이와 달리 엥겔스는 선행을 쉽게 간파할 수 있는 위선과 그다지 다르지 않은 것으로 보았다.

도덕적 감정은 부에 대한 스토리텔링에 상당히 중요하기 때문에, 분석에 있어서 특히 주목받을 필요가 있다. 부에 도덕적 가치를 매기는 것은 '자산'이라는 용어의 사용에서도 볼 수 있다. 사람들은 부자들을 더 나은 사람들로 이야기하며, 윗사람이라는 말도 일종의 도덕적 위계를 가리키는 것이다. 게오르크 지멜Georg Simmel이 1900년에 말했듯이 부는 "심지어 일종의 도덕적인 업적으로 … 존경할 만하다는 개념이나, 또는 부유한 사람들이라는 일반적인 표현 속에서 '품위 있는', 즉 '더 나은 공적 집단'으로 나타난다. 이는 말뿐이 아닌 그것과 상관되는 현상들, 예를 들어 가난한 사람을 채무자처럼 대하며, 거지를 내쫓으며 화를 내고, 선량한 사람들조차도 자신이 가난한 사람들에 비해 당연히 우월하다고 믿는 것 등에서도 엿볼 수 있다."[10]

3

마땅한 부 vs 부당한 부

부에 대한 논쟁에서 그 부가 쌓일 만했는가의 문제는 매우 중요한 역할을 한다. 과도한 부를 향한 비방이 도덕적인 방향으로 이루어질 때에도 이 '마땅한 부'에 대한 문제가 등장한다. 부는 능력뿐만 아니라 자선을 통해서 그 축적의 근거가 제시될 수 있다. 여러 이야기들이 과도한 부자가 가진 덕성이나 비범함을 강조하며 그의 부가 마땅한 것이라고 주장한다. 부자들은 자신의 부를 그렇게 보고 싶어 한다. 막스 베버Max Weber가 『종교사회학』에서 말했듯이, "행복한 사람은 행복을 가졌다는 사실에 만족하는 경우가 드물다. 그는 한 번 더 나아가 행복에 대한 권리를 가지고자 하는 욕망을 갖는다. 그는 자신이 특히 다른 사람들과 비교했을 때 행복을 가지기에 마땅하다고 확신하고 싶어 한다."[11]

그러나 마땅한 부라는 용어가 뜻하는 바는 시간에 따라 변해 왔다.

18-19세기의 귀족적 부자들은 그들의 특권신분을 마땅한 것으로 여겼으나, 여기에는 부자 자신의 노동이 포함되어 있지 않다. 19세기 미국의 부자들은 보통 선거권의 도입에 반대했다. 사교 클럽 속에서 다른 사람들에 대해 벽을 친 그들은 어마어마한 부동산 자산의 소유자였으며 영국 귀족들을 모방하려 했다. 그 부자들은 능력과 상관없는 사람들이었지만, 그럼에도 불구하고 자신의 부를 마땅한 것으로 보았다.

영국의 귀족들은 노동과 무역을 원천으로 하는 부를 그다지 높이 평가하지 않았다. 그것보다는 명성이나 귀족적 생활양식이 결정적으로 중요했다. 그들의 생활양식은 부유한 시민계급에 의해 복제되었지만, 시민계급의 부는 귀족정치의 관점에서 본다면 경멸당해 마땅한 노동의 세계에서 비롯된 것이었다.

마땅함의 원칙은 점차 확대되어 과거에는 신분 계승의 원칙에 따라서만 상속이 가능했던 사회의 각 특권들에게도 적용되었다. 이러한 사실은 부르주아들이 귀족을 대하면서 느꼈던 모멸감을 설명해 준다. 상승하려 노력하는 시민계급 출신은 수없이 경멸당했다.

20세기에 접어들면서 이 천부적으로 주어진 둥지에 영광을 돌리는 경향은 약화되었으며, 부자들은 돈을 버는 과정을 이야기할 때 그 시작이 고난으로 가득 찼음을 즐겨 이야기하였다. 이는 개인의 성공을 더욱 빛나게 해 주었으며, 마땅한 부의 왕도는 근면한 노동으로 선전되었다. 20세기의 부는 규율, 근면, 꾸준함 등의 요소와 연관되기 시작했으며, 또한 근검, 혁신, 위험을 감수하는 인성 등도 부를 가능케 하는 미덕으로 여겨졌다. 이러한 이야기의 틀에 따르면 가난한 사람들에게는 결단력, 성실함, 위험에 대한 대범함 등이 없다는 결론이 도출된다.

자수성가한 백만장자라는 개념 또한 위와 같은 생각들과 이데올로기적으로 연결되어 있다. 그러나 특히 과도한 부의 경우 자수성가와는 관련성이 적다. 국가와 사회는 부가 성장할 수 있는 기본조건을 제공하지만 과도한 부자의 후손들 또한 선대의 미덕을 꼭 이어 간다고 할 수는 없다. 막스 베버는 『프로테스탄트 윤리와 자본주의 정신』에서 몇몇 미국 억만장자들의 이론을 소개한다. 즉 "스스로 일하고 획득해야 한다는 윤리적 선행에서 자식들을 멀어지게 하지 않기 위해서, 자신이 획득한 수십억의 재산을 물려주면 안 된다"[12]라는 것이다.

부유한 사람들이 실제로 출중한 능력을 보여 주는지는 의문스럽다. 장 드 라브뤼예르Jean de La Bruyère는 그의 책 『레 카라크테르les Caractères』에서 다음과 같이 말한다. "가장 좋은 직위에 올라서 풍요 속에서 죽을 것이 확실한 사람들 중에는 완전히 멍청하고 심지어는 얼간이인 사람들도 있다. 그러나 이들이 그들의 노동을 통해, 혹은 최소한의 근면함을 가지고 그 부를 일구어 냈다는 것은 전혀 의심의 여지가 없다."[13] 근면은 전통적으로 부에 도달하는 길을 제시하는 것이었다. 그러나 브뤼예르는 그 반대의 길에 주목한다. "위대한 출생이나 거대한 자산은 그러한 노력이 시작되기도 전에, 사람들이 알아채기도 전에 일어난다."[14] 부유한 사람들에게 애틋한 마음을 덧붙여 바라보는 경향은 부자들이 자신의 자산을 매력적으로 보이게끔 애쓰게 한다. 왜냐하면 "바보 얼간이의 야심을 정당화하는 것은 꼼꼼함이다. 이는 한 사람이 거대한 자산을 획득했을 때, 그것의 마땅함을 찾도록 한다. 그는 이 마땅함을 가져 본 적이 없으므로, 그 크기는 스스로 갖고 있다고 믿는 만큼 크다."[15]

경제학자이자 사회학자인 소스타인 베블런Thorstein Veblen도 19세기 말 그의 『유한계급론』에서, 부유한 사람들이 좋은 인성적 특성을 스스로에게 부여하는 경향을 고찰한다. "한때 쓸모 있음의 증거 정도로 여겨지던 부는 현재 여론에서 스스로 마땅한 것이 되어 버렸다."[16] 베블런이 보기에 자산축적의 목표는 물질적인 것이 아니라, 존경과 영광에 관련된 것이었다. 그는 자신의 생각을 첨예화한다. "오직 낭비만이 위신을 가져다준다."[17] 여기서 사회적 위상은 부자들의 목표가 되며, 그에 따라 좋은 부와 나쁜 부의 구분은 무의미해진다. 부자가 자수성가한 백만장자인지, 금수저인지는 그의 부를 평가하는 데 있어서 아무런 역할을 할 수 없다. 부 자체가 부자에게 영광을 부여하며, 그의 탁월한 사회적 신분과 흠잡을 데 없는 명성을 만들어 낸다. "부는 위신의 독립적이며 최종적인 기반이다."[18] 사회적 위상은 특정한 자산의 일부 형태로 과시될 수 있다. 과시에는 특정한 종류의 자산이 다른 것들보다 더 적합하다. 예를 들어 주거지 같은 것은 주식 뭉치보다 훨씬 더 과시하기 좋다. 베블런에 따르면 낭비는 언제나 지배계급의 일이었다. 과시적 소비와 과시적 게으름을 통해 사회적 위상은 더욱 강화된다. 그 목적이 원초적 욕구의 충족이 아니라 사회적 지위의 상승에 있기 때문이다.

또한 부가 사회적 경멸과 배제로 이어진다면, 그것은 부의 상실이 된다. 가족 상속에 관련된 아마도 가장 유명한 문학적 사례는 발자크의 소설 『고리오 영감』에서 찾아볼 수 있다. 소시민 고리오는 프랑스혁명 시기에 곡물 투기로 자산을 쌓았다. 그는 자신의 딸들을 귀족계급과 혼인시키려 한다. 첫딸 아나스타지는 레스토 백작부인이 되었고, 둘째 딸 델핀은 은행가와 결혼하여 뉘싱겐 남작부인이 되었다. 나폴레옹 치하가 끝난 이후 부르봉 왕가가 재집권하고 봉건체제가 새로이 강화되는 시대가 열리자, 소규모 공장주에 불과한 아버지는 딸들에게 그저 부끄러운 존재일 뿐이었다. 그의 자산을 이미 자식들에게 다 물려줘 버렸기에, 딸들은 아버지에게 더 이상 관심을 두지 않았으며, 아버지가 죽어 가는 상황에서도 얼굴 한번 비치지 않았다. "아, 내가 부자라면, 내가 내 재산을 손에 쥐고 있었다면 애들이 내 곁에 와서 내 뺨에 키스 세례를 퍼부었을 텐데. 나는 커다란 집에 살며 아름다운 방과 하인들 속에서 벽난로에 불을 땠을 텐데. 그리고 애들은 남편과 자식들을 모두 데려와 내 곁에서 눈물을 흘리며 서 있었겠지. 나는 이 모든 걸 가질 수 있었어. 하지만 나는 이렇게 아무것도 없네. 돈이면 뭐든지 살 수 있어, 심지어 딸도 말이지."[19] 그의 임종을 지킨 사람은 라스티냐크 으젠이라는 젊은이였다. 으젠은 자산과 미덕이 하나가 될 수 있는 방법을 찾고자 했지만, 고리오의 죽음을 지켜보면서, 막대한 재산이 모든 것을 끝없이 지배한다는 사실을 알게 되었다.

모든 거대 자산의 뒤에는 범죄가 도사리고 있다는 발자크의 의심은 오늘날에도 부정되지 않는다. 자산은 그것이 형성되는 형식을 숨긴다. 부자들을 위한 국가의 보조보다 가난한 사람들에게 주어지는 사회급

여가 더 잘 눈에 띈다. 소득은 그 원천을 쉽게 확인할 수 있는 반면, 자산의 경우는 그렇지 않다. 조세피난처와 기업 간의 은폐된 소유관계는 부의 기원을 특정하는 것을 어렵게 한다. 조세피난처는 부자들에게 절세 기회를 준다. 나머지 국민들에게는 이와 정반대의 현상이 나타난다. 그들의 오아시스는 복지국가이며, 과도한 부자들의 세금 도피 기회는 사막을 만드는 일과 같다.

어떤 부가 사회적으로 인정받는가의 여부는 그 형성과정이 어떻게 인식되는가에도 달려 있다. 사회에서 타인의 부가 무조건 거부되거나 비판받는 것은 아니다. 노동으로 쌓은 부와 같은 것은 현대 사회에서 인정받는 편이다. 마땅한 부에 대한 주관적 가치판단은 자산분배의 각 지위에 의해 이루어지는 것이 아니며, 계급적 상황을 단순히 반영하는 것도 아니다. 판단에는 개인적인 가치부여 행위 또한 나타난다.

부의 인정에 있어서 결정적인 역할을 하는 것 중 하나는 중간계층의 사회적 의미를 강조하는 일이다. 이는 토크빌의 논의에서도 발견된다.

"부자들의 입장에서 그들은 매우 얕게 흩뿌려져 있고 아무런 권력도 없다. 그들은 사회적 관심을 자신에게 끌어들일 수 있는 우선권을 가지지 않으며, 그들의 부 자체도 토지소유로 인해 그것에 체화되거나 드러나지 않는 이상 만질 수 없고 보이지 않는다. 가난한 사람들의 신분이 존재하지 않는 것과 마찬가지로 부자들의 신분도 존재하지 않는다. 부자들은 매일같이 중간계층에서 새로 탄생하며 시간이 지나면 다시 아래로 돌아간다. 즉 그들은 쉽게 특정할 수 있고 약탈할 수 있는, 하나의 계급을 구성하지 않는다. 그들은 수많은 비밀스러운 연줄을 통해 다른 시민들의 계급과 연결되어 있기 때문에, 국민들이 그들에 대항해서 주먹을 날리면 스스로를 가격하는 셈이 된다. 민주주의 사회의 가장 바깥쪽 경계 사이에는 간과할 수 없이 많은 사람들이 거의 똑같은 방식으로 살아간다. 이들은 부유하지도, 가난하지도 않고, 정돈된 삶을 영위할 수 있을 정도로 충분히 가졌으며, 다른 이들의 질투를 유발할 정도로 많이 가지지도 않았다."[20]

그러므로 미국의 부자들은 가난한 사람을 두려워할 필요가 없었으며, 그들의 부를 강제 수용하려는 정치적 기획을 걱정할 필요도 없었다. 이른바 상업귀족이라 불리는 사람들은 무역과 제조에 기반하고 있었고, 영국 귀족을 섬겼다. 그러나 상호 간의 소득격차가 매우 낮았던 시민계층은 사회에 넓게 분포하면서 사회적 경직성을 방지해 주었다.

또한 마땅함은 그것을 둘러싼 도덕적, 그리고 정치적 싸움이 끊이지 않았던 개념 범주들 중 하나이다. 일반적으로 가난해 마땅한 사람과 부당하게 가난한 사람이라는 용어의 조합은 부자들에게는 잘 쓰이지 않는다. "부당한 부자"라는 말은 사회불평등에 대한 공적 논쟁에서 잘 등장하지 않는 표현이다.[21] "부당한 부"라는 말은 거대한 자산이라는 뜻을 가지며, 특히 그것이 형성되는 데 자체적인 노력이 들어가지 않는 경우에 사용된다. 상속, 증여, 주식 투자 수익, 그리고 부분적으로는 부동산 가치상승 등이 여기에 포함될 것이다. 특히 상속의 경우 오랜 기간 동안 "부당한 부"로 여겨졌다. 세대를 이어 가면서 혈통을 지키기 때문이다. 이와 반대로 가난한 사람들의 경우, 마땅한 빈곤에 대한 판단은 수백 년간 동일했다. 가난한 사람들은 노동의욕 장려금, 구걸행위 금지, 또는 훈육 법률 등 국가가 시행하는 무수한 훈육 조치의 표적 집단이 되었던 것이다. 이 과정에서 최소한 죄 없는 비참에는 상응하는 사회적 보상이 허락되었다.

맨더빌은 합법적 상속자들에게 돌아가야 마땅한 자산을 자선행위에 기부하는 모든 '무정한 부자'들에게 저주를 퍼붓는다.

20세기에는 고된 노동의 과실이나 높은 위험의 감수 같은 것들이 마땅한 것이었다. 하지만 부유한 가정 출신은 그렇지 않은 사람들보다 아무래도 위험을 감수하는 데 덜 주저하게 된다. 그 위험의 여파가 더 작기 때문이다. 기업주의 아들은 가족의 도움을 기대할 수 있기에 실패할 수 있고, 새롭게 시작할 수 있다.

과도한 부자들은 아마도 대놓고 물 쓰듯이 돈을 쓰거나, 그렇지 않다면 구두쇠 같은 습관을 가지고 돈을 비축할 것이다. 이러한 모든 행위들만이 과도한 부의 문제가 가진 스펙트럼의 전부가 아니다. 그렇게 된다면 각 개인의 행위 교정을 통해 바꿀 수 있는 문제가 되기 때문이다. 비록 자신의 자산을 뽐내거나 자신의 이득을 위해 국가를 손상시키지 않고, 가난한 사람들을 통 크게 돕는 경우가 있다고 하더라도, 과도한 부자들의 존재는 사회적으로 문제가 된다. 왜냐하면 그들은 언제든지 행동을 바꾸고 자신의 권력을 악용할 수 있기 때문이다. 이 가능성의 지평은 과도한 부의 위험을 명확하게 보여 준다.

4

과도하게 부유한 희생자

2012년, 토머스 프랭크Thomas Frank의 책 『가난한 억만장자: 거대한 허풍』이 출간되어 베스트셀러가 되었다. 작가는 이 책에서 부유한 사람들이 즐겨 사용하는 전략으로 스스로를 희생자로 내세운다는 가설을 발전시켰다. 억만장자들은 다른 사람들이 자신을 질투하고 미워한다고 끊임없이 불평한다는 것이다. 전 이탈리아 총리 실비오 베를루스코니Silvio Berlusconi는 "이 나라는 옳지 않아"라고 투덜거리곤 했다. "국부에 기여"했는데 대접이 형편없다는 것이었다.[22] 그는 90억 유로의 자산을 보유하여 2010년 포브스 세계 부자순위에 이름을 올렸다. 하지만 그의 눈에는 그에 걸맞은 사회적 인정이 주어지지 않았던 것이다.

심리학자 볼프강 슈미트바우어Wolfgang Schmidbauer는 『차가운 심장』이라는 책에서 자산이 상승하면서 공포가 함께 증가한다고 추정했다. 아무것도 가지지 않은 사람은 무엇을 잃을까 불안에 떨 필요가 없다. 이에 알맞은 문학적 표현은 업턴 싱클레어Upton Sinclair의 소설 『보스턴』에서 찾아볼 수 있다. 소설 속에서 무정부주의자로 등장하는 사코와 반제티[1920년 미국에서 이탈리아 출신 무정부주의자 사코와 반제티가 살인 혐의로 누명을 쓰고 사형당했다. 이후 그들이 무정부주의 신념 때문에 사법살인을 당했다는 주장이 제기되었다]의 운명은 "부르주아들은 자신의 재산이 위험에 처하면 정신 나간 행동을 하곤 해"[23]라는 말로 설명된다.

그러나 이제 부자들의 재산을 강제수용하겠다는 위협은 없으므로, 부자들의 불평에는 무언가 계산이 깔려 있다. 토머스 프랭크는 부자들의 "자기동정의 정치경제학"을 이야기한다. 그들은 불쌍한 억만장자가 수십억 명의 가난한 사람들로부터 탄압받는 것처럼 꾸민다. 불안은 두려움과 달리 혼란스럽고 분산되어 있다. 백만장자들은 비록 많은 재물을 쌓아 놓고 있지만 파산의 불안에 시달릴 수도 있다. 실제로 거의 일어날 리가 없는데도 그렇다.

예를 들어 유명 만화 캐릭터 도널드 덕의 삼촌인 스크루지 맥덕Scrooge McDuck은 자신의 재산을 노리는 도적 떼인 비글 보이스Beagle Boys에 대한 불안을 갖고 있는데, 그의 불안은 전혀 실현되지 않았다. 그리고 질투 같은 감정은 각 경우의 정도에 따라 판단이 이루어진다. 몽테뉴는 부자들이 잃을 것이 많다는 점에서 그들에게 깊이 공감했다. "아무래도 나는 가게 일과 돈 걱정에 휩싸여 평안을 느끼지 못하는 부자가 그저 가난하기만 한 사람보다 더 정상적으로 느껴진다. 부의 중심에서 부족함에 고통받는 것은 가장 지독한 종류의 빈곤이다."[24] 이와 같은 해석은 과도한 부자들과 그들에게 경탄을 보내는 사람들이 미국에서 가장 즐겨 읽는 책에서도 찾을 수 있다.[25] 에인 랜드Ayn Rand의 1957년도 작품 『아틀라스: 지구를 떠받치기를 거부한 신』은 1천 페이지가 넘어가는 두꺼운 소설이다. 이 소설의 주인공 존 골트John Galt는 혁신적인 기업가로서, 다른 기업가들과 함께 과도한 규제를 시행하는 국가에 대항한다. 기업가들이 파업에 들어가자 국가 전체가 마비된다. 골트는 라디오에 출현해, 산업 사회에 살고자 하는 모든 사람들은 영웅적인 기업가의 기초윤리를 따라야만 한다고 주장한다. 부자의 비범한 미덕은 모두에게 이득을 가져다준다는 것이다. "사람들은 우리를 기생충이라고 하곤 했다. 노동자들이 우리를 먹여 살리고 부유하게 만들며, 호화로운 삶을 가능하게 해 준다는 것이다. … 그래서 그들이 일을 그만두면 우리가 힘들어질 것이라 했다. 이제 같은 말을 반대로 할 수 있다. 세계는 이제 똑똑히 보아야 한다. 누가 누구를 먹여 살리고, 누가 부의 원천이며, 누가 누구의 삶을 책임지고 있고, 누가 일을 그만두면 누구에게 무슨 일이 생기는지."[26] 에인 랜드의 소설 세계에 등장하는 부유한 영웅은 오늘날의 체제를 찬양하는 사람들에게 특히 인기 있는 소설 캐릭터이다. 노동자가 아니라 기업가가 부를 증식시키므로 기업가의 규칙을 받들어야 한다는 것이다. 마치 진가를 인정받지 못한 천재의 가련함이 느껴지는 듯한 위와 같은 주장은, 실제로는 명확한 이데올로기적 메시지를 갖는다.

비록 부유한 영웅이 찬양되는 경우가 많다고 하더라도, 이것이 사회진화론적인 의미를 갖는다고는 할 수 없다. 그래서 부자들이 다른 사람들과의 투쟁에서 승리했기 때문에 부유해졌다는 식의 주장은 제기되지 않는다. 그러나 유명한 오스트리아학파 경제학자인 루트비히 폰 미제스Ludwig von Mises의 경우는 예외이다. 경제학 이외의 분야에서도 여러 추종자를 거느린 폰 미제스는 에인 랜드에게 다음과 같은 찬사의 편지를 보냈다. "당신은 정치가들은 절대 할 수 없는 말을 대중들에게 할 수 있는 용기를 가졌습니다. '너희들은 열등한 사람들이고, 너희들이 그토록 당연하게 여기는 어떤 종류의 개선이든, 너희들보다 우월한 사람들의 노력 덕분'이라는 것을 말하는 용기 말입니다."[27] 이 문장들은 감정에 기반한 경제학자의 적개심이 스스로의 방법론적 합리성의 명제에서 얼마나 멀리 떨어져 있을 수 있는지를 보여 준다.

5 과도한 부자들의 위선

정치학자 주디스 슈클라는 "자아도취와 자기만족"이란 "언제나 타인의 비참함에는 토 달지 않고 견디는 데에 도가 튼 부자와 권력자의 위선"[28]이라 한 적이 있다. 위선과 관련해서 우리는 그것이 자기기만인지, 두려움에 찬 부정직인지, 의도적인 기만술인지 알지 못한다. 프리드리히 엥겔스는 『영국 노동자계급의 상황』에서 도덕적 판정을 명확하게 내리고 있다. "부르주아계급은 무한한 인류애를 가진 척한다." 그러면서 엥겔스는 빈정대는 투로 보충 설명한다. "영국의 부자들은 가난한 사람들에게 신경이라고는 조금도 쓰지 않는데, 다른 나라와는 달리 그들이 복지기관을 설립했다고 어떻게 이야기할 수 있겠는가?"[29]

부유한 사람들은 바리새인 같은 중간계층에 비해 비판을 피해 가기 쉽다. 그들은 다른 사람들의 감정에 긍정적으로 영향력을 행사할 수 있다. 예를 들어 부자들은 자신의 직업적 경력을 영웅시하기 위해서, 궁핍했던 어린 시절을 보냈다고 꾸며 낸다. 그들은 스스로 타인들보다 우월하다고 생각하지 않는다는 것을 선전하기 위해 친절하고 겸손하게 행동할 수도 있다. 그들은 심지어 엘리트들을 비판하며 재분배에 찬성하는 것처럼 자신을 드러낼 수도 있다.

기독교적 관점에서 보았을 때에는 바른 자세가 중요하다. 마태복음 6장에서 우리는 예수가 얄량한 자선가를 적대하는 장면을 본다. 그가 자신의 인자함을 너무 자랑하기 때문이었다. "그러므로 네가 자선을 베풀 때에는, 위선자들이 사람들에게 칭찬을 받으려고 회당과 거리에서 하듯이, 네 앞에서 나팔을 불지 말아라. 그들은 자기네 상을 이미 다 받았다. 너는 자선을 베풀 때에는, 네 오른손이 무엇을 하는지를 네 왼손이 모르게 해야 한다. 이렇게 하여, 네 자선을 숨겨 두어라. 그러면 은밀한 일도 보시는 네 아버지께서 갚아 주실 것이다." 이 도덕적 가르침은 부자들을 겨냥한다. 그러나 부자들이 가난한 사람들보다 더 위선적인지는 알려 주지 않는다. 왜냐하면 그들 중 일부는 그들의 교만, 또는 인색함을 전혀 숨기려 하지 않기 때문이다.

너새니얼 호손Nathaniel Hawthorne은 그의 소설 『일곱 박공의 집』에서 한 위선자의 좋은 예를 들고 있다. 판사인 핀천Pyncheon은 현실적이고 쾌활하며, 소탈하고 사교적이다. "부자들에게서 흔히 볼 수 있듯이, 그들이 공화국에서 사회적 명망을 추구한다면, 그들은 이른바 인민들 앞에 그의 돈과 풍요 그리고 높은 지위 등을 사죄한다. 그는 자신을 아는 모든 사람들을 진술하게 진심으로 대한다. 심지어 자신에게 인사한 사람이 중요하지 않은 사람일수록 더욱 공손해진다. 이를 통해 그는 자신의 오만한 신분의식과 함께, 마치 하인들이 앞길을 모두 치워 준 것같이 거침없는 자신의 우월성 의식을 명백하게 보여 준다."[30] 미움받는 위선자는 사회적 위계의 최상층보다는 주로 중간계층에 존재한다. 빅토리아 시대 시민계급은 부유했지만, 우리가 현재 생각하듯 과도한 부자에 속할 정도는 아니었다. 당시 시민계급은 청교도주의 원칙들을 가지고 사회의 주류를 형성했다. 귀족은 그들을 경멸했고, 산업 프롤레타리아는 그들을 증오했다. 당시 시민계급은 안정적인 지위에 있지 않았으며, 오히려 자신들의 야심과 사회적 추락에의 두려움 사이에 내몰려 있었다.

위선이란 마치 접착제와 같은 것으로, 사회적 적대가 발생하지 않도록 해 준다. 특히 정치에서 위선은 기대되는 것이기도 하다. 주디스 슈클라는 위선을 자유주의적 민주주의를 위해 불가피한 것으로 보았다.[31] 과도한 부자들은 다양한 방식으로 위선행위를 한다. 그들의 부를 부인하기도 하고, 자신들에게 주어진 특혜를 거절하기도 하며, 자신의 좋은 점들을 과장하기도 한다. 과도한 부자들의 위선은 그들이 무엇인가 이루어 갈 수 있는 가능성의 범위를 넓혀 준다. 그들은 자신이 도덕적인 혹평을 받도록 내버려 두지 않을 것이다. 사회가 변화함에 따라 과도한 부자들의 마땅함에 대해 사람들이 가진 의견도 달라졌다. 이루어진 시간은 서로 달랐지만, 상속을 받았건, 자수성가했건 간에 결국 과도한 부자들은 자신이 부자가 되기 마땅한 사람이었다는 사회적 인정을 찾아낸다. 불평등한 현실 속에서 과도한 부에 대한 합리적 근거

찾기는 그다지 급한 문제가 아니다. 사회적 명망의 위계 속에서 과도한 부자들은 상층에 존재한다. 그들이 그렇게 주장하는 마땅함이 기업가 정신에 있는 것인지, 상속상의 특혜에 있는 것인지는 아무런 상관이 없다.

제5장

과도한 부에
대한 반감

부에 대한 논쟁에서는 주로 정의 문제나 도덕적 판단 등이 주도적으로 등장하며, 감정의 가치는 그다지 비중 있게 다루어지지 않는다.[1] 부에 대한 감정은 개인 간의 비교로 나타난 경우가 많은데, 예를 들어 우리는 '이웃집 사람이 어떻게 나보다 더 많이 가질 수 있지?'라는 질문을 던지곤 한다. 도덕적 감정이 등장하기 위해서는 구체적인 관점이 필요하다. 감정은 그 우선순위가 매겨지며, 그중 다급한 것과 덜 중요한 것으로 나뉘어진다. 감정을 통해 우리는 삶의 목표를 고려하는 개인적 입장을 세울 수 있다. 나에게 부는 중요한 것인가?

감정은 사물, 인간, 그리고 사건과 연관되어 있으며, 특정한 육체적 과정과 결합된 정신적 상태도 존재한다. 프랑스의 수학자이자 철학자인 블레즈 파스칼Blaise Pascal은 『팡세』에서 다음과 같이 표현하였다. "아무것도 그에게 진리를 보여 주지 않는다. 모든 것이 그를 기만한다. 이성과 감각 이 진리의 두 원리는 각기 진실성을 결여하고 있을 뿐만 아니라 상호 간에 기만한다. 감각은 그릇된 외양으로 이성을 기만한다. 그리고 감각은 정신에게 가한 것과 똑같은 기만을 이번에는 정신으로부터 당한다. 정신이 복수하는 것이다. 정신의 정념들은 감각을 혼란에 빠트리고 감각에 그릇된 인상을 준다. 그것들은 서로 경쟁하듯 속이고 농락한다."[2]

추상적인 정의원칙만 가지고는 과도한 부와 같은 주제와 그와 연관된 질문 및 도전들을 돌파하기 쉽지 않다. 정의원칙은 감정보다 일상적 사고와 행위에 끼치는 영향이 적다. 하지만 정의 문제는 항상 감정과 연관되어 있다. 부당함의 느낌은 감정을 통해 드러나며, 과도한 부에 동반하는 경멸감에 저항한다.

불의를 경험하는 사람은 분노로 끓어오르게 된다. 자산집중의 현실을 명확하게 보고 싶어 하지 않는 경향 또한 명확한 것을 인식하려는 경향에 맞서는 감정으로부터 촉발된 것이다. 어떤 가난한 사람이 극단적인 부의 집중에 대해 알고 싶어 하지 않는다. 그 이유는 어마어마한 부를 그저 무력하게 바라볼 수밖에 없기 때문이다. 한편 어떤 과도하게 부유한 신사가 가난한 사람들의 존재를 무시하고 싶어 한다면, 그는 가난한 사람들을 바라보면서 생기는 죄책감을 피하고 싶은 것이다. 이 두 사람은 비록 각자 다른 이유를 갖지만, 둘 다 과도한 부를 문제시하고 싶어 하지 않는다.

부자와 가난한 사람은 이성적 대화를 통해 특정한 정의원칙에 동의하게 될 수도 있고, 특정한 상황이 정의롭지 않다고 공감할 수도 있다. 그러나 이 둘은 서로 다른 생활세계에서 서로 다른 부당함을 경험한다. 이로 인한 감정의 차이는 심도 깊은 이성적 논쟁과정에서 일시적으로 소멸할 수도 있지만, 사람들의 경험이 갖는 다양성은 사라지지 않는다. 실제로 정의원칙 자체가 현실적 행위를 유발하기보다는 질투나 불안, 수치심 같은 감정을 불러일으키는 경우가 더 많다.

생활치료적인 어법에서 이웃의 감정은 단지 이해되는 경우가 많다. 세계의 불의에 대한 분노는 이해될 수 있는 것이고, 과도한 부에 대한 도덕적 격분도 이해될 수 있는 것이다. 그러나 이해한다는 것은 무언가를 변화시키려 한다는 것을 의미하지는 않는다.

지그문트 프로이트는 「유아기 신경증에 관하여」라는 논문에서 한 부유한 상속자의 사례를 언급한다. "그는 아버지와 삼촌의 유산을 상속받아 매우 부유하게 되었으며, 부유함을 인정받는 것을 드러내 놓고 중요시했으므로 누군가 그를 과소평가하면 매우 크게 화를 냈다. 그러나 그는 스스로의 재산이 얼마나 되는지, 어디에 돈을 썼으며 남은 돈이 얼마나 되는지 모르고 있었다. 그는 인색하다고 할 수도, 낭비적이라고 할 수도 없는 사람이었다. 그의 행동은 이랬다저랬다 했으며 시종 일관된 목적을 가지고 있다고는 할 수 없었다. 내가 나중에 설명할 몇 가지 눈에 띄는 행동을 한 이후, 그는 완고한 졸부로 보였다. 그는 자신의 부를 자기 자신의 가장 우수한 점이라고 보았으며, 돈에 대한 관심 외에 감정적인 관심은 처다보지도 않는 사람이었다. 그러나 그는 타인을 그 재산으로 평가하지 않았으며, 오히려 여러 경우에는 겸손함을 갖고 봉사적이었으며 공감하는 모습을 보였다. 즉 돈은 그의 의식적 능력에서 멀어져 갔으며 무언가 다른 의미를 갖게 되었다.

이미 142페이지에 언급한 것과 같이, 그가 최근 몇 년간 자신의 가장 친한 동무가 되어 주었던 여동생을 잃었을 때 했던 생각은 상당히 미심쩍다. 그는 이제 부모님의 유산을 그녀와 나누지 않아도 된다고 생각했던 것이다. 이보다 더 눈에 띄는 현상은, 이렇게 대놓고 날것 그대로의 감정을 드러내는 것을 전혀 인지하지 못하는 양 차분하게 설명을 이어 갔다는 것이다."[3]

위의 정신분석학적 사례연구는 한 부자의 내적인 체험, 그중에서도 임상 사례를 다루고 있다. 플라톤, 아리스토텔레스, 스미스, 맨더빌, 그리고 흄 등은 많은 자산이 특정한 감정과 연관되어 있다는 것을 확신하고 있었으며, 소유욕이라든지 거만, 또는 허영 같은 것들을 그 예로 제시하였다. 프로이트의 분석에서 나타나는 감정의 다양성은 이와 달리 결정적인 것이었다. 또한 그는 이 다양한 감정들을 위계화해서 지배적인 개념에 제한시키려고 하지도 않았다.

감정과 부 사이에 논리적 인과관계가 성립하는가의 문제는 아직 확인되지 않았다. 부를 쌓는 데 도움이 되는 특정한 감정이 있는지, 아니면 부가 특정한 감정을 불러일으키는지 우리는 알지 못한다. 대부분의 감정은 모든 사람들이 가진 것들이다. 하지만 이 감정들은 사회적으로 싸워 얻어 낸 것들이다. 어떤 감정들은 특정한 사회집단에 전제되거나 그것에 포함되기도 한다. 이 외에도 감정은 시간의 흐름에 따라 변화한다.[4] 신분제에 의한 위계질서가 잡힌 사회에서는 특정집단이 독점하는 행위규범과 감정표현이 존재하지만, 사회적 이동성이 존재하는 근대 사회에서는 그와 같은 경우가 제한적으로만 일어나게 된다.

예를 들어 명예라는 감정은 19세기에 중요한 역할을 수행했지만, 오늘날에는 여러 사회적 맥락 속에서 시대착오적인 것으로, 또는 심지어 감정이 아닌 것으로 여겨지곤 한다. 프랑스 혁명 이전의 귀족들에게 시민계급은 결투에 임할 수 있는 사람들이 아니었다. 당시의 신분제 질서 아래에서 시민들은 명예를 놓고 일대일의 결투를 벌일 수 없었다. 봉건주의 질서 속에서 귀족의 칭호는 노력으로 얻을 수 있는 것도, 돈으로 살 수 있는 것도 아니었다. 돈을 많이 번다거나 부를 축적한다고 해서 그에 걸맞은 사회적 존중이 주어지지는 않았던 것이다. 귀족의 등급은 상속되는 것이었고, 그 상속은 나머지 사회구성원들에게는 허용되지 않는 것을 가졌다는 우월함의 감정을 부여했다. 귀족들은 시민계급 출신과 결투하는 것을 스스로를 천박하게 만드는 일이라고 보았다. 바로 이러한 배제의 특성이 부르주아계급으로 하여금 명예를 갈구하게 만들었다. 특히 새로운 상류시민계급의 권력이 과거의 지배신분인 토지귀족들의 권력을 넘어서게 되자, 이들은 혼인을 통해 고귀한 신분을 획득하고자 했다. 19세기의 봉건세계는 신분상승을 꿈꾸는 시민의 부와 귀족의 물질적 탐욕이 만나는 공간이었다. 이러한 상황은 긴장으로 이어질 수밖에 없었다. 무역으로 부유해진 시민계급과 빈곤해진 귀족이 똑같이 부족한 자원을 놓고 경쟁했다. 그것은 바로 명예와 자산이었다. 모두가 서로의 물건을 탐했다. 스스로 쌓아 올린 부에서는 아무런 명예도 생겨날 수 없었으나, 명예가 있다고 해서 무조건 부유해지는 것은 아니었기 때문이다. 이 문제의 해결책으로 등장한 귀족과 부르주아 사이의 결혼 모델은, 제인 오스틴Jane Austen과 헨리 제임스Henry James가 기술했듯이, 갈등으로 가득 찼다. 윌리엄 메이크피스 새커리William Makepeace Thackeray는 『속물열전』에서 이러한 볼썽사나운 중매에 대해서 특히 세밀하게 묘사했다. "나는 너를 경멸하지만, 돈이 필요해. 그리고 내 딸 블랑쉐 스티프닉을 10만 파운드에 팔아서 부동산 저당을 변제해야겠어."⁵ 이 소설에서 귀족 출신 부인을 맞는 시민계급 출신의 남편은 장차 자신의 친구들조차 집으로 데려갈 수 없는, 모욕으로 가득 찬 결혼생활을 앞두게 된다. 그러나 그의 아들은 태어나는 순간부터 귀족이 될 것이고, 새커리가 조소하며 비꼬았듯이, 펌핑턴 남작으로서 의회에서 한자리를 차지할 수 있을 것이다. 그렇게 되면 신분의 한계를 넘어서는 사회적 상향 이동이 완성되는 셈이다.

새커리의 또 다른 책인 『허영의 시장』에서는 연인들 간의 자산관계를 다룬다. 부유한 오스본은 자신의 아들 조지에게 재산을 물려주기 싫어한다. "내 아들이자 상속자가 길거리에 나뒹구는 거렁뱅이 계집애와 결혼한다니! 하나님이 그놈을 저주할 거야. 그놈이 그 짓을 한다면, 빗자루나 하나 사서 거리 청소나 하게 될 거야."⁶ 조지는 사랑을 지키는 대신 아버지로부터 상속권을 박탈당하고, 연이율 4퍼센트의 국채에 넣어 놓은, 당시로서는 적지 않은 돈인 2천 파운드로 살림을 꾸리도록 강요당한다. 조지는 그 부당함에 정신이 번쩍 들었다. 왜냐하면 그는 더 나은 생활수준에 적응되어 있었기 때문이다. 그의 결혼생활은 불행하게 흘러가지만, 조지의 부인 아멜리아는 모든 것을 견뎌 낸다. 그녀는 적응력이 있는 단정한 여인으로서, 자신의 생애를 스스로 개척하는 빅토리아 시대의 이상적인 여성상을 보여 준다. 새커리의 소설에는 영웅이 등장하지 않는다. 상속권의 박탈이냐 상속이냐의 여부는 생의 궤적을 뒤바꾸는 결정적인 힘을 갖는다. 소설에 등장하는 아멜리아의 친구 베키를 예로 들면, 그녀는 쾌활하지만 새침한 여성이라는 빅토리아 시대의 이상에는 정면으로 배치된다. 하지만 그녀는 마지막에 선심이 깊은 선행가가 된다. "극도로 빈곤한 오렌지 수확 날품팔이, 차별받는 세탁소 직원, 프레츨 판매인은 그녀가 빠른 도움을 주고 아량이 넓은 여자친구임을 발견한다."[7]

이로써 새커리의 소설은 부와 그 미덕 및 죄악에 대한 우화가 된다. 이 속에는 위선, 교화, 선행, 상속싸움 및 결혼 중매 이야기가 모두 들어가 있다. 선행가 베키는 모든 빅토리아 시대의 이상을 쓰러뜨리며, 새커리는 가난한 사람에게 미덕을 부여하고 부자에 죄악을 덧붙이는 상투적인 표현을 세련되게 가다듬었다.

귀족들로 하여금 시민계급과 혼인하도록 만든 것은 사랑이 아니라, 사회적 위상의 상대적 손실이었다. 남자에게는 귀족 지위가 중요했고, 여성에게는 부가 중요했으며, 이는 그 반대도 마찬가지다. 이 두 계급은 모두 서로 비하하면서 바라보며, 상대방이 그랬다는 것을 용서하지 않는다. 이 와중에 빅토리아 시대의 문학은 귀족보다 신분상승을 이룬 시민계급 출신의 오만과 편협성을 더욱 강조한다. 여기에도 신분질서의 해악은 아직 작용하고 있다. 누구든지 자신이 태어난 곳에 머물러 있어야 한다는 것이다.

1

내적 부

아리스토텔레스는 부의 추구에 반대하는 도덕적 판단을 내린다. ─ 그러나 부 자체에 대해서는 그렇지 않다. 그에 따르면 부를 추구하는 것은 자연법칙에 위배되며, 적당한 부에 만족하지 못하는 인간성의 허약함을 보여 준다. "돈벌이에 집착하는 인생은 부자연스러움을 내재하고 있으며, 그 자체로서 강박적이다. 게다가 부는 그토록 찾아 헤매는 것이 될 수 없다. 왜냐하면 부는 그것의 사용을 위해 존재하는 것이며, 목적 달성을 위한 수단에 불과하기 때문이다."[8]

외적 부에 집착하는 경향을 상대화하기 위해 내적 부가 강조되기 시작했다. 특히 스토아학파는 집착을 버리고 차분한 생활태도를 갖는 것이 좋다고 보았다. 로마 황제 마르쿠스 아우렐리우스Marcus Aurelius는 『명상록』에서, "내가 스승으로부터 배운 것은 서커스 경기에서 녹색 편도 파란색 편도 들지 말 것과, 글래디에이터 결투에서 둥근 방패 쪽과도 긴 방패 쪽과도 편먹지 말라는 것이다."[9] 이 어느 쪽도 편들지 않는 성격은 연습을 통해 얻을 수 있는 것으로, 자신의 감정에 대한 거리 두기를 목표로 한다.

토머스 모어는 『유토피아』에서 의연함의 양식 중 하나를 설명하고 있는데, 이는 어느 정도의 자산을 축적한 이후에 나타난다. "모든 형태의 걱정으로부터 해방되어 쾌활하고 안정된 마음으로 살 수 있고, 생활비 걱정에 몸을 떨 필요도 없으며, 돈 벌어 오라고 잔소리를 퍼붓는 배우자 때문에 고통받을 일도 없고, 아들이 곤란에 처할까, 딸의 지참금을 마련하지 못할까 두려워하지 않아도 되며, 배우자, 아이들, 손주, 증손주 및 고손주로 이어지는 모든 후손들의 행복을 내가 능히 건사할 수 있어 모든 가족들이 [나를] 귀한 사람으로 떠받들게 되리라고 확신할 수 있다면, 그보다 더 큰 부유함이 어디 있겠는가?"[10]

　그러나 무위도식하는 부자들이 가진 자유시간이 많은 까닭에, 위와 같은 태평함은 오래 가지 않는다. "사람이 여유와 자산을 넘치도록 가지면, 세상에서 가장 참을성이 없는 사람이 된다"[11]라는 점을 발견한 사람은 토머스 홉스이다. 부자들도 가난한 사람들과 마찬가지로 분노와 노여움 같은 감정에 휩쓸리며 산다. 그러나 부자들은 다양한 대안적 반사 및 행동수단을 가지고 있다. 그들은 무력감에 빠지는 일이 거의 없으며 쫓기듯이 살아가지도 않는다. 게다가 다른 사회계층에 비해 명백히 위에 있기 때문에 타인의 소득과 자산에 대해서 질투심에 휩싸이는 일도 잘 없다.

　과도하게 부유한 사람들은 다른 사람들의 질투나 분노 같은 불편한 감정을 그저 받아들이고 있을 필요가 없다. 왜냐하면 그들은 공간적으로 보호받고 있기 때문이다. 그들은 외부인의 접근이 차단된 주택가에서 살 수도 있고, 공공 교통수단을 이용할 필요도 없다. 부자와 가난한 사람은 감정의 노출 정도뿐만 아니라, 타인에게 특정한 감정을 전가할 수 있는 가능성의 측면에서도 차이를 보인다.

감정의 전가는 문화적 구성물로 작동하며, 특정한 감정을 고무하고 다른 감정에 낙인을 찍는다. 과도한 부자들이 사회의 문화적 헤게모니를 장악하는 경향이 있기 때문에, 이들은 특정한 감정의 할당을 우선시할 수도, 마음에 들지 않을 경우 거부할 수도 있다.

예를 들어 부자들의 사회적 책임을 말하는 것은 —노블레스 오블리주라는 단어 자체에서 볼 수 있듯이— 덕이 있는 관대함을 환기시킨다. 이와 같은 감정의 귀속은 너무나도 당연시되는 나머지, 그에 대한 생각이 잘 이루어지지 않는다. 어떤 백만장자가 질투에 대해서 이야기할 때 이 질투는 너무나도 당연히 다른 사람들의 질투를 의미하며, 자신의 질투를 말하는 것이 아니다. 자산과 권력을 가진 사람은 정의와 관련된 일들을 적대적 감정으로 환원시켜 비판가들을 모욕한다. 특히 정의에 대한 논쟁에서 질투는 끊임없이 원흉으로 등장하여 쟁점을 왜곡한다.

감정에 대한 대처방식은 사회적으로 통제된다. 이 과정에서 사회의 중간계층도 중요한 역할을 수행한다. 질투와 증오의 공공연한 표출을 터부시하고, 교만함을 거부하는 것이 바로 그것이다. 훌륭한 시민이란 조용히 자신의 일을 좇아 이익을 증가시키려 노력하는 사람으로서, 온갖 감정을 드러내면서 열정을 폭발시키는 귀족들에 반대되는 사람인 것이다. 돈을 추구하는 것도 일종의 열정이지만, 앨버트 허시먼이 보여 주었듯이 이러한 열정은 이해관계의 모습으로 변신한 상태이기 때문에 감정의 표출을 억제하는 경향과 연결된다.[12]

시민계급은 자유 무역에 투신하고 냉정, 규율, 절제 등의 가치를 추구했다. 그들이 열정을 하위계층의 것으로 돌리는 경향은 우리를 피비린내 나는 계급투쟁의 그림 속으로 인도한다. 마키아벨리Machiavelli는 그의 저서 『로마사 논고』에서 두 개의 서로 다른 동력을 구분한다. 귀족들이 지배에 대한 강력한 요구를 갖고 있었다면, 국민들은 지배당하지 않으려는 소망을 가슴속에 품고 있었다.[13] 이 두 개로 쪼개진 감정세계는 신분제 사회의 특징을 보여 준다. 이는 민주주의 체제에서는 다르게 나타난다. 민주주의 체제 아래에서 감정은 봉건주의의 명예와 같이 상속될 수 있는 것은 아니지만, 그럼에도 불구하고 사회적 연관관계 속에 놓여 있다.

감정을 다루는 방법과 관련해서 수많은 통속과학 서적들이 난립하고 있다. 이 책들은 각종 행동요령들로 가득 차 있다. 인생의 비물질적 차원을 강조하는 것은 부자가 아닌 대부분의 사람들에게 제공되는 일종의 감각적 제안으로, 결국 고대의 처세술, 에피쿠로스Epicurus나 세네카Seneca 같은 스토아 철학자들 또는 몽테뉴 등을 끌어들인다. 일부 사람들은 인간 존재의 유한성을 다루는 사상 속에서 위안을 받는다. 하지만 이 사상은 과도한 부에 대한 양가적 감정의 스펙트럼에 아무런 영향도 끼치지 못한다.

탐욕과 인색함

부자에 대한 비판과 관련된 사상사에서 등장하는 감정 중 하나로 탐욕이 있다.[14] 이와 연관하여 에밀 졸라Émile Zola는 자신의 소설 『돈』에서 인상적인 글을 남겼다. "그는 이제 사물과 사람을 녹여 돈을 주조하는 화폐 제작자일 뿐이었다. 정신이 번쩍 든 그녀의 눈에 만국 은행이 도처에서 돈을 발산하며 돈의 호수, 돈의 바다를 이루고, 그 돈의 바다 한가운데서 별안간 은행이 가공할 굉음과 함께 수직으로 침몰하는 모습이 보이는 듯했다. 아! 돈이여, 세상을 더럽히고 아귀아귀 삼키는 끔찍한 돈이여!"[15]

플라톤에 따르면, 위와 같이 부의 만족을 모르는 성질과 다른 모든 것을 소홀히 하는 경향 때문에 과두제가 무너지게 된다. "부에 대해 만족을 모르는 탐욕을 보이면서 돈을 버는 것 이외에 모든 것을 무시하기 때문에 멸망할 것이다."[16]

아우구스티누스는 탐욕을 권력욕, 성욕, 자산욕 등으로 구분하였다. 이 탐욕의 세 양식은 모두 다른 평가를 받게 된다. 어떤 사람이 명성을 얻기 위해 돈을 벌고자 한다면, 적어도 하나의 사회적 가치가 곁에 있는 셈이다.

그러나 탐욕은 과도한 부를 이해하는 데 도움이 되지 않는다. 비호감을 불러일으키는 인성을 과도한 부자들에게 투사하는 것으로는 아무것도 밝혀내지 못한다. 애덤 스미스는 함축적으로 아리스토텔레스의 윤리학에 반대를 표명했다. 아리스토텔레스는 미덕을 이끌어 내는 교육을 통해서 인간의 탐욕에 대항하려 했으나, 인간의 본성에는 이기주의적 각인뿐만 아니라 측은지심도 존재한다. 스미스는 공감을 통해 이기주의를 제한하는 원칙을 강조했는데, 그에게 측은지심이란 "모든 종류의 격정에 공감하는 것"이었다.[17] 그러나 스미스는 자선의 미덕에도 반대하는 입장이었으며 이기주의가 인간의 감정생활에 끼치는 역할을 정당화했다.

과도한 부자의 탐욕에 대한 도덕적 비난은 절제를 추구한다. 이와 관련하여 애덤 스미스는 다음과 같은 이야기를 들려준다. 한 왕이 자신이 총애하는 사람에게 자신의 정복 계획을 설명해 준다. 그 신하는 이후에 무엇이 올 것인지 묻고, 왕은 그의 절제된 목적을 밝힌다. "내 친구들과 대화를 나누고 와인 한 병을 앞에 둔 채 행복하게 있는 것"이다. 이에 대해 신하는 "왜 폐하께서는 그 일을 지금 하지 않으십니까?" 하고 물었다.[18] 스미스는 탐욕이 가난한 삶과 부자의 차이를 과장한다고 보았다. 그러나 이 올바른, 또는 보통 적당한 품행으로 불리는 것은 과도한 부자들의 겸손보다는 가난한 사람들의 위로에 더 많이 기여한다.

과도한 부에 대한 비판적인 정의판단은 감정적 연결지점을 필요로 한다. 그렇지 않으면 추상적인 정의원칙과 개인적인 근심 사이에 깊은 수렁이 생겨난다. 과도한 부에 대한 구체적인 경험이 없이 불의의 느낌만 있다면 과도한 부자들이 사회에 끼치는 특수한 문제들을 다룰 수 없으며, 또한 부의 근거들 중 일부는 교훈적으로 만들어지기도 한다. 그래서 몽테뉴는 다음과 같이 말하기도 했다. "돈 욕심이 없이 존재하는 것이 부이고, 구매에 집착하지 않는 것이 소득이다. 나는 나의 돈이 다 떨어질 수 있다는 사실이 두렵지 않다. 그보다 나는 내 돈이 더 커지기를 열망한다. 부의 과실은 충만이지만, 충만은 충분히 가지고 있는 상태를 통해 드러난다."[19] 하지만 탐욕이 더욱더 커지면 어떻게 할 것인가? 이와 관련하여 몽테뉴의 의견은 다음과 같다. "올바른 길이 있다 한다면, 사람들이 금과 비단을 품위 있지도 쓸모 있지도 않은 것으로 여기도록 사람들의 의식을 개조하는 것이다."[20] 예의 바른 삶에 이르는 길은 불필요하고 타락한 사치에서 멀어지도록 한다. 그러나 이를 위해서는 사람들의 행위를 이끄는 제도가 필요하다. 몽테뉴는 잘레우쿠스Zaleucus von Lokroi의 예를 들면서, 그가 로크리 사람들의 타락한 풍속을 멈추도록 했던 일화를 소개한다. 잘레우쿠스는 기원전 7백 년경 이탈리아 남부 지방에서 살았던 매우 중요한 법률가였다. 그의 법전에서 귀부인을 수행하는 시녀는 한 명을 초과하지 못하도록 했으며, 귀부인이 술에 취한 경우에는 예외를 두었다. 높은 신분의 남자들에게는 금반지 착용이 금지되었으며, 금반지를 착용한 남성은 기둥서방의 경우에 한정되었다. 잘레우쿠스는 무엇이 우선순위를 갖는지 그 원칙을 변화시키고자 했던 것이다. 잘레우쿠스의 법률을 오늘날에 적용한다면 기업재산과 주식소유에 부정적 낙인을 찍게 될 것인데, 이는 현대인들이 감히 상상도 할 수 없는 종류의 일일 것이다.

애덤 스미스는 가난한 사람들에게 "눈에 띌 만한 정도의 미덕"[21]을 기대한다. 그러나 그는 정도를 명확하게 제시하지 않았다. 이는 가난한 사람들이 도덕적으로 더 나은 사람들이라서가 아니라, 권력이 없어 법을 제정할 수 없기 때문이었다. 가난한 사람들은 직업능력을 필요로 하고 진정한 서비스를 제공해야만 했기 때문에 더 정직할 수밖에 없다는 것이다. 제후들의 궁정에서 가장 중요한 처세술이었던 아첨이나 거짓말은 가난한 사람들에게 아무짝에도 쓸모없는 것이었다.

이제 탐욕은 은연중에 다소간 부의 증식을 자극할 수 있게 되었다. 사람들이 이 점을 시인하는 일은 잘 없고, 오히려 도덕적으로 비난받는 경우가 많다. 과도한 부자의 탐욕은 비난받고, 절제가 권장된다. 그러나 환상적인 말의 성찬 뒤에 실제로 과도한 부를 절제시키는 조치는 이루어지지 않는다. 예전에 과도하게 부유했던 프란체스코 수도회 세력은 현재 우리 사회에서 찾아볼 수 없다. 예외가 있다면, 이 사람들은 그들의 변화에 대해 책을 써서 자신들의 새로운 미덕을 보여 주려 할 것이다.

절제를 이야기할 때에는 인간의 도덕적, 정신적 발전이 돈벌이 밑에 있어서는 안 된다는 점이 강조된다. 이와 관련하여 니체는 "부의 위험"을 경고했다. "정신을 가지고 있는 사람만이 재산을 가져야 한다. 그렇지 않으면 재산은 공적으로 위험한 것이 된다. 즉 재산이 그에게 보장하는 한가한 시간을 사용할 줄 모르는 소유자는 계속 재산을 추구할 것이다. 이 노력이 그의 즐거움이고, 권태와의 싸움에서 그의 전략이다. 이렇게 해서 애초에 지성인에게 충분한 정도의 적당한 정도였던 재산은 진정한 의미의 부가 된다. 이는 정신적 빈곤과 비자립성의 찬란한 결과이다."[22]

버나드 드 맨더빌은 18세기에 쓴 『꿀벌의 우화』에서 탐욕은 무역과 교환에서 긍정적인 결과를 야기한다고 주장했다. 이 감정, 기독교 교회에 의해 수백 년간 저주받았던 바로 그 감정이 사회적으로 유용하다는 것이다. 경제적 거래를 떠받치고, 투자를 촉진한다. 탐욕과 관련된 죄로 인색함이 있다. 몽테뉴에게 이는 명백한 것이었다. "내 생각으로는 많은 현금을 가진 사람이라면 누구나 인색하다." 그에 따르면 돈은 쓰여야 하고 인색함은 나쁜 것이 된다. 몽테뉴의 도덕적 지각에 상응하는 이 명제는, 감정교육을 통해서 사람들을 변화시켜야 하는 임무를 띠게 되었다. 몽테뉴가 특히 이상하다고 보았던 것은 인색한 노인네였다. 그는 이러한 종류의 사람을 마주치기는 쉽지 않지만, "모든 인간적 어리석음 중에서 가장 웃기는 것"[23]이라고 지적했다.

고대 그리스 철학자 테오프라스토스Theophrastus는 인색한 사람들을 다음과 같이 묘사한다. "그의 부인이 작은 동전 한 닢을 잃어버렸을 때 그는 할 수만 있으면 침대와 서랍장을 포함한 모든 집 안 가구를 제자리에서 밀어내고 온 바닥을 들쑤셔 가며 찾을 것이다."[24] 데이비드 흄은 비난받아 마땅하다는 생각을 갖고 있었다.[25] 낭비벽이 부자 자신에게 나쁜 것이라 한다면, 인색함은 자기 자신뿐만 아니라 다른 사람들에게도 나쁜 것이다. 그러나 부자의 인색함을 보는 외부적 관점은, 인색함이 과도한 부를 확보하는 데 기여할 수 있는 기능성을 설명해 주지 못한다. 인색함은 오히려 일부 사람들의 기이한 습관같이 여겨진다.

인색함은 만화 캐릭터 도널드 덕의 삼촌인 다고베르트 덕Dagobert Duck[스크루지 맥덕]의 성격을 대변한다. 그는 금화를 쌓아 두는 일에 몰두하면서 그 돈으로 의미 있는 일이라고는 전혀 하지 않는다. 다고베르트 덕은 자신의 사유재산을 거대한 철금고 속에 모아 놓고, 문자 그대로 황금 속에서 헤엄을 친다. 이 수영이 얼마나 좋았는지, 그는 황금 더미 옆에 다이빙대까지 설치했다. 이 다이빙대는 자산 속으로 숨을 수도 그 밖으로 나올 수도 있는 선택지를 상징한다. 다고베르트 덕의 인색함은 새로운 에피소드에서 지속적으로 반복된다. 예를 들어 한 에피소드에서 그는 꿀단지 한 개를 놓고 곰과 싸움을 벌이는데, 이로써 조금이라도 더 돈을 아끼려고 한다. 그의 돈 사랑은 그저 추상적인 것이 아니라, 온몸으로 느끼는 감각적인 것이다.

다고베르트 덕은 자산세나 강제수용 등의 수단을 가진 국가를 두려워하지 않는다. 시간이 지날수록 지리멸렬해지는 금고털이 집단만이 잠재적인 위협으로 다가올 뿐이다. 이 만화가 보여 주는 세계는 사회적 지위가 마치 신분제 사회처럼 고착화된, 사회적 이동성이라고는 찾아볼 수 없는 곳이다. 이 만화에서 오늘날 과도한 부자들의 근본적인 특성은 발견되지 않는다. 사치스러운 소비와 과시적 동정이 바로 그 특성이다. 다고베르트의 동정은 스스로에게 과도한 요구를 함으로써, 바깥으로 나아가지 못한 채 자아도취적으로 끝나 버린다. 극 중에서 그의 감정이입 능력이 적용되는 사람은 존재하지 않는다. 조카인 도널드도 그의 눈에는 들어오지 않는다. 그는 심지어 스스로의 편안함을 위해 돈을 지불하는 것도 힘들어한다.

인색함은 과도한 부를 안정화하는 데 적합한 감정이 아니다. 그것은 특히 소비행위에서 나타나며, 소비는 부를 쌓는 것보다 한 단계 낮은 등급의 현상이다. 과도한 부에 대한 합리적 시각은 과도한 부자의 자산이 어디에서 비롯되었는가를 중시한다. 그 사람이 요트를 사서 자기 이름을 달았는지 아니면 그 돈을 은행에 넣어 놓고 이자를 타 먹는지는 별로 중요하지 않다.

과도한 부자들 또한 그들이 자선을 행할 때와는 달리, 가난한 사람들의 인색함을 고무하려고 하지 않는다. 그들은 가난한 사람들에게 그들이 제공하는 상품을 판매하고 싶어 하며, 이들의 소비로 경제가 돌아가는 것이다. 기본적으로 인색함은 무엇인가를 내어 주기를 주저하는 행위라 할 수 있다. 이 행위 전제는, 무엇을 주기 싫어하려면 우선 그 무엇을 가지고 있어야 한다는 것이다. 게다가 인색함은 과도한 부자들에게 주어진 인성적 특성이라고 할 수도 없다. 지그문트 프로이트는 인색함, 옹졸함, 완고함 등의 세 인성적 특성이 상호 결합되어 있으며, 항문기에 나타나는 욕망에서 비롯된다고 보았다. 유아는 사랑하는 사람의 요구에 의해 스스로를 자신의 몸 일부에서 분리시킨다. 이를 통해 그 아이는 대상을 사랑하는 위치에 스스로를 위치시키면서, 기존의 자아도취적 위치를 포기한다. 이 과정에서 아이는 배설물을 반납하거나 부모에 맞서 지키려 한다. "이 어린아이는 그 이외의 돈, 그것이 타인이 선물한 것이든, 번 것이든, 원래 자신의 것이든, 상속받은 것이든 관계없이, 다른 종류의 돈을 알지 못한다."[26]

프로이트의 관점에서 배설물에 대한 집착은 돈에 대한 집착으로 이어진다. 그는 착실함과 검소함을 항문기의 쾌감이 승화된 것으로 보았다.

자산이 형성되는 과정에서 나타난 인색함과 자산을 사용하는 과정에서 나타나는 인색함은 모두 과도한 부와 함께할 수 있다. 그러나 인색함은 부의 정당화에 아무런 기능도 하지 못한다. 부자가 아닌 대부분의 국민들이 추구하거나 신경 쓰는 감정 등은 중요하지 않기 때문이다. 과도한 부는 이와 같은 감정이 전혀 개입하지 않는다고 하더라도 사회의 위협요소가 된다.

3 과도한 부의 뻔뻔함

불안, 수치심, 질투와 같은 감정은 숨겨져 있다는 공통점이 있다. 수치심은 자아의 보호자로서, 개인적 가치부여와 깊이 관련된 조절 메커니즘을 만들어 낸다. 수치심은 소망하던 자아상에 도달하지 못했을 때 등장하며, 이로써 에고와 슈퍼에고 사이의 긴장상태를 보여 준다. 사람을 가장 은밀한 내부에서부터 뒤흔드는 격한 감정이다.[27]

수치심은 사람이 부적합한 양식으로, 그릇된 사람들에 의해 그릇된 환경에서 목격될 때 나타난다.[28] 『수치심의 가면』이라는 레온 뷔름저Leon Wurmser의 책 제목은 바로 수치심이 숨겨져 있는 감정임을 보여 준다. 그에 따르면 수치심에의 불안은 "급작스러운 조롱에서 발생하며, 모욕적 거부가 우려되는 상황임을 알려 준다."[29]

프리드리히 니체는 부라는 단어에서 역겨움을 느낀다. "우리 시대에는 단 한 종류의 부자들, 즉 자신의 부를 부끄러워하는 부자들만 받아들여진다. 어떤 사람에게서 '그는 엄청난 부자다'라는 말을 들으면, 사람들은 금방 지방과다증과 수종처럼 불쾌하게 부어오르는 병을 볼 때와 같은 느낌을 가지게 된다. 그러한 부자들과 어울리기 위해서는, 그가 우리의 구토증을 전혀 눈치채지 못하도록 억지로라도 그 사람의 인간미를 상기하지 않으면 안 된다."[30] 이러한 평가는 정신적 엘리트의 주장에서 나올 법한 것이라고 할 수 있다. 좀 더 적합한 개념을 찾아본다면 아마도 경멸이나, 도덕적 역겨움 정도가 알맞을 것이다. 영국의 철학자 사이먼 블랙번Simon Blackburn도 어떻게 자산순위 상위 1퍼센트에 속하는 사람들이 거울을 쳐다볼 수 있는지 의아해했다. 그에 따르면, "절취기생생물[다른 동물의 먹이를 빼앗아 먹으면서 살아가는 동물]이 되는 길이 한 가지 있지만, 과연 누가 어떻게 수치심 없이 절취기생생물이 될 수 있겠는가? 아마도 그들은 자신이 다른 사람에게 어떻게 보이는지 잊어버린 것이다. 이는 마치, 인간의 마음이 서로 거울이라는 흄의 말을 알지 못한 채, 숨을 들이마시면서도 그에 대한 자의식 없이 돌아다니는 것과 같다."[31]

하지만 사회비판적 관점에서 더욱 중요한 문제는, 과연 스스로를 부끄러워하는 과도한 부자들이 뻔뻔한 과도한 부자들보다 우리 사회에 더 도움이 되는가이다. 스스로를 부끄러워하는 과도한 부자들은 자신의 과도한 부를 수치스럽게 여기고 자신의 부를 언급하는 것을 꺼리는 방식으로 계몽을 한층 더 어렵게 한다. 무언가를 숨기는 행위는 방어기제의 기능과도 관련이 있으며, 과도한 부자들이 자신의 자산관계를 들여다보도록 해 주지 않는 이상, 공중은 사회적 진실에 대한 적합한 이해에 도달할 수 없다.

별로 부끄러워하지 않는 과도한 부자들의 방어기제는 종종 농담 속에 등장한다. 루마니아에서 가장 부유한 사람 중 하나이자, 독일 테니스 스타 보리스 베커의 트레이너였던 이온 치리악Ion Tiriac은 한 인터뷰에서 자신의 추정 자산 13억 유로에 대해 다음과 같이 말했다. "나는 내가 부자라고 생각하지 않아요. 조지 소로스George Soros나 빌 게이츠 같은 사람이 부자지. 그렇다고 내가 가난하다는 것은 아닙니다. 하루 세 끼 먹을 게 있으니까요. 그리고 제 전용기에 넣을 기름값 정도는 가지고 있습니다."[32] 독일의 박애주의적인 기업 컨설팅업자 롤란트 베르거Roland Berger는 추정 자산이 5억 유로에 달하는데도 불구하고 다음과 같이 고백했다. "나는 사치스러운 생활을 좋아하지 않아요. 그렇게 많은 돈도 필요 없고요. 아마도 우리는 다른 사람들보다 조금 더 큰 자동차를 가지고, 운 좋게도 기사를 고용할 수 있으며, 정원 딸린 집에서 살지만, 사실 이 정도면 되지, 사람이 이보다 더 무엇이 필요하겠습니까?"[33]

사회적 수치심의 징후는, 이것이 가난한 사람들에게만 일방적으로 부과되는 점이라는 점에 있다. 과도한 부자들은 가난한 사람들 앞에서 좀처럼 수치심을 갖지 않는다. 비참한 상황에 처한 사람들은 동전 몇 푼, 또는 지폐 한 장 정도면 처리할 수 있다. 어쩔 수 없이 부자들의 생활상을 엿보게 되는 가정부들의 경우에도, 유니폼과 신발을 사 주는 것으로 싸게 만족시킬 수 있다. 그러나 죄책감은 사진을 보는 와중에도 생겨날 수 있고, 그곳에서 면죄부 거래는 더 어려워진다.

아일랜드 작가 조지 버나드 쇼George Bernard Shaw는 1896년 작품 『백만장자를 위한 사회주의』에서, 부자들은 자신의 양심의 가책을 가볍게 해 주고 자신의 사회적 위상을 높여 주기만 한다면 그 어떤 일에도 돈을 쓸 수 있다고 주장했다.[34] 이 주장이 좀 과장된 것이라고는 할 수 있겠지만, 과도한 부자들이 빈곤은 개인 스스로의 책임이며 운명이라고 믿는 경향이 줄어드는 만큼 죄책감도 더 커지게 된다. 예를 들어 아동 빈곤의 경우, 어린이들에게 책임을 미루기란 거의 불가능하다.

과도한 부자들이 뻔뻔한지 부끄러워하는지는 가난한 사람들에게는 그다지 큰 차이로 다가오지 않는다. 그들이 검소하게 산다고 해도, 중간계층의 생활과는 명확히 구분되는 생활수준을 보여 준다. 검소함이란 그것을 스스로 선택할 수 있을 때에야 비로소 하나의 라이프스타일이 될 수 있다. 수치심을 갖는 과도한 부자들은 자신의 부를 숨김으로써 사회에 악영향을 끼친다. 그리고 일부 과도한 부자들의 뻔뻔함은 그 누구도 배려하려 하지 않는 그들의 태도에서 나타난다.

4
가난한 사람의 수치심
vs 과도한 부자의 수치심

정신분석학적 의미의 수치심은 사회적 수치심과 구분될 필요가 있다. 애덤 스미스도 이 수치심의 사회심리학적 차원에 주목한 바 있다. "가난한 사람은 다른 측면에서 그의 가난을 부끄러워한다. 그는 사람들의 시야에서 사라진 것처럼 느끼며, 그가 남긴 메모를 다른 사람들이 본다고 해도 자신의 비참과 고통에 대한 아무런 공감도 얻지 못하리라 느낀다. 그는 이 두 감정을 통해 마음의 병을 얻는다."[35]

위와 같이 빈곤과 부 사이를 구분하는 시각의 차이는 18세기 영국의 사회적 특성에 상응한다. 이미 19세기에 접어들면서 빈곤과 부를 구별하는 시각은 한계에 도달한다. 독일 사회학자 게오르크 지멜은 가난한 사람들의 사회적 수치심을 살펴보았다. "소년이 소매에 난 구멍을 감추는 것은 벌을 받을까 봐 두려워하기 때문이고, 채용을 앞둔 프롤레타리아의 경우에는 탈락을 당할까 봐 두렵기 때문이다. 이 두 가지 경우 소매에 난 구멍은 이런 이유들 때문에 아주 거북한 것이 되지만, 그것이 근본적인 수치심의 이유가 되지는 않는다. 그러나 몰락한 사람이 소매에 구멍이 난 모습으로 전에 알던 사람을 만났을 때 그는 이를 수치스러워한다. 왜냐하면 그는 전에 알던 사람이 주목하는 가운데 과거 자신의 모습 전체가 다시 떠오르는 것을 느끼고 동시에 자신의 과거 모습에 비추어 현재 자신의 위축되고 과소평가된 모습을 자각하기 때문이다."[36]

사회적 수치심은 높은 사회적 이동성에 의해 촉발된다. 근대 사회로 접어들면서 미묘한 차별, 세심한 차이들이 더 중요해졌기 때문에, 사회적 수치심의 스펙트럼은 확장된다. 1980년대 이래로 자기 책임의 이데올로기가 확산되면서, 사회적 수치심의 양식은 변화되었다. 인간 심리 내부의 자기비하나 수치스러움의 과정 같은 것들이 외부적인 사회통제에 비해 더 중요해진 것이다.

사회적 수치심은 지배의 기술 중 하나로서 위에서 아래로 작동한다.[37] 이것은 잘못을 자기 자신에게서 찾게 하면서 분노를 유발한다. 그러나 이 분노는 그 원인을 알 수 없게 된다. 그저 취업기관 담당자나 부자친화적인 정책 앞에서 화를 내는 수준에 그칠 뿐이다. 과도한 부자를 향한 복수를 앞둔 혼란스러운 불안에 의해 가난한 사람들의 분노는 약화되고 다른 곳으로 돌려진다. 사람들의 부정적 감정이 더 가난한 사람들에게로 향하는 일이 지속적으로 발생하고 있다. 이때에는 난민신청자와 기초수급자 등이 대표적인 표적이 된다. 이 과정에서 등장하는 죄책감으로부터 벗어나기 위해 사람들은 각자 주관적인 불의의 감각 속으로 도피한다.

사회적 수치심에 대한 불안은 인간 정신의 가장 깊은 곳을 노린다. 그러므로 사회적 강자들이 그렇지 않은 사람들에게 수치심을 안기는 갖가지 기법들이 성공적으로 시행된다. 과도한 부자들이 가난한 사람들에게 사회적 수치심을 안기는 일은 직접적으로 일어나지는 않는다. 타인을 얕보는 경향은 마치 릴레이 경기처럼 사회적 위계질서의 아래 방향으로 전달된다. 내가 갖고 싶은 물건을 가진 사람이 이웃 사람이지, 수치스러운 억만장자가 아니라는 것이다. 과도한 부자들은 일반인들의 눈에 거의 띄지 않지만, 수치심의 기술은 그들의 것이다. 이는 중간계층에 의해 다시 한번 반복된다. 더 가난한 사람에게는 용기, 명예, 마땅함, 능력 등이 언급되지만, 긴급상황에 도움을 무제한적으로 요구하는 것은 허용되지 않는다. 가난한 사람의 삶에서 사회적 수치심을 피할 길은 없다. 이는 그들을 경멸하는 정책과 과도한 부자의 교만함이 주는 지속적인 굴욕에 기초하고 있다. 사회적 강자를 조심스럽게 모방하거나, 자신의 출신계급을 배신하는 것 사이에는 단계적으로 자신을 구분하는 기회주의적 메커니즘이 도사리고 있다. 이러한 적응방식은 사회적 흉터를 남긴다. 사람들이 사회적인 경멸을 경험하고 열등감을 느끼게 되면서 양극화된 사회가 고착화한다.

선의를 가진 과도한 부자들은 종종 이 사회적 수치심을 간과한다. 왜냐하면 그 메커니즘은 자비로 위장되어 너무나도 자연스럽게 실행되기 때문이다. 레온 뷔름저는 수치심은 오직 사랑을 통해서만 극복할 수 있다고 보았다. 그러나 가난한 사람과 부자 사이의 사랑은 드문 일이며, 심지어 동화에서 결국 공주를 차지하는 가난한 사람도 알고 보면 쫓겨난 왕자이다. 막스 베버는 미국에서는 동일한 과세구간에 속한 사람들끼리만 춤을 출 것이라 한 적이 있다. 이와 비슷하게, "격이 맞는 짝짓기"를 주제로 한 경제 문학이 연인들의 유사한 사회적 출신성

분을 증명한다.[38]

과도한 부자들도 존재론적 수치심을 느낀다. 하지만 그들이 사회적 수치심을 경험하는 일은 드물다. 언론에서 도는 세금 포탈자 명단이나 올해의 불명예를 뽑는 공개 경연 등은 의도된 비난의 일종이다. 그 뒤에 숨겨진 비판적인 목적은 명확하다. "용감한 사람을 경멸스러운 인간으로 만드는 것은 그를 단두대로 보내는 것이 아니라 형벌 기둥에 묶어 전시하는 것이다."[39]

과도한 부자들이 사회적 수치심을 회피하기 위해 동원하는 사회적 응 레퍼토리는 다양하다. 숨어 있는 과도한 부자들을 비난해 봐야 별 효과가 없다. 공적 영역은 빈곤과 부에 대한 열린 토론이 벌어지는 공간이 아니다. 사회비판적 입장을 터부시하고, 정의 문제를 질투의 문제라고 공격하고, 부의 재분배 제안을 부자에 대한 증오표현이라 주장하거나 수치심을 자극하는 일이 비일비재하다.

부유한 세금 포탈자들의 예는 사회적 수치심의 편파성을 잘 보여 준다. 탈세는 종종 국민 스포츠같이 하찮은 일인 것처럼 이야기되지만, 이 스포츠는 아무나 즐길 수 있는 것이 아니라 엘리트들의 사냥 취미 같은 것이다. 조세 범죄자들이라는 호칭도 잘못된 표현이다. 신 앞에서는 모두가 죄인인데, 탈세는 특정한 유복함의 수준에 도달해야 비로소 가능해지기 때문이다.

미국의 여러 주는 탈세자에 대한 공적인 수치정책을 시행 중이다. 캘리포니아에서는 10만 달러 이상의 세금 범죄자의 명단이 공개된다.[40] 명단 공개 30일 전 탈세자는 미리 연락을 받고, 이때 세금을 납부하면 자신의 이름이 공개되는 것을 피할 수 있다. 이 명단에는 500명의 이름과 소득 및 주민세 미납액이 적혀 있다. 그러나 이 명단에 이름과 주소가 표기됨에도, 기대했던 효과는 그다지 나타나지 않았다. 관련된 경험연구에 따르면, 주로 낮은 액수의 세금을 미납한 사람들만 변제에 나섰던 것이다.[41]

부유한 탈세자는 세금을 내지 않을 뿐만 아니라, 세금을 통한 강제 징수의 근거를 캐묻는다. 도둑은 사유재산 관련 규정에 의문을 제기하지 않는다. 그저 그것을 무시할 뿐이다. 그래서 도둑질에 대한 비난은 쉽다. 그러나 과도한 부자들은 자신이 쉽게 수치스러운 사람이 되도록 내버려 두지 않는다. 그들의 입장에서는 오히려 세금이 바로 도둑질이며, 이 불만은 위축된 형태로 숨어 있는 경우가 별로 없다.

사람들은 자신의 평판에 신경을 쓰며 다른 사람들에게 오직 특정한 방식으로만 보여지고 싶어 한다. 사회적 가치와 사회적 인정의 가치는 세월에 따라 변화하며, 사회적 맥락과 연관된다. 과도한 부자의 맥락은 일반적으로 좁은 범위에 한정된다. 수치심의 느낌은 투자은행가보다는 금융시장의 성공과 실패에 윤리적 행위코드를 부여하는 경우가 많다. 과도한 부자들이 수치스럽게 여겨지는 일은 잘 없으며, 있다고 하더라도 그들 중 상위 일부에 한정된다. 그럼에도 불구하고 그들은 때때로 굴욕감을 느낀다. 한 가지 예를 들면, 고급스럽고 부유한 주택가에 공공 임대주택이 들어서면, 이 지역의 부동산 가치가 하락하게 된다. 여기에는 단순한 부동산 자산의 화폐적 가치뿐만 아니라, 해당 지역의 배타성 상실도 포함되어 있다.

업턴 싱클레어의 작품들에서는 부자와 가난한 사람의 세계가 아주 자세하게 표현되어 있다. 그래서 그의 작품 속에서는 어떤 종류의 미덕이나 죄악도 부자나 가난한 사람에게만 일방적으로 적용될 수 없다. 소설 『정글』(1906)에서 싱클레어는 시카고 육가공 공장에 다니는 가난한 사람들의 비참한 생활상을 보여 주었고, 1927년 발표된 소설 『기름』에서는 미국 정유업계의 산업귀족을 등장시켰다. 『기름』에 등장하는 인물인 아놀드 로스는 단순하지만 매력적이고 대범한 부자로 표현되었다. 그의 아들들의 인생에서 벌어지는 엇갈림과 혼란을 다룬 이 소설에서, 아들 중 하나인 버니는 부유한 대학생의 삶을 산다. 그는 "손가락 하나로 교수들을 옭아맬 수 있었으며, 아무런 어려움 없이 학업을 이어 가면서 추가적으로 볼셰비즘적 선전을 읽거나 파업을 쫓아다닐 시간도 충분히 있었다. 그리고 이 와중에 유명 영화배우와 나룻배 데이트도 즐길 수 있었다."[42]

버니의 삶 속에는 모든 것이 갖추어져 있는 것처럼 보인다. 그 속에는 사치와 공산주의가 있고, 노동자들과의 우정과 미녀들이 함께하는 부자들의 클럽 디너가 있다. 노동자계급 출신인 그의 친구 폴은 버니에게 사회주의 이념을 소개하면서, 다음과 같은 사실을 깨닫도록 도와준다. "이 거대한 재산에서 [폴의] 권리는 보이지 않는다"라는 것이다. 폴에 대한 죄책감을 떨쳐 내기 위해서 그는 극단적인 선택을 하게 된다. 이사회의 모든 권력을 동원하여 노동자들에게 공장을 넘기기로 한 것이다. 이 생각이 떠오르는 순간 버니는 행복감에 휩싸였다. 하지만 이러한 생각은 절대 실현되지 않는다. 그리고 그 이유는 다양하다.

그의 친구 폴이 표현하듯이, 버니는 틀렸다. 그는 누구도 다치게 하고 싶지 않았고 신중을 기하느라 아무런 행동도 하지 않았다. 그의 생에 걸친 꿈은 단순했다. 낡은 포드 자동차를 몰고 다니며 밤에는 텐트에서 자고, 다른 젊은이들과 함께 과일을 따는 생활을 하면서 매주 집에 10달러를 보내는 것이다. 버니는 단 한 번도 일을 해 본 적이 없으며, 앞으로도 그럴 필요가 전혀 없었다.

진보적 성향을 지녔던 그의 선생이 급진적인 관점을 가졌다고 직장을 잃고, 그의 프롤레타리아 친구가 감옥에 가는 동안에도 버니의 급진적 이상주의는 전혀 손상되지 않았다. 이 백만장자의 후계자는 아버지의 자산이 만들어 준 우산 속에 숨어 자본주의에 비판적인 행동들과 거리를 둔다. 그는 아버지 자산의 단독 상속인이었고, 꿈에서 춤추듯이 사회적으로 찢어발겨진 세계를 걸어 다닌다. 이 세계에서는 모든 것을 살 수 있고, 과도한 부자들은, 심지어 사회지배층에 싸움을 건다 해도, 위협받는 일이 없다.

그러므로 소설에 등장하는 또 다른 인물이자 부유한 공산당 혐오자인 하비는 자신의 권력을 과시하면서 버니를 위협한다. "나는 공산주의자들을 감옥에 처넣으면 10만 달러를 지불하는 삼촌이 있어." 그러나 버니는 받아친다. "그러면 우리 아빠가 20만 달러를 지불해서 그들을 다시 감옥에서 빼낼 거야."[43] 이 대화는 가족집단의 연대가 이데올로기적 차이보다 더 강력하다는 점을 보여 준다. 소설의 마지막 부분에서 싱클레어는 다음과 같이 정리한다. "지구상에 존재하는 모든 음험한 권력은 남성과 여성을 빌빌 기게 만들고, 불로소득으로 쌓인 부라는 꿈과 노동자를 노예로 만들고 착취할 수 있는 가능성을 통해 전체 국가를 멸망으로 몰아간다."[44] 과도한 부는 바로 착취에 기반하고 있으며, 미덕이나 능력에 기반한 것이 아니다. 이 부는 전혀 마땅한 것이 아니다. 그럼에도 불구하고 부자들은 나쁜 사람이고 이에 대립하는 가난한 사람들이 좋은 사람이라고 할 수는 없다. 도덕적 판결은 양가적으로 내려져야 한다.

사회비판에 대한 결정적인 도전은 바로 과도한 부자들의 죄악만이 아니라 그 미덕도 함께 비판에 끌어들이는 데 있다. 카네기는 그의 강령적 저술인 『부』(차후 『부의 복음』으로 개칭)에서 부자는 창피함 속에서 죽는다고 썼다. 여기서 이 부자는 카네기 자신을 뜻하지 않는다. 아마도 그는 자신처럼 관대하지 않았던 부유한 동료들에게 수치심을 안기고자 했던 것으로 보인다. 그에 따르면 부자의 도덕적 의무는, "겸손하고 순박한 생활의 모범을 보이고, 과시와 사치를 피하는 것, 이로써 그에게 의존하는 사람들의 정당한 욕구를 적당히 충족시켜 주며, 그렇게 한 후에 그에게 오는 모든 잉여 수입을 단순히 신탁 기금으로 간주하는 것"을 뜻한다. 카네기의 전통을 따르는 과도한 부자들은 많은 자산 그 자체로 만족하지 않는다. 그들은 도덕적인 길잡이가 되고자 하고, 자신의 부를 남을 배려하면서 관리하고 싶어 한다. 그리고 이와 같은 방식으로 나머지 국민들이 정의로운 사회로 나아가는 길을 어렵게 만든다.

5

허영, 교만, 혹은 자부심

애덤 스미스는 부자들의 특성으로 허영을 꼽았다. 그러나 과도한 부자들의 경우에는 아마도 교만이 더 지배적일 것이다. 철학자 아우렐 콜나이Aurel Kolnai[오스트리아의 현상학자]는 다음과 같이 간주했다. "교만한 부자는, 특히 자본주의 사회에서, 자신 위에 아무도 없는 것처럼 산다. 그러면서 자신의 모든 개인적 관계를 드러낸다."[45] 교만은 자부심이나 허영 같은 것들과 가까운 개념이지만, 특히 그것을 가진 사람 스스로의 어떤 능력과도 관계가 없다. 허영은 지나치게 외형적 성질에만 집착하고 자부심은 능력을 포함하고 있는 데 비해, 교만한 사람은 사회적으로 통용되는 가치기준에서 자유롭다고 느낀다.

허영을 부리는 사람은 타인이 그를 질투하지만, 교만한 사람은 타인들과 거리를 두려고 한다. 정신적 교만은 거의 항상 대중에 대한 경멸을 불러들이지만, 돈을 통한 교만은 타인을 전혀 필요로 하지 않는다. "출신을 중시하는 곳에서는 일하지 않고 정신이 비어 있는 사람들이 교만한 게으름에 머무르면서, 오로지 좋은 계보도와 가계도만을 꿈꾼다. 고위직 사람들과 공명심이 있는 사람들은 명예와 영향력, 존경과 은총을 추구한다. 부가 가장 상위의 우상인 곳에서는 부패, 돈이면 다 되는 현상과 착취, 예술, 회사, 무역과 농업이 번성한다."[46]

교만한 부자는 스스로를 교만하게 연출할 필요가 없으며, 오히려 매우 겸손하게 처신할 수도 있다. 1930년대 콜나이가 파악했듯이, "날카로운 입장표명, 논쟁과 주먹질에 대한 역겨움이 교만 속 깊이 담겨 있다. 그러나 이것은 사랑, 기쁨, 측은지심 같은 것들을 의미하는 것이 아니라, '언쟁은 쓸모없는 것'으로 싸움은 나를 너무 강하게 건드린다는 것이다."[47]

칸트는 교만을 뒤에서 하는 험담(비방) 및 조롱과 함께 남에게 상처를 입히는 죄악으로 보았다. 왜냐하면 교만은 언제든지 필요할 경우 비열하게 행동할 수 있는 상태를 말하기 때문이다. "행복이 누군가를 넘어트리면, 그의 입장에서는 굴종하는 것과 다른 사람에 대한 모든 존경심을 포기하는 것이 전혀 힘들지 않을 것이다."[48]

이에 비해 애덤 스미스의 표현에 따른 부자의 이미지는 그리 위험하지 않다. 이 경우 부자는 교만한 단독자라기보다는 허영에 가득 찬 미친놈에 가깝다. 허영은 "여러 애정할 만한 미덕들, 즉 인간성, 친절함, 세상 모든 작은 존재들의 마음에 들어야 한다는 바람, 가끔은 위대한 것 속에 담긴 진실로 고결한 마음 등을 동반한다."[49] 허영에 찬 사람 자신의 고결한 마음은 오색영롱한 색으로 표현된다. 왜냐하면 그 부자는 다른 사람들을 필요로 하고 그들로부터 존경받기를 원하기 때문이다. 그러므로 그는 자산축적을 위해 생을 바치는 것이다. 이는 그에게 마치 무대 세트와 같은 역할을 한다. "부유한 사람은 자신의 부를 자랑한다. 왜냐하면 그는 부가 자연스럽게 세계의 관심을 자신에게로 가져온다고, 그리고 [남들이] 그의 상황이 갖는 이득이 쉽게 불러일으킬 수밖에 없는 모든 종류의 감동에 기꺼이 참여하고자 한다고 느끼기 때문이다."[50]

바로 이 점이 부자가 그의 부를 그토록 사랑하는 이유이다. 애덤 스미스의 결론은 사람들을 부의 추구로 이끌 때 "평안함이나 즐거움"이 아니라, 다른 사람들의 "공감, 흡족함, 동의"를 인식하는 것이 가장 중심적인 우선권을 갖는다는 것이다.[51] 부자는 친절하게 보이고 싶어 하며 우리의 이해관계가 그의 전체 인격과 관계있어야 한다고 믿는다. 애덤 스미스는 백일몽과 환상 속에서 부자가 공감을 갖고 우리들을 고용한다며 기뻐한다.

스미스에 따르면, 인간은 다른 이들의 경외감을 얻기 위해 부를 추구하는 것이 된다. 이는 간접적으로 허영에 찬 부자가 우리의 삶에 지분을 갖는다는 것을 의미한다. 그러나 이와 관련해서 이성의 역할은 존재하지 않으며, 단지 우리의 상상력이 이용될 뿐이다. 그리고 이 상상력은 우리 밑에 있는 사람들의 비참함을 냉담하게 바라보고, 우리 위에 있는 사람들의 불행을 동정하도록 한다. 이 과정에서 눈에 보이는 빈곤이 심지어 뻔뻔스러운 것으로 받아들여지기도 한다. "행복하고 자부심에 찬 사람은 인간적 비참의 몰염치함에 경악을 마지않는다. 이렇게 부끄러운 일을 드러내 보일 생각과, 뻔뻔스럽게 경제적 위기상황을 바라보는 역겨운 행동이 다른 사람들의 유쾌한 행복을 방해하는 데 놀라게 된다."[52]

교만은 인색함이나 욕망과 같이 부에 도움이 되는 감정이 아니다. 그리고 부자들도 이 감정을 별로 가지고 싶어 하지 않는다. 부자가 교만하게 행동하면 비호감이 된다. 교만은 과도한 부에 대한 두려움을 증가시킬 수도 있다. 무엇보다 교만한 행동을 할 수 있다는 사실 자체가 사람들에게 일종의 권력으로 여겨지기 때문이다. 이는 그들에 대한 분노를 유발할 것이다.

자부심은 과거 신의 자리를 넘보던 상승의 욕구에서 나타난 무거운 죄였으나, 오늘날 세속화한 사회에서는 발휘된 능력에 적합한 감정이 되었으며, 모두에게 허용되었다. 어려운 사회적 신분상승을 이뤄 낸 경우 그것은 자랑스러워할 만한 것이다. "졸부는 ㅡ비록 그것이 가장 도덕적인 가치에서 비롯된 것이라 하더라도ㅡ 일반적으로 불쾌한 것이며, 질투의 감정이 우리로 하여금 그의 마음으로부터 우러나오는 기쁨에 공감하지 못하도록 한다."[53]

자부심을 가진 사람은 자신 주변의 질투심을 알고 있는 경우가 많다. 그래서 그는 질투로 가득 찬 시선을 피하기 위해 자신의 기쁨을 노골적으로 드러내지 않는다. "숙고 끝에 그는 과거 자신의 신분에 알맞다고 생각한 바로 그 옷을 입고, 그 시절과 똑같이 겸손하게 행동한다. … 그리고 그 어느 때보다 더 비굴하고, 근면하고, 친절해지려 노력한다."[54] 그는 주변의 질투에 자신을 낮춤으로써 대응한다. 그의 비굴함의 진실성을 믿는 사람은 없으며 그를 더 짜증 나는 사람으로 만든다. 그는 옛 친구들에게 등을 돌리고 새로운 친구들을 사귀지만, 새 친구들은 자신들이 새로 끼어든 그보다 우월하다고 느끼기 때문에 그는 친구들의 수치가 된다. "그는 곧 피곤해지며, 누군가는 음험하고 의심스러운 자부심으로, 또 다른 누군가는 거만한 경멸로 도발한다고 느끼게 된다. 전자의 사람들은 자신을 깔보고, 후자의 사람들은 자신을 불손하게 대한다는 느낌 속에서, 결국 그는 뻔뻔함이 몸에 배어 모든 이들의 존중을 잃어버린다."[55]

자부심의 감정은 사회적 신분상승을 하지 않은 가난한 사람들도 가질 수 있다. 과거 소련의 명예호칭인 '사회주의 노력영웅'은 이 가난한 사람들의 자부심이 의례화된 양식이었고, 노동자올림픽[1925-1937년 각국 사회민주당과 국제 노동조합 연맹이 주최한 대항 올림픽]과 나체주의[인간 신체에 대한 긍정에서 비롯된 문화운동으로 주로 현실사회주의권에서 융성했다] 속에서 연출되었다. 자랑스러운 산업노동자는 그들의 손으로 일군 업적에 큰 가치를 부여했으며, 이들로 인해 시민계급은 낮은 교육수준을 가진 사람들을 쉽게 경시하기 어렵게 되었다. 그러나 가난한 사람들의 자부심은 능력주의적 정당화 동기에 집중되어 '무언가 했다'는 감정에 머무르게 된다. 능력은 시장에서의 성공 여부만으로 정의할 수 있는 것이 아니기 때문에, 능력주의적 기초는 안정적인 정체성 확보에 아무런 도움이 되지 않는다. 부자가 아닌 사람은 종종 혼란스러운 열등감을 느끼게 되는데, 이는 피츠제럴드가 그의 에세이 『부잣집 아이』에서 정확하게 관찰한 바 있다. 이와 반대로 부유한 사람들은 과거 귀족들이 명예를 독차지했던 것과 같이 자부심을 독점하려 한다. 그들의 철학적 슬로건을 제공해 주는 페터 슬로터다이크는 실제로, 부유한 제공자는 소유나 더 많은 것의 소유만을 추구하는 것이 아니기 때문에 스스로 자랑스럽게 여긴다고 말했다. 이러한 환상은 자부심을 올바른 베풂에, 즉 자산 활용의 측면에 위치시킨다. 그러나 이러한 방식은 개념적으로 견고하지 않다. 왜냐하면 자산 형성의 측면이 은폐되기 때문이다. 자산축적은 부당하게, 또는 불법적으로 이루어졌을 수 있으며, 바로 이 점이 자산의 활용을 평가하는 데 중요성을 가져야 한다.

부자에 비해 가난한 사람들의 인성을 깎아내리는 것은 왜 불가능한가? 독일 사회민주당의 설립자인 아우구스트 베벨August Bebel은 노동자들이 자신의 능력을 긍정적으로 보는 경향을 강화시키고자 했다. 그는 노동자가 게으르다는 비방을 거부하면서, 게으름이란 부유한 가정 아이들의 특성이라고 주장했다. "이와 달리 부유한 집안 출신 학생은 다음과 같은 이유로 게으름과 방종에 빠지기 쉽다. 즉 부모가 부자이니 자신은 공부할 필요성을 느끼지 못하고, 돈과 관련된 온갖 비도덕적 실례들을 눈으로 보고 자라면서 돈의 유혹에 더욱 빠지기 쉬운 것이다. 매일, 그리고 매시간마다 보고 듣는 것이라고는 급, 신분, 돈 같은 것밖에 없는 사람은 인간, 인간의 의무, 국가 및 사회기관에 대한 이상한 개념을 갖게 된다."[56]

그러나 불평등한 사회에서는 과도한 부자들에게 게으르다고 책망하는 일이 거의 없다. 그리고 가난한 사람들의 삶 속에는 교만이 자리 잡을 공간이 없는 것이 마치 자연법칙처럼 여겨진다. 가난한 사람은 자손에게 어떠한 종류의 특혜도 물려줄 수 없다. 그들이 무언가 얻고자 한다면 노력해야 한다. 그리고 이 노력은 가난한 사람들을 자랑스럽게 만들어 줄 수는 있지만, 그들이 교만해지도록 허락하지는 않는다.

찰스 디킨스의 『데이비드 코퍼필드』에서 주인공 유라이어 힙은 냉혈한으로 등장한다. 그러나 힙은 사회적 권력관계를 꿰뚫어 보고 하위

계층에게 기대되는 행동양식을 명확하게 알고 있다. 부인하기는 하지만, 그는 시종일관 코퍼필드에게 순종한다.

유라이어 힙은 자신의 부모와 마찬가지로 종교기관이 운영하는 학교, 즉 "일종의 복지기관"에서 성장하였으며, 그곳에서 가난한 사람들은 순종해야 한다고 배웠다. "우리는 누구에게나 순종적이어야 했고, 여기서는 모자를 벗고 저기서는 고개를 숙이며 항상 우리가 어디에 속했는지 명확하게 알아야 했죠. 항상 윗분들에게 예쁘고 겸손하게 굴어야 했어요. … 아버지는 순종적이었기 때문에 무덤이 되어 버렸죠. 아버지는 윗분들의 부름에 즉시 달려갔고, 도덕적으로 썩 괜찮았기 때문에 윗분들에게 고용되었죠. '유라이어, 항상 순종해야 한다'라고, 그리고 '너는 무언가 이뤄 낼 것'이라고 아버지는 항상 내게 말했어요. '이건 너와 내가 학교에서 항상 들었던 훈계와 똑같아. 맨날 들리던.' 아버지는 항상 순종하라고 말했고, … 나는 보잘것없는 음식도 맛있게 먹었어요. 그리고 낮은 수준의 교육을 받는 것에 만족하고, 나 스스로에게 여기서 그만두자고 말했죠. 당신이 제게 라틴어를 가르쳐 주겠다고 하셨을 때, 저는 제가 할 일이 뭔지 더 잘 알고 있었어요. 사람들은 다른 사람 위에 서기를 좋아한다고 아버지가 말했지요. '밑에 머물러 있어라.'"[57]

위의 인용문에서는 한 인간의 쇠락한 인간성뿐만 아니라, 오늘날에도 사회가 가난한 사람들에게 강제하는 감정구조가 드러나 있다. 복지국가가 약화되고 연대성이 사라지면서, 순종은 가난한 사람들의 생존전략으로서 중요한 의미를 갖게 되었다. 알량한 자선을 받는 사람은 국가에서 제공하는 최소한의 보조를 받는 과정에서조차 자신이 이 도움을 받을 만한 사람임을 증명해야 한다. 구호시설의 한 자리를 얻기 위해서도, 장기 실업자 보조금을 타기 위해서도 그렇다.

위와 같은 가난한 사람들의 겸손함은 시민 중간계층에 의해 요구된 것으로서, 디킨스는 『올리버 트위스트』에서 이에 대해 인상적으로 묘사하였다. 트위스트는 고아원에서 음식을 조금 더 먹고 싶다고 했다. 이 뻔뻔한 요청에 부유한 자선가는 자신의 대립적이고 타락한 인간성을 여지없이 드러낸다. 과도한 부자들은 자신의 자비가 안락한 것으로 받아들여지는 것을 확인하고 싶어 하지, 사람들이 그것을 불충분하다고 여기는 것을 용인하지 않는다. 그러므로 감사는 자선을 받는 사람의 잠재적인 불만과 함께해서는 안 된다. 우리는 종종 자선이 주어지는 과정에서 그것을 받는 사람의 완벽한 굴종이 요구되는 것을 볼 수 있다. 주디스 슈클라는 그의 저서 『평범한 죄악』에서 다음과 같이 말했다. "축축한 손을 비비는 유라이어와 그가 행한 범죄에 대해서 일말의 동정심을 가지지 않더라도, 디킨스는 유라이어가 특별히 더 '순종적'이 되었다는 것을 우리에게 보여 준다. 왜냐하면 그는 너무 일찍 공공 자선에 내던져졌기 때문이다."[58]

유라이어는 거짓 굴종을 통해 후원자들의 위선적인 온화함에 보복한다. 그는 계속 자신이 인간적으로 열등하다고 강조하면서 코퍼필드에게 불쾌한 감정을 불러일으킨다. 가난한 사람의 자부심이 불손함에 가깝다는 이유로 언짢게 여겨지는 것과 같이, 거짓 순종 또한 반항적인 것으로 받아들여진다.

그래서 순종이 전복적인 태도인가? 그렇지 않다. 순종은 가난한 사람들에게 너무 많은 것을 요구한다. 유라이어의 폭로는 높은 분들에 대한 승리감으로 이어지지만 도덕적 교활함은 그 대가를 치르게 된다. 세상이 굴러가는 방식은 다시 긍정적으로 변하고 유라이어 또한 결국 자신의 세계관을 굴종적이라고 이야기하게 된다. "코퍼필드 씨, 나는 당신을 항상 미워했어요. 당신은 예전부터 행운아였고, 항상 내 적이었죠. … 사람은 굴종해서는 성공할 수 없다고 했죠, 당신? 그렇게 하지 않았으면 나는 내 동업자에게 아무것도 관철시키지 못했을 겁니다."[59]

자신가들 또한 자선을 누리는 사람들이 속으로 욕한다는 것을 알게 된다면, 절대로 그들의 배은망덕을 보고 싶어 하지 않을 것이다. 그래서 가난한 사람들이 자신의 행복감을 경멸하도록 대우할 것이다. 그러므로 자산가들은 가난한 사람들이 불평하거나, 또는 당당하게 요구하는 태도를 보이는 것을 싫어하며, 그들이 순종하는 것을 훨씬 더 좋아하는 것이다.

6

분노의 부재

분노는, 정의 문제와 관련된 일에 관여하는 감정에 속한다. 우리는 우리 생각에 받아 마땅한 것을 받지 못하면 분노한다.[60] 분노는 불의에 대항해서 투쟁하도록 고무하는 기능을 갖는다.

아리스토텔레스는 분노를 "누군가가 자신이나 자신에 속한 것을 얕잡아 보았을 때, 이 경멸이 마땅하지 않다고 생각되는 경우 보복하고자 하는, 고통을 수반하는 욕구"[61]로 정의했다. 네오아리스토텔레스주의자인 마사 누스바움은 그의 책 『분노와 용서』에서 분노에 반대하면서 의연함의 문화를 주장한다. 그에 따르면 분노가 아닌, 그 분노를 없앨 수 있는 의연함이 미덕이며, 분노는 관대함과 감정이입 능력을 가로막는 방해물이다. 그러나 이 스토아학파적 미덕은 과도한 부의 세계에서는 사회적인 분리선을 따르게 된다. 의연함은 안정된 소득을 가졌거나 부유한 집 출신인 경우 더욱 쉽게 획득할 수 있는 것이 된다.

과도한 부는 본질적인 정의관념을 훼손시킨다. 그러므로 과도한 부자에 대한 분노가 큰 것이 당연하다고 볼 수 있다. 이러한 종류의 분노는 사회운동에의 참여, 저항과 시위, 그리고 최종적으로 혁명에까지 이어질 수 있다. 가난한 사람들의 분노는 정의롭지 못한 부의 과도함에 대한 이해할 수 있는 대응양식이다. 이러한 종류의 분노는 그것이 생길 수 있다는 가능성만으로도 여러 잘사는 사람들을 불안에 떨게 한다. 분노가 단지 상상에 불과한 경우에도, 환상 속의 분노는 쉽게 증오와 폭력으로 전환 가능하기 때문이다. 그렇다면 가난한 사람들이 부자들에게 갖는 분노에 어떠한 경험적 증거가 제시될 수 있는가?

파나마 페이퍼스나 파라다이스 페이퍼스 같은 자료는 부유한 세금회피자 명단을 실명 그대로 공개하였다. 이 자료들은 과도한 부자들이 얼마나 쉽게 세금을 회피할 수 있는지를 보여 주었지만, 이 자료의 공개가 일으킨 반향은 신문지상에 제한되었다. 게오르크 뷔히너의 격언인 "오두막에는 평화를, 궁전에는 전쟁을"은 실현되지 않았다. 유럽에서 분노와 증오는 궁전이 아니라 난민캠프로 향했다. 미국에서 분노는 가난한 이방인을 표적으로 삼았고, 그동안 부자들은 애국주의적 기쁨을 즐겼다. 이 책 제1장에 언급했듯이, 과도한 부는 사회 속에서 그저 흐릿한 모습을 보일 뿐이며 가난한 사람들의 생활세계와 멀리 떨어져 있다. 기업자산과 금융자산에 대한 자료는 빠져 있고, 숨겨진 자산의 정보를 찾을 수 없다. 과도한 부자들의 매력적인 평행세계는 분노를 불러일으킬 만한 이미지를 제공하는 경우가 별로 없다.

그래도 과도한 부자의 관점에서 분노에 대한 선제적 조치는 상당히 쓸모 있는 것이다. 분노는 인성의 나약함으로 치부되어 경멸스러운 것이 되어 버리고, 그 방향을 전환한다. 분노와 반항이 일어나는 데에는 빈곤과 부 사이의 거대한 차이를 확인하는 것만으로 충분하다. 이에 대항하기 위해 최소한 삼중의 논리가 동원된다.

우선, 토머스 모어는 빈곤으로 인해 인성이 둔감해진다고 진단한다. 제후는 다음과 같은 일에 많은 신경을 써야 한다. "그의 신민이 오만해지지 않도록 그들에게 부와 자유를 선사하지 않는 것이다. 부와 자유는 가혹하고 정의롭지 못한 지배를 참을성 있게 견디는 데 도움이 되지 않는다. 빈곤과 비참은 인간의 심성을 둔감하고 참을성 있게 만들며, 억눌린 신민들로 하여금 자유로운 기사도의 정신에서 비롯되는 분개 같은 쓸데없는 것을 갖지 않도록 해 준다."[62]

다음으로, 오늘날 자산집중의 결과로 분노가 발생하고, 이 분노에 뒤따르는 사건들이 민주주의를 위협하는 상황이 벌어지고 있다. 포퓰리즘은 분노한 사람들을 비열하게 만드는 정치전략으로 평가 절하된다. 제바스티안 쿠르츠Sebastian Kurz와 같은 일부 정치가들은 부자들을 적대시하는 선동에 대해 경고하고 있다.[63] 그러나 사실 포퓰리즘 정치는 잠재적인, 아마도 이미 존재하는 국민들의 분노를 과도한 부자들에게서 난민이나 생계보조금 수령자에게 돌리고 있다. 그들은 이방인과 가난한 사람에 대한 불쾌함을 부추긴다. 내국인과 난민에게 주어지는 국가적인 생계보조금은 그 절대액수에서 서로 비등한 수준을 보이고 있다. 여기서 사회적 위상 간의 비교와 삶의 기회 간의 비교가 쉽게 가능해진다.

마지막 세 번째로, 분노는 분노한 사람들의 문제로만 취급되고 그 분노가 일어나도록 한 사회의 문제로 다루어지지 않는다. 서기 1세기경 로마의 철학자 세네카는 그의 책『분노에 대하여』[64]에서 괴로운 분노의 감정에 현재에도 여전히 쓸모 있는 대응양식을 조언한다. 세네카에게 분노는 특히 해로운 격정으로서 질투나 거리낌 같은 것들보다 더 나쁘다. 왜냐하면 분노는 그것에 휩싸인 사람을 눈에 띄게 하기 때문에 존엄성을 해치게 된다. 세네카는 주권에 대한 스토아학파의 이상을 대변한다. 그는 내적인 부를 통해 부자와 권력자들의 경멸을 태연히 마주할 수 있게 해 준다. "우리는 그저 우리의 뒤를 돌아보고 사람들이 하는 말을 한번 돌려 보기만 하면 된다. 그러면 이미 덧없음이 우리 곁에 와 있을 것이다."[65] 우리 스스로의 덧없음에 따라 모든 것이 껍질이고 연기에 불과한 것은 물론 맞는 말이지만, 이렇게 한다고 해서 모든 사람들이 분노에서 벗어날 수 있는 것은 아니다. 장 드 라브뤼예르는 위와 같은 세네카의 태도를 인상적으로 정리하였다. "스토아 철학자들은 사람이 빈곤 속에서 웃을 수 있다고 주장했다."[66] 사회적 권력관계를 변화시키기가 너무나 어려워서 그쪽으로는 눈도 돌리려 하지 않는 태도를 이해할 수는 있다. 그러나 이러한 태도는 주디스 슈클라가 정확하게 지적했듯이, 사회적 불의와 타협하는, 문제 많은 평온의 일부이다.

세네카의 긍정적인 사례들은 권력자와 그 하수인들의 세계에서 나온다. 세네카는 분노의 자기파괴적 성질을 설명하는데, 분노는 부자와 가난한 사람에게 상이한 결과를 야기한다. 부자는 분노에 휩싸인 상태에서 자신의 노예 하나를 죽일 수 있다. 분노에 불타 스스로의 자산을 없애 버리는 일은 비록 이해할 수는 있지만 분명 자기파괴적인 행위이다. 그러나 가난한 삶이 분노하여 자기파괴적으로 행동하면, 이는 자기 자신의 직접적 파괴로 이어지고, 이렇게 되면 분노로 없어지는 것은 재산뿐만이 아니게 된다. 사회적으로 낮은 지위를 부여받은 사람이 분노에 휩싸여 부자에게 심한 말이라도 하는 날에는 자신의 가족이 위험에 처할 수도 있다. 가난한 사람들은 언제나 권력자들의 분노를 두려워해야 하기 때문이다.

화난 사람은 자신의 분노를 감추는 법을 배워야 한다. 세네카는 로마 황제 네로의 선생이었다. 그는 자신의 생애를 통해 거대한 자산을 축적했고, 아마도 스스로 "죄책감을 가진 부자"[67]였던 것으로 보인다. 오늘날 세네카의 책을 읽는 사람은 그의 스타일에 즐거움을 느끼면서,

아름다운 정신적 이상세계의 반대편에 네로 황제의 노골적인 범죄세계가 존재할 수 있다는 잘못된 생각에 빠질 수 있다.[68]

마사 누스바움은 분노의 본성에 문제가 많다는 점을 강조할 때, 위와 같은 개인화 관점에 서 있다. 그는 분노를 도덕적으로 복권시키려는 경향에 반대한다. 이 분노는 복수나 보복에의 소망과 연관되어 있기 때문이다. 분노한 사람은 불행의 원인을 다른 사람의 탓으로 돌리는 경향을 보일 수 있다. 그러나 가끔은 자기 자신을 포함해서 그 누구의 탓도 할 수 없는 경우가 있다.

불평등한 사회에서 불평등은 특히 가난한 사람들의 스트레스를 더 가중시킨다. 이 사람들에게는 사회적 지위를 얻기 위한 노력이 강요되면서 삶의 모든 측면을 힘들게 만든다. 이는 인간의 존엄성에도 모순된다. 존엄은 지위와는 달리 위계질서에 종속된 것이 아니기 때문이다. 여기서 분노는 기회가 완전히 불평등하게 분배되어 기회의 평등이 사람들의 불평 속에서만 존재하는, 그런 사회에 사는 사람들이 보이는 합당한 반응이 될 것이다. 물질적 재분배에의 소망은 복수에의 소망이 될 수 없으며, 아리스토텔레스의 분노 개념과도 별 관계가 없다. 가난한 사람들은 그들의 운명을 부자들에게 맡기고 싶어 하는 것이 아니라, 지금보다 좀 더 나은 형편을 누리고 사회적 차별을 해소하고자 하는 것이다.

그러나 분노가 불의에 대해 유일하게 가능한 반응이라고는 할 수 없다. 마사 누스바움 같은 사회적 엘리트들이 분노의 감정에 부정적인 입장을 보이는 이유는 바로 은밀한 구별 짓기와 관련이 있다. 분노한 사람은 추하고 시끄러우며, 매너 있게 행동하지도, 자신의 분노에 근거를 제시하지도 않는다. 그는 협의를 바라는 것이 아니라 파괴를 원한다. 질투와 분노가 거두어지면, 부르주아식 드레스코드를 준수할 것을 요청하는 목소리가 들리기 시작한다. 분노라는 주제에 아비투스적으로, 즉 하류계층의 아비투스를 묘사하는 식으로 접근하면, 주제의 핵심을 놓치게 된다. 교육받은 시민계층은 하류계층의 거친 모습에 놀라 뒤로 물러서며, 그저 금기시되는 감정을 언급하는 데 그친다. 하류계층에 역겨움을 가짐으로써 시민계층은 그들과 엮이고 싶어 하지 않게 된다.[69]

베르톨트 브레히트Bertolt Brecht는 분노와 부당함의 관계를 물질적으로 파악하였다. 부당함은 분노할 권리를 준다는 것이다. 이는 그의 시 「후손들에게」에서 다음과 같이 표현되어 있다.

"천박한 것에 대한 증오도
표정을 일그러뜨린다는 것을.
불의에 대한 분노도
목소리를 쉬게 한다는 것을. 아, 우리는
우애를 위한 터전을 마련하려 했지만
우리 자신이 우애 있지 못하였다."[70]

분노를 드러내게 하는 냉혹한 사회적 관계가 문제이지만, 그럼에도 불구하고 분노한 사람의 표현방식은 많은 이들에게 두려움을 준다. 확실히 분노는 사람들이 꺼리는 감정이다. "사납고 이상한, 쉬어 버린 분노의 목소리가 멀리서 들려오면, 우리는 두려움이나 혐오 같은 것들로 가득 찬다."[71] 분노와 불쾌함은 저항하는 사람들을 비호감으로 보이게 한다. 사람들은 가장 먼저 자신의 삶의 질을 낮추는 이 불쾌한 사람들을 제지한다. 이러한 행동이 정의 관련 문제를 훼손하는지, 아니면 오히려 더 확고하게 하는지는 알 수 없다. 그러나 불의에 대한 분노 없이는 현존 권력관계를 극복할 수 없다.

사회적 지위에 대한 비교는 분노를 일으키지만, 거의 항상 소득의 세계에 묶여 있다. 이와 달리 과도한 부는 사회적 분노의 시발점이 되는 경우가 많지 않다. 자산과 관련된 사회적 지위의 비교는 오직 통계 자료상 사회의 총자산에서 엄청나게 많은 부자들의 몫이 드러날 때에 가능하지만, 현실적으로는 그저 추정하는 데 그치고 있다.

불평등 문제와 관련하여 보복이 언급되는 경우는 자주 나타나지 않는다. 재산세를 부과하는 것은, 부당하고 종종 불법적인 부의 형성과정에 대한 보복을 의미하는 것이 아니다. 상속세 또한 상속인이 상속받는 재산 이외에도 함께 누리고 있는 여러 간접혜택에 대한 복수를 뜻하지 않는다. 그리고 자산소유의 최대치를 설정하는 것도 부자들을 빈곤으로 내쫓기 위한 악의의 소산이 아니다.

또한 분노하지 않는 것은 걱정 없이 사는 사람들의 특권이기도 하다. 분노는 불안에서 탄생하기 때문이다. 불안을 만들어 내는 무력감은 화가 난 채 남 탓을 하는 행위를 쉽게 유발한다. 그러나 여기서 '남'은 권력을 틀어쥔 과도한 부자들이 아니라, 사회적으로 가까운 사람들이다.

부유한 사람들도 많은 경우 분노한다. 그러나 그들의 분노는 웃는 얼굴 뒤에 숨겨질 수 있다. 법정신의학자인 하이디 카스트너Heidi Kastner는 이와 같은 사실을 경고하기 위해 셰익스피어를 인용한다. 즉 "누군가는 웃고 또 웃으면서 악당일 수 있다."[72] 그렇지만 과도한 부자들은 사회적 위계 속에서 자신의 분노를 마음껏 발산할 수도 있다. 이미 몽테뉴가 권고했듯이 "나는 권한다. 부적당한 시간에 하인의 따귀를 때리는 것이 억지로 속으로 삭이는 것보다 낫다."[73]

부자들은 자신이 너무 높은 수준의 강요를 당하고 있다고 생각한다. 심지어 몽테뉴는 여기서 한 걸음 더 나아가, 이 분출된 분노에 감정조절에 필요한 긍정적인 역할을 부여하는 데까지 이르렀다. "이따금씩 나도 내 집 가사일에 규율을 잡기 위해 전혀 화가 나지 않은 상황에서도 분노에 휩싸인 사람을 연기하곤 한다."[74]

마사 누스바움은 분노의 대항 개념으로 관대함을 제시한다. 누스바움과 마찬가지로 페터 슬로터다이크도 분노에 대항하여 관대함의 미덕을 이야기한다. 슬로터다이크는 부자들이 그들을 착취하는 국가에 대해 증오를 표출하지 말고, 자발적으로 국가에 자비를 베풀면서 스스로에게 자부심을 가지도록 독려한다.[75]

마사 누스바움의 생각은 부의 사회적인 문제에 별 도움이 되지 않는다. 그곳에서는 과도한 부자들에 대한 분노를 없애는 것이, 금기시되는 한 감정에 대한 도덕적 유죄 선고보다 훨씬 더 흥미로운 문제이다. 분노한 사람들을 진지하게 받아들이려 하는 사람이라면, 그 분노의 내용과 씨름해야 한다는 점을 놓치지 않을 것이다. 사회비판은 과도한 부자들의 관대함에 희망을 갖는 것으로 만족할 수 없다.

7
과도한 부자의 동정심인가, 과도한 부자에 대한 동정심인가?

동정심은 감정이입적인 공감을 회피한다. 이는 비참함을 완화시키는 행위를 할 때 필요할 수 있다. 동정심은 공감에 비해 더 낮은 도덕적 가치를 갖는다. 왜냐하면 동정하는 사람은 그 동정의 대상이 경험하는 비참함을 그저 바라보기만 하는 경우가 대부분이기 때문이다. 동정심이 행동으로 이어지는 경우가 간혹 있더라도, 그 행동의 영역은 주로 자선의 범주 안에 머무른다.[76]

윤리학 교수였던 애덤 스미스는 『도덕감정론』에서 중국에 심각한 지진이 일어났다고 가정하는 사고실험을 소개한다. 그에 따르면, 인본주의적인 유럽인이 중국에서 들려온 소식을 들으면 우선 슬퍼하는 반응을 보일 것이고, 그다음에는 모든 인간행위의 덧없음을 생각할 것이다. 조금 더 시간이 지나면 그는 중국의 지진으로 생길 수 있는 무역상의 부정적 영향을 따져 볼 것이며, 마지막으로 평온한 마음으로 자신의 가게에 출근할 것이다. 이에 비해, 자신이 실제로 경험하는 일은 그 일이 아무리 작은 일이라고 해도 중국의 완전한 멸망보다 더 그를 불안하게 만들 것이다. "내일 새끼손가락을 잃어야 한다는 생각이 들면, 그는 오늘 밤 잠을 이룰 수 없을 것이다. 그러나 중국에서 수억 명의 사람들이 죽어 간다고 하더라도 그는 깊숙한 영혼의 평안 속에 코를 골 것이다."[77]

그러나 애덤 스미스는 부자를 동정하는 일 또한 있다고 주장하였다. 비록 부자들은 다른 세계에서 살지만, 호의적인 감정이 그들에게 향할 수도 있다는 것이다. 부자들의 생활양식이 "이상적인 행복의 추상적 이미지에 근접한 것으로서" 나타나기 때문에, 우리는 그들의 행복이 줄어드는 것에 동정심을 느낄 수 있게 된다. "무엇인가가 이 평안한 상황을 파괴하고 망쳐 버리는 일을 보면서 우리는, 너무 안타깝다고 생각한다. 그렇다, 우리는 모든 사람들이 영생했으면 좋겠다는 희망을 품고 싶은 것이다."[78]

스미스는 관찰에서 출발한다. 그는 가난한 사람들이 부자를 경외하는 것을 보았다. 그들은 부자들의 생활을 완벽한 것으로 상상하며, 부자들의 행복이 거의 낙원과도 같은 것이라고 생각한다. 오늘날에도 사람들은 고급 잡지를 읽으면서 부자들 생활의 기쁨과 슬픔을 함께하고 있다. "권력자의 불행은 다른 사람들에게 똑같은 일이 일어났을 때보다 열 배나 많은 동정심과 보복심을 관객들의 가슴속에 불러일으킨다."[79] 사회적 신분질서는 부자들의 모든 격정에 공감하는 사람들의 경향에 기초해 있다.

부자들의 삶에 대한 가난한 사람들의 공감과 경외는 사람들이 흔히 기대하듯이, 그들의 삶의 일부나마 자신에게 떨어질 것이라는 희망에 기초한 것은 아니다. "거대한 인간 군중, 천민들은 부와 기품을 경외하고 경배한다. 여기에 특별한 것이 있다면, 이들의 행위는 그 부와 기품에 구체적인 관심이 없는 경외이고 경배라는 점이다."[80] 스미스는 대부분의 인간이 가진 본성이 사람들로 하여금 복종의 상태를 깨고 권력자에게 저항하는 것을 불가능하게 만든다고 보았다. 이성의 가르침은 자연의 가르침에 상응하지 않는 것이다. 즉 인간은 비록 적대적 감정인 두려움, 증오 및 보복심 등을 가지고 있으며 이를 통해 지배자들에게 저항하고 혁명으로 나아갈 수 있지만, 국민들은 쉽게 선량해지고, 오히려 권력자들의 공포를 버텨 낼 수 없는 경우가 많다.

"곧 동정심이 보복심의 자리에 들어선다. 모든 과거의 도전들은 잊혀지고, 옛날 백성의 충성원칙이 부활한다."[81] 여기서 동정심은 신분의 경계를 뛰어넘으며, 이로써 아리스토텔레스의 정의와는 구분된다. 아리스토텔레스에게 동정심은 첫째, 마땅한 것이 아니며, 둘째, 사악함과 관련되어 있고, 셋째, 자신과 동등한 사람에게 적용된다.

동정심은 그러나 종종 타인에 대한 유감의 형태로 나타난다. 유감의 대상으로는 아프리카의 굶주리는 어린이나 자연재해의 희생자 등이 대표적이다. 이 두 종류의 사람들은 모두 피해자라는 특성을 공유한다. 하지만 이러한 동정심의 양식은 그다지 강력하지 않다. 애덤 스미스도 위와 같은 도덕적 도전을 인상적으로 표현한 바 있다. "왜 우리가 달나라 사람들 때문에 불안에 떨어야 하는가?"[82] 과도한 부자들은 다른 모든 사람들에게 달나라 주민들과 같지만, 사람들은 그들의 호의를 경탄스러운 눈으로 바라본다.

가끔은 동정심조차 생겨나지 않는 경우도 있다. 프리드리히 엥겔스는 한 부르주아와 함께 맨체스터를 가로질러 산책하면서 그에게 노동자 주거지의 끔찍한 생활조건을 알려 주려 시도했던 경험을 들려준다. "그는 내 말을 끝까지 조용히 듣고서는 우리가 헤어지던 길모퉁이에 도착하자 다음과 같이 말했다. '그래도 여기서는 엄청나게 많은 돈을 벌고 있는 걸요. 좋은 아침 보내십시오, 사장님!' 그 영국 부르주아는 자신의 노동자가 돈을 벌고 있는 한, 그가 굶어 죽든 말든 아무 상관이 없다. 그는 모든 생활관계를 돈 버는 것으로 측정하고, 돈이 되지 않는 것은 모두 어리석고, 쓸모없으며 이상적인 것으로 본다."[83]

확실히 동정심은 민주주의적인 문화를 강화시켜 주는 감정이 아니다. 이와 관련하여 오스카 와일드Oscar Wilde는 『사회주의 아래에서의 인간의 정신』에서 "감성적 자선은 일반적으로 사생활에 영향력을 행사하려는 감성적 기부자의 추잡한 시도이다",[84] 그리고 "왜 가난한 사람들이 부자들의 식탁 아래에서 그들의 몫으로 떨어진 빵 부스러기에 감사해야 하는가? 그들은 그 식탁에 앉아 있었어야 한다"[85]라고 말했다. 와일드는 주제넘은 동정심의 모순에 주목한다. "사유재산을 끔찍한 곤경을 완화하는 데 사용하는 것은 부도덕하다. 바로 그 곤경이 사유재산의 존재에서 발생하기 때문이다."[86]

동정심은 도덕적으로 치장된 실용주의를 가능케 한다. 동정심의 편안한 부수효과는, 현재 상황을 사실보다 더 좋게 받아들이도록 한다는 것이다. 동정심은 빈곤과 싸우는 것이 아니라, 빈곤을 의식하는 데에서 발생하는 불편한 감정과 싸운다. 동정심은 모두에게 열려 있는 감정으로서, 상대적으로 쉽게 꾸며 낼 수 있는 것이기도 하다. 과도한 부자가 자신이 탐욕스러운 강도로 보이기를 원하는 경우는 매우 적다. 그리고 심지어 강도들도 자신을 고귀하고 선량한 사람으로 선보인다. 콜롬비아의 마약왕 파블로 에스코바르Pablo Escobar는 7년 동안 포브스의 세계 부자순위에 이름을 올렸으며, 자선가의 이미지를 갖고 있었다.[87] 그는 학교와 병원에 자금을 제공하면서, 지역 공동체 내에서 어진 사람으로 통했다. 그의 선행은 동정심과는 별 관련이 없으며, 단지 자신의 마약거래 행위에 대한 지역 사회의 인정을 확보하는 방편이었다. 심지어 그가 부자가 되었을 때 주민들 사이에 잔치가 벌어졌는데, 이는 마치 나르코코리다스narcocorridas [나르코코리도narcocorrido는 미-멕시코 국경지방에서 유행하는 음악장르로 '코리도(노래)'라는 멕시코 전통가요 리듬에 마약조직을 찬양하거나 향락적 측면을 강조하는 가사가 결합되어 있다. 영어로 drug-ballads라고 하기도 한다]로 불리는 영웅의 발라드 내용과 같다.

이처럼 비도덕적 성공에 대한 대관식이 이루어질 수 있었던 사회적 배경은 바로 사람들의 불신을 조장하는 부패하고 무능한 국가이다. 마약상의 신분상승은 마땅한 것처럼 여겨진다. 단지 그가 성공했기 때문이다. 너그러움은 로마 시대 이야기처럼 사회적 인정의 열쇠가 된다. 수상한 자산은 그 소유자의 증여를 통해 세탁된다.

맨더빌은 『꿀벌의 우화』에서 동정심의 고결함을 또 다른 관점에서 비판하였다. 그는 빈민을 향한 동정심에 반대했다. 그는 사회에서 "일종의 가난한 사람에 대한 숭배 경향이 창궐하고" 있으며, 이 경향은 "동정심과 멍청함, 미신이 뒤섞인 혼합물에서 생겨난"[88] 것임을 보았다.

이는 가난한 사람들의 교장 선생이 되고 싶어 하는 소시민들의 허영에 기여한다. 그 누구도 "노동하는 말짱한 상태보다는 게으름을 피우며 흥분상태에 빠져 있는 것으로 보이는"[89] 이 가난한 사람들에게 맞서 반발하려 하지 않는다.

동정심이 지배적인 세계는 실제로 기괴한 추세를 보일 수 있다. 최대다수의 인간 행복을 추구하는 사상적 전통인 공리주의의 창시자 제러미 벤담Jeremy Bentham은 일생 동안 병원과 교도소의 개혁에 매진했다. 그는 사적인 자선에 찬성했으며, 그것이 자선을 베푼 사람에게 좋다고 보았다. 그 사람 스스로의 질투가 동정심에 의해 완화되기 때문이다. 가난한 사람들을 관리하려는 벤담의 계획 속에는 도덕적 교화 프로그램이 가동된다. 그에게 가난한 사람들은 사사건건 간섭하는 감독관의 감시에 예속된 존재들이었다. 이에 대해 주디스 슈클라는 날카로우면서 비관적으로 진단한다. "벤담의 가장 큰 잘못은 아마도 선행을 베푸는 지배계급이 실제로 존재할 수 있다는 가능성을 믿었다는 데 있다."[90]

8

질투의 부재

질투를 시인하는 일은 잘 없지만, 질투는 격한 감정 중에서도 금기시되는 성향이다. 질투논쟁이 상당히 자주 일어나기 때문에, 질투가 근래에 나타난 현상이라는 인상을 주지만, 사실은 고대에서부터 질투, 시기, 적대는 인간에게 사악함을 불어넣는 감정에 속하는 것이었다. 특히 질투는 인간들뿐만 아니라 신들에게도 어쩔 수 없는 것으로 여겨졌다. 이와 달리 오늘날 질투는 과도한 부자를 옹호하는 사람들이 비판하는 사람들을 비난할 때 사용하는 용어가 되었다.

질투는 불만족의 감정과는 구분되어야 한다. 누군가 다른 사람들이 부유하다는 사실 때문에 불만을 가진다면, 이 감정은 정의롭지 못한 조건과 관련이 있다. 다른 사람들이 부유하다는 사실에 질투가 나는 것은, 오직 더 많이 가지고 싶은 욕망을 의미한다. 질투는 도덕적인 감정이 아니다. 사람이 자신의 질투를 설명하는 데 아무런 도덕적 원칙을 동원할 필요가 없기 때문이다. 그저 타인이 나보다 좀 더 나은 상황에 있다는 사실을 보여 주기만 해도 질투는 타오른다.

인간은 거의 모든 것에 대해, 진실로 모든 것에 대해 질투를 느낄 수 있다. 질투의 대상에는 이웃 사람의 소득이나 집뿐만이 아니라 타인이 가진 태도나 가치도 포함될 수 있다. 개인심리학의 창시자 알프레트

아들러Alfred Adler는 1927년 출간된 『인간이해』에서, 모든 인간은 결국 질투하는 존재이며 질투는 인간 존재의 쓰디쓴 감정이라 했다. 조지프 엡스타인Joseph Epstein은 『나보다 잘난 너를 왜 미워하는가?』에서 질투를 즐거움을 퍼뜨리지 않는 유일한 죽을죄라고 표현하기도 했다.

질투의 종류는 다양하며, 대부분의 질투양식은 단순히 남의 불행을 고소해하는 마음과는 별 관련이 없다. 여러 과도한 부자들이 질투에 대해 보이는 태도는 애덤 스미스의 질투 개념과 합치하는 것으로 보인다. "질투는 우월한 사람들, 특히 그 우월함에 대한 완전히 합당한 권리를 실제로 가진 사람들의 우월함을 고약하게 싫어하는 일종의 격정이다."[91] 부자가 가난한 사람보다 더 많이 가진 것은 당연한 것이며, 오직 사악한 사람들만이 이것을 옳다고 인정하지 않는다는 것이다.

성공을 일차적으로 소득수준으로 측정하면서도, 동시에 도덕적 가치를 높이 평가하고자 하는 사회에서는 질투가 감추어진다. 자산은 질투 가능한 대상 속에서 확실한 특수 지위를 갖게 되는데, 이는 자산을 통해 사회적 신망이 잘 드러날 수 있기 때문이다. 고급 주택은 호화롭고 화려한 사진을 만들어 주며, 사치스러운 자동차는 어린 남자아이들만 매혹하는 것이 아니다. 이 중 특히 고급 주택은 그곳에 사는 사람이 소유한 부의 한 단면만을 보여 주기 때문에, 결국 질투는 부의 일부분만을 드러내는 이미지에 대해서 나타나게 된다.

질투에 대한 생각은 가톨릭적이며 보수적인 가치와 충돌한다. 질투는 한편으로 영혼의 구제를 받지 못하는 대죄이지만, 다른 한편으로는 자본주의의 중요한 엔진이다. 전 영국 외교부 장관 보리스 존슨Boris

Johnson은 전 영국 총리 마거릿 대처를 기념하는 연설에서 후자의 입장을 명료하게 설명했다. 그는 사회적 평등은 의미 있는 목표가 될 수 없다고 주장하였다. 불평등은 질투를 유발하기 때문에 중요하다는 것이다.[92] 탁월한 능력이 높은 소득으로 보답받아야 한다는 능력주의적 이상은 질투를 통해 긍정적인 것이 된다.

더 나쁜 형편을 가진 사람들의 질투는 신분 사회에서보다 능력주의적 정의의 깃발 아래에서 더욱 폭발하기 쉽다. 사람들의 지위가 사회 질서에 따라 미리 주어져 있는 봉건주의 사회에서 질투가 있을 곳은 거의 없다. 한 농부가 귀족신분으로 진입하는 것은 그저 상상도 할 수 없는 일이었다. 오늘날 인도의 슬럼에 방문하는 사람은 상류층과 하류층 사이의 이 극복할 수 없는 벽을 아직 느껴 볼 수 있다. 카스트 제도 속에서 인간의 사회적 위치는 이미 결정되어 있으며, 사회적 이동성은 거의 완전히 배제되어 있다. 그러므로 인도에서 부가 정당화될 필요가 거의 없다는 사실은 그다지 놀랍지 않다.

가장 부유한 3명의 미국인이 미국 인구의 하위 절반이 가진 것과 비슷한 자산을 가지고 있다. 이러한 세계에서 이 한 줌도 안 되는 부자들에 대한 질투는 가난한 사람과 부자 사이의 사회적 관계를 이해하는 데 도움이 되지 못한다. 한 사회의 자산관계가 강력하게 굳어질수록, 질투는 점점 더 그 역할이 사라지게 된다. 질투는 사회적 친밀감을 필요로 하며, 아리스토텔레스가 『수사학』에서 인용한 아이스킬로스 Aeschylos의 말에 따르면, "친척관계는 질투 위에서 명확해지기 때문이다."[93] 그러므로 질투는 자산세계보다는 노동소득의 세계에서 훨씬 더 자주 등장한다. 자산보다는 노동소득 속에서 불평등이 더 잘 보이기 때문이다. 맨더빌은 질투의 형성에서 사회적 친밀감이 갖는 이러한 필연성을 다음과 같이 설명한다. "두 발로 걸어가야 하는 사람이 육두마차를 세워 둔 높은 분을 질투한다면, 이 질투는 사두마차 하나 정도만을 가질 수 있는 사람이 질투하는 것처럼 과격하고 짜증을 부리는 정도로까지 심하지 않다."[94]

오늘날 노동은 질투에 있어서 중요한 참고규격이다. 노동은 국민 대다수에게 자신의 정체성을 형성하는 것이기 때문이다. 질투가 나타나는 고전적인 상황은 아마도 동창회일 것이다. 그러나 질투는 예전 같은 반 친구의 소득이 높다는 사실 그 자체가 아니라, 그 소득이 쉽게 번 돈, 혹은 심지어 부당소득이어야만 생겨난다. 거대한 부를 축적한 과도한 부자들보다는 주로 조금 돈을 잘 벌게 된 소시민들이 질투의 표적이 된다. 꿈속에서나 볼 수 있는 축구 스타의 고급 주택에서 살지 못하는 것보다, 같은 직급의 직장 동료들 가운데 연봉인상에 실패한 단한 명이 되는 것이 더 괴롭다. 꿈에 그리는 고급 주택은 단어 자체가 소망하는 환상에 가깝지, 질투의 대상으로는 부적합하다.

게다가 과도한 부자들은 노동의 세계 바깥에 있는, 자신의 자산으로 둘러싸인 세계에서 살고 있다. 그의 자산수익과 사적 법인은 외국, 예를 들어 케이맨 제도나 파나마의 차명계좌에 숨어 있기 때문에 질투가 접근하기 매우 어렵다. 은행의 비밀유지 정책과 자료의 불투명성도 자산관계를 지속적으로 은폐한다.[95]

9

질투라는 비난

질투에 고통받는 사람은 질투하는 사람 자신이다. 질투는 일반적으로 더 형편이 좋은 사람들에 의한 가난한 사람들의 성향으로 규정된다. 질투는 또한 정치적 투쟁 개념으로서, 과도한 부의 부당함을 합리적인 정의논쟁의 시발점으로 만들지 않고, 그저 못사는 사람들의 상상된 질투를 가지고 논쟁하면 안 된다고 속삭이듯 경고하는 데 이용된다.

프로이트는 『집단심리학과 자아분석』에서, 정의 문제가 매독 환자와 비슷하다고 추정했다. "우리가 정신분석을 통해 이해할 수 있게 된 것과 같이, 그것은 예상하지 못한 방식으로 매독 환자의 감염 공포 속에서 자신을 드러낸다. 매독 환자들의 두려움은 실제로는 남에게 병균을 퍼뜨리고 싶은 무의식적 소망에 대한 격렬한 투쟁이다. 왜 나만 감염되어 많은 사람들한테 따돌림을 당해야 하는가? 다른 사람들도 감염되면 안 되는가?"[96]

정의논쟁이 질투의 소산이라는 비난은 대부분 불의를 비판하는 사람들에게만 일방적으로 이루어진다. 그래서 의혹으로 가득 찬 불평등 분배를 놓고 벌어지는 대립에 실격 판정이 내려진다. 질투가 전면에 나서게 되면, 정의롭지 못한 상황에 대한 분노는 곧 다시 썰물처럼 빠져나간다. 물질적 재분배에 대해 화를 내는 경우는 잘 없으며, 있다 하더라도 보통 정치인과 과도한 부자가 아닌 사람들이 그 분노의 대가를 지불해야 한다.

질투받는 사람은 다른 사람의 질투와 그 지속성을 알고 있다. 이와 달리, 화가 난 사람은 빠르게 자신의 분노를 다른 사람이나 물건에 돌리려 한다. 질투는 그 특유의 지속성으로 인해, 질투받는 사람에게 매우 불쾌한 기분을 준다.

애덤 스미스는 동정심이 위에서 아래로 주어진다는 일반적인 인식을 뒤집어서 부자에 대한 동정심에 주목한다. 이러한 방식이 질투에도 적용될 수 있을 것인가? 아니면 질투라는 비난은 당연히 가난한 사람들에게만 할 수 있는 것인가?

적은 연금으로 살아야 하는 늙은이의 질투는 자기보다 더 적은 사회보조금을 받는 사람에게로 향하는 경우가 많다. 자신의 형편없는 연금에서 비롯된 불의의 느낌은 혜택받지 못한 사람들에 대한 비난으로 변환된다. 이 상황에서 중요한 것은, 여기 등장하는 두 집단이 서로에게 사회적 인정을 갖지 못한다는 점이다. 이렇게 과도한 부의 문제는 시야에서 사라진다.

과도한 부자들이 질투에 휩싸이는 경우도 있을 수 있다. 지식인에 대한 질투가 대표적인데, 실제로 철학사를 살펴보면, 현명하고 덕 있는 사람을 향한 부자들의 질투를 여러 차례 엿볼 수 있다. 소크라테스의 제자 아리스티포스Aristippos는 자신의 가르침에 돈을 요구한 최초의 철학자로 알려져 있다. 그는 부자들 곁에는 수많은 철학자들이 모이는데, 반대로 철학자의 곁에는 왜 부자들이 모이지 않는지에 대한 질문을 받고 다음과 같이 대답했다. "환자의 집 문 앞에 서 있는 의사들이 보이지 않는가. 오직 이 사실 하나 때문에 아프고 싶은 사람은 아무도 없을 것이다."[97]

지식인들을 향한 부자의 질투 배후에는 사회적으로 우월한 지위에 대한 소망이 숨겨져 있다. 부자들은 부를 추구하는 자신의 피상적인 특성을 인정하면서도, 은밀히 자신이 시인이나 철학자였으면 하고 바란다. 부자가 가난한 사람에게 질투로 가득 찬 감정을 품는 경우도 있다. 이는 사회적 정의가 더 가난한 사람들, 그리고 삶의 의미에 대한 의문과 깊이 관련되어 있기 때문이다. 그 누구도 불의를 옹호하지 않는다. 정의는 모든 사람을 위한 도덕적 거울이기 때문이다. 비록 사람마다 정의관념에 대한 정의는 다르지만, 이 차이는 가치의 우선순위에 따라 발생한다. 시장논리의 효율성만을 강조하는 사람은 정의의 옹호자들을 질투할 수 있다. 이들은 규범적 요구를 추가적으로 제기하려하기 때문이다. 그리고 억만장자가 그저 부자가 아닌 철학자인 경우, 질투는 부자에게로 향할 수도 있다. 조지 소로스 같은 사람이 바로 철학자의 마음을 품은 억만장자이다.[98]

최종적으로 질투는 다양한 삶의 방식 속에서 정당화될 수 있다. 질투는 단순히 더 잘사는 사람들을 보면서 생겨나는 것일 뿐만 아니라, 사회적 지위가 낮은 사람이 스스로를 높은 사람과 똑같이 만들려 할 때도 일어난다. 이러한 관점에서 니체는 "신들의 질투"를 언급한다. 이것에 따르면, "모든 인간은 자신의 현재 신분을 가질 자격이 없으며, 이는 행복도 마찬가지이다. 그리고 인간은 무엇보다 자신의 자의식이 각자에게 주어진 장을 초월하여 커지지 않도록 해야 한다. 승리에 도취된 장군이나 탁월한 업적을 이룩한 학생은 종종 이 '신들의 질투'를 받게 된다."[99]

오늘날 신들의 질투는 부유한 상속자가 이른바 자수성가한 백만장자나 사회적 신분상승을 이룩한 사람들에게 가질 수 있는 질투심에 상응한다. 이러한 질투의 양식은 부자들 사이의 벼락부자에 대한 좋지 않은 이미지에서도 엿볼 수 있다. 능력주의적 관점에서 보았을 때 벼락부자는 사실 부자가 되어 마땅한 사람이다. 그러나 이들에게 뻔뻔함이 덧붙여지는 일이 흔히 있다. 벼락부자가 된 사람들은 사회적 위계를 올라온 사람들로서 낡은 돈의 질투를 두려워해야 한다. 그렇지 않으면 그 낡은 돈의 주인들이 도전받았다고 느낄 것이다.

질투를 일으킬까 두려워하는 태도는 이론적으로 사회적 규범에 대한 과도한 부자들의 순응성을 확보해 줄 수 있다. 과도한 부자들이 가진 권력에의 야망은 곧 감정적 한계에 도달한다. 국가 총소득에서 극소수 상위 부자들의 지분이 증가하는 현상과 부자들의 사치스러운 소비에 대한 자료는 또 다른 변화과정을 보여 준다.[100] 은밀한 재산탕진 이외에도, 과시적인 사치가 공개적으로 일어난다. 이는 가진 것 없는 사람들의 질투에 대한 부자들의 두려움이 각인되어 있지 않다는 점을 간접적으로 증명한다.

노동과 마찬가지로 소비도 비교와 질투의 주요한 기준이 된다. 사람들은 소비행위를 통해서 강제적으로 가까워지게 된다. 모든 사람들이 먹고, 마시며, 어디에선가 잠을 자야 한다. 비록 누군가는 오두막에서 살고 또 다른 누군가는 궁전에 머무르지만, 이러한 차이의 정도에는 한계가 설정되어 있다. 자산의 경우에는 이와 같은 한계가 존재하지 않는다. 소비의 불평등은 소득불평등보다 더 낮으며, 자산불평등에 비하면 더더욱 작은 수준이다.

만약 롤스의 두 가지 정의 원리가 실현된 사회가 도래한다고 해도, 사람들 사이의 적대적 질투는 여전히 존재할 것이다. 하지만 롤스가 그리는 사회에서 사람들은 서로 가까이 서 있다. 이들은 "정의감"을 가질 것이며 "시민들 간의 우정"으로 상호 연결되어 있을 것이다. 사회적 친밀감 그 자체는 질투가 확산되는 데 필요한 기반을 마련해 준다. 그러나 사람들을 서로 가깝게 만들어 주는 여러 노력을 통해 질투는 그다지 중요하지 않게 될 것이다. 모두에게 기초생계가 보장된다면, 사람들은 아마도 질투를 대신하는 생산적인 대안을 찾게 될 것이다.

질투나 분노와 같이 금기시된 감정을 드러내는 것은 일종의 이데올로기적인 대안으로서, 좀 더 정의로운 사회질서를 찾아가는 여정에 그저 제한적인 도움만을 준다. 심지어 질투가 부와 자산불평등에 대한 비판을 자극한다고 해도, 이 비판의 내용은 합리적 근거로 채워져야 한다. 사람들이 증오로 가득 찬 질투에 거의 눈이 멀게 된다고 해도, 그의 비판이 그래서 부인되는 것은 아니다. 정신분석학적으로 보았을 때에는 특히 더 잘사는 사람들의 방어기제에 주목할 필요가 있다. 그들은 스스로 누리는 특혜들에 양심의 가책을 느끼지 않으려 노력한다. 질투로 가득 찬 사람은 파괴적인 증오로부터 비롯하는 것이 아니라, 오히려 열등감에서 비롯한다. 이는 질투하는 이들을 존중하면서 마주하기 쉽게 해 준다.

롤스에게 질투와 불쾌함은 죄악에 해당된다. "그리고 이와 같이 사람들은 보수적인 작가에게 이의를 제기할 수 있다. 더 잘사는 사람이 혜택받지 못한 사람들의 요구, 즉 더 많은 평등에의 요구를 묵살하는 것은 순전히 불쾌함의 소산이라고 말이다."[101] 그러나 롤스는 『정의론』에서 질투감정의 심리적 전제들을 자세히 설명하고 있다. 질투의 조건은 "안정적인 자존감의 부재와 무언가 가치 있는 일을 할 수 있는 능력의 부재이다."[102]

롤스는 특정한 상황에서 질투의 죄를 사해 준다. 오늘날 자산의 집중은 너무나도 극단적이어서, 롤스가 용서할 수 있는 질투를 언급할 수밖에 없을 것이다.

그러나 과도한 부의 경우에는 질투로 가득 찬 비교는 거의 불가능하다. 과도한 부자들의 자산이 보여 주는 추상적인 숫자는 대부분의 사람들이 가지고 있는 일반적인 상상력을 넘어서는 수준에 도달했다. 알량한 자선에 기대어 살아야 하는 사람들의 질투에는 사회적인 통제가 가해진다. 사회적 격리, 이동수단의 차이, 여가 활용상의 이질성 같은 것들이 가난한 사람과 부자가 접촉할 수 있는 지점을 최소화하는 것이다.

아마도 가난한 사람들 사이에서 몰수가 가능한지가 화제에 오르는 빈도는, 중간계층이 질투로 가득 찬 강제수용의 위험에 대해 발언하는 빈도보다 훨씬 낮을 것이다. 이에 대한 최근의 증거는 파라다이스 페이퍼스의 공개이다.[103] 탈세 사실의 공개는 이 부유한 경제 난민들에 대한 수많은 말들을 양산했지만, 이들을 향한 질투에 휩싸인 분노로 이어지지 않았다. 심지어 2008년 금융위기 이후에도 부자들에 대한 도덕적 분노는 단지 저 위에 있는 놈들이라는 추상적인 집단을 겨냥하였거나, 또는 보너스 같은 개별적인 소득 항목들에 제한되었다.

그럼에도 불구하고, 가난한 사람들은 부자들에게 증오를 품을 수 있다. 이 비난은 지식인 엘리트들에게서 유래하는 것이 아니다. 부르디외에 따르면 지식인들은 지배자들의 장 속에서 피지배 집단을 구성하고 있다. 독일의 출판가 페터 슬로터다이크는 지성이 없다는 이유로 가난한 사람들에 대한 경멸을 숨기지 않고, 다음과 같이 실토한다. "나는 널리 퍼진 부자에 대한 증오가 스스로를 정의와 관련된 감각으로 주장하는 것이 두렵다. 그 속에는 지성인에 대한 거친 배은망덕이 숨어 있다. 거의 모든 사람들이 거의 모든 것에 신세를 진 사람들이 바로 이 지성인들인데도 그렇다."[104]

누군가 가난한 사람들의 증오에 의심을 품고자 하는 사람은, 최소한 애덤 스미스 같은 사람에게 과연 가난한 사람들의 증오감정이 충분히 강한 것인지 의문을 제기할 것이다. 왜냐하면 사람들은 매우 신속하게 "그들이 당연히 윗사람들이라고 봐 오던 사람들에 대한 복종이 고착화된 상태로 복귀"하기 때문이다.[105]

이로써 동정심이 복수의 자리에 들어서게 된다. 맨더빌의 경우에도 제1인자는 증오를 회피할 수 있었다. 영주에게는 사람들이 자신을 두려워하는가의 문제가 매우 중요한 의미를 갖고 있었다. 그는 증오의 대상이 되어서는 안 되었으며, 그에 따라 "무엇보다 그는 다른 사람들의 재산을 건드리지 않아야 한다. 사람들은 아버지가 죽었다는 사실보다 자신이 상속에서 제외되었다는 사실을 더 오랫동안 기억하기 때문이다."[106] 여기서 눈에 띄는 것은, 재산을 소유한 사람의 감정이 재산이 없는 사람들의 감정보다 더 위험한 것으로 나타난다는 점이다. 감정의 판정에도 사회적인 권력관계가 숨겨져 있다.

부자들에 대한 증오는 프랑스 혁명 기간같이 아주 드문 역사적 순간에만 폭력적으로 발현되었다. 2018년 프랑스의 노란 조끼 시위는 경멸의 정치에 대한 시민들의 대응이었다. 이 시위는 부자들의 대통령에 대항한 것이었지만, 부자들 그 자체를 겨냥한 것은 아니었다. 과거 사회주의자였던 프랑스 대통령 마크롱은 오만한 사람으로 여겨지게 되었다. 생활 물가가 상승하고 의료체계가 악화되는 와중에 마크롱은 자산세를 철폐하였고, 이는 일부 폭력적인 시위를 촉발시켰다.

폭력은 존중의 부족과 깊이 관련되어 있는데, 이는 불평등한 사회에서 지위는 중요한 문제이기 때문이다. 사회의 권력은 불평등의 부정적 결과로부터 자신을 탁월하게 보호할 수 있는 집단이 가지고 있다. 역사적으로 가난한 사람들이 부자들에 맞서 들고일어나는 상황은 매우 드물었다. 플라톤은 이 저항의 전제조건으로 사회적 친밀감을 들었다. 과도한 부자들은 바로 이 사회적 친밀감을 회피할 수 있다. 부자와 가난한 사람이 원정과 하이킹, 항해를 함께 하며 서로를 관찰할 수 있었을 때에는 달랐다. 이와 관련하여 플라톤은 다음과 같은 사례를 들고 있다. "깡마르고 햇볕에 까맣게 탄 가난한 사람이 전투에 참여했을 때 자기 옆에 여기저기 군살이 많이 붙은 부유하고 버릇 나쁜 약골이 갖가지 고통에 시달리며 숨을 헐떡이는 모습을 본다고 해도, 그는 다음과 같은 생각을 해서는 안 된다. 이 사람이 부자일 수 있는 건 가난한 사람들이 소심해서 그렇다고."[107] 부자들이 스스로를 다른 종류의 사람들과 차단시키는 것은 그들의 과도한 부를 지키는 데 있어 최고의 전제조건이다. 하지만 특히 경제위기 시기에는 과시적 선행 또한 사적 자산을 은폐하는 데 큰 도움이 된다. 과도한 부자들이 자신의 비판자들에게 던지는 질투라는 비난은 사회적으로 특혜를 누리는 사람들에 대한 사회적 면역을 달성하려는 전략이다.

10
과도한 부자의 사악한 미덕

겸손과 자비는 부자들에게 인기 있는 미덕이다. 과도한 부자가 자비로울 수 있다는 가능성은 과도한 부의 개념에 대한 이론적 도전이다. 과도한 부라는 개념에서 문제시되는 '과도한'이라는 수식어를 상대화할 수 있기 때문이다. 자비로운 과도한 부자는 과도한 부의 문제들을 알고 있으며, 그에 대항하는 행위를 한다.

자비는 기독교에서 중심적인 미덕이다. 역사가 피터 브라운Peter Brown은 『천국의 보물』에서 후기 고대의 에우엘제티즘euergetism[고대 로마 부자들의 자선행위을 우리에게 보여 준다. 에우엘제티즘은 보여지는 선행을 통한 지배의 확보로 이해할 수 있다. 서기 4세기경 기독 교회는 에우엘제티즘을 부자들을 교회로 통합시키는 것으로 이해했으며, 이로써 중세 가톨릭이 보여 준 승리의 역사가 시작되었다.

부자 기독교인들은 교회에서 부자가 천국에 가기란 낙타가 바늘 구멍에 들어가는 것보다 어렵다[108]는 경고를 받았다. 그러나 이와 동시에 교회는 그들의 헌금을 환영했다. 아우구스티누스는 비록 부유한 죄인이 사후에 받을 벌을 선행으로 면죄받을 수 없다고 강조했지만, 그의 설교는 "기본적으로 헌금을 둘러싼 전쟁에 대한 것이다. 이는 가난한 사람들을 위한 자선이 아니라 다른 목적으로 교회에 납부하는 돈이었다."[109] 서기 4세기경 아프리카 교회는 교회 건축과 성직자의 생활비를 위해 돈을 모으려 시도했다. 브라운은 교회가 세심한 방식으로 영생에의 소망을 건드리면서,[110] 자신의 자산을 부로 성장시킨 과정을 여실히 보여 준다. 이 과정에서 인간의 실존적 감정은 결정적인 역할을 했다. 교회가 가난한 사람들과의 동일시에 열정적으로 임하면서, 교회자산 관리를 건드러서는 안 된다는 감정이 스며들게 되었다. 이러한 불가침성은 인간세계의 자산에서는 찾아볼 수 없는 것이었다. 이렇듯 가난한 사람을 위한 자선과 교회자산의 형성, 그리고 기독교적 사후세계 관념을 통해 부는 영혼이 되었다. 아낌없이 내어 주고 온화하게 자선을 베푸는 태도는 산업화 이전의 사회에서 부자가 좋은 사람이 되기 위한 일종의 도덕적 의무가 되었다.

프란치스코 교황은 나의 자산을 가난한 사람들과 나누어야 한다고 요청한 바 있다.[111] 아무리 부자라도 예수를 따르는 사람이라면 자기 자신만을 위해 재산을 가져서는 안 된다는 것이다. 이는 사유재산의 강제수용을 추구하는 것은 아니다. 하지만 따뜻한 마음을 가진 부자들에게는 사후에 보물이 기다리고 있다.

자비는 재산에 책임을 지우는 원칙을 진지하게 받아들인다. 기독교적 관점에서 부자들은 신에게 여러 가지 은혜를 입었다. 그들은 이집트의 노예상태에서 해방되었고, 신의 땅을 하사받았으며 자연의 축복을 누렸다. 이렇게 가난한 사람들을 위한 마음은 열렸지만, 과연 얼마나 자신의 자산이나 소득 중에서 떼어 줄 수 있는지는 아직 정해지지 않았다. 자비가 인간으로서 응당 해야 하는 일종의 의무이지만, 과도한 부자들이 하는 청빈 서약과 그들이 실제로 기부하는 작은 액수 사이에는 여러 범위의 가능성이 상존한다.

자비의 기준은 우리가 자발적으로 받아들인 제한이 아니라, 타인의 긴급한 상황이 될 것이다. 이는 도덕적으로 확실하다. 다른 사람의 동정받을 만한 상황은 우리의 도덕적 의무감을 불러일으킨다. 가난한 사람의 존엄이 위협받을 때, 과도한 부자는 의무를 지게 된다. 그렇지 않으면 가난한 사람뿐만 아니라 과도한 부자의 존엄도 상실된다.

그러나 자비는 더욱 정의로운 사회로 가는 길을 제시하지 않는다. 그리고 실제 도움으로 이어지는 것이 자비와는 아무 관련이 없는 경우도 있다. 맨더빌은 행인들이 거지의 구걸 요청을 귀찮게 여기며 거지에게 방해받았다는 느낌을 갖는다는 사실을 알았다. 이 감정은 티눈을 만들어 내는 고통과 유사하다. 구걸과 티눈 둘 다 있어서는 안 되는 것이며, 산책을 방해한다. 그러므로 사람들은 "티눈을 제거해 주는 외과의사에게 돈을 지불하는 것과 같은 이유에서, 즉 편히 걷기 위해서 거지에게 돈을 준다. 이 뻔뻔한 잡놈들, 나쁜 짓만 아니라면 지팡이로 두들겨 패 주고 싶은 녀석들에게 몇 푼 집어 주고 마는 것이다."[112] 그러나 이 몇 푼의 돈이 무언가 사회의 정의로운 기초질서와 관련되어 있으리라 생각하는 사람은 없다.

자비의 세속화된 양식 중 하나는 관대함이다. 부유한 박애주의자의 관대함은 눈부시게 빛나는 주제이다.[113] 이를 통해 상상조차 할 수 없는 부와 사회적으로 인정받는 미덕이 결합된다. 이에 비해 이마누엘 칸트Immanuel Kant는 도덕론에 만족하지 않았으며, 부자들의 관대함을 그다지 높이 평가하지 않았다. 관대함은 그 수혜자에게 굴종을 의미한다. 복종을 다른 사람에게 요구해서는 안 되며, 자기 자신도 그것을 감내해서는 안 된다.

칸트의 의무윤리학은 아리스토텔레스 윤리학의 반대편에 서 있다. 아리스토텔레스는 탐욕에 반대되는 인성형성의 윤리를 대변한다. 그에 따르면 인간은 미덕에 상응하는 지향성을 선택하는 법을 배워야 한다. 이와 달리 칸트는 인간이 타인을 그의 권리에 입각하여 존중해야 한다고 강조했다. 사람은 항상 자기 자신과 다른 사람을 모두 존중해야 한다는 것이다. 칸트의 도덕철학에서 이해와 감정의 차이는 중요한 의미를 갖는다. 감정이 아니라, 이성에 의해 이루어진 의무의 충족이 도덕적 행위를 이끌어 낸다는 것이다. 박애주의는 "인간 사회의 평등에 대한 관념을 갖고 이를 유념하며 스스로에게 타인을 친절히 대하는 의무를 지우는 것을 포함한다."[114]

이는 현재 일반적으로 이해되는 박애주의보다 훨씬 더 많은 의미를 갖는다. 칸트는 자발성이라든가 관대함이 아닌, 평등과 의무에 대해서 논하였다. 부유한 사람들의 자발적 기부만으로는 충분하지 않은 것이다. "우리의 자산으로 타인에게 선행을 하는 것은 의무이며, 그것을 좋아하든 싫어하든 상관이 없다."[115] 여기에 칸트는 심지어 가까이 안면을 텄을 때에 특별히 호의적이지 않은 사람들에게도 선행을 행해야 한다고 덧붙인다.[116] 이러한 선행의 의무는 부유한 자선가가 그의 선행에 무언가 추가하는 것을 방지해 준다. "그가 이를 통해 느끼는 즐거움을 얻으려 무엇인가 희생할 필요가 없으므로, 그는 마치 배 터지게 먹어 치우면서도 그것이 도덕적이라는 감정을 갖는 것과 같은 즐거움을 느낀다."[117]

칸트의 입장에서는 과도한 부자들이 선행을 한다고 스스로 자랑스럽게 여길 만한 아무런 이유도 찾을 수 없다. 이러한 관점은 모든 사람이 동의할 수 있는 것이 아니다. 페터 슬로터다이크 같은 경우 위와 같은 관념에 대응하면서 관대한 부자의 환상을 내세운다. 그가 지닌 생각의 기초는 명확한 반국가주의이다. 그에 따르면 가난한 사람과 부자 사이에는 근본적인 차이가 존재한다. 자산이 있는 사람들은 선행을 더 쉽게 할 수 있다는 것이다.

그러나 가난한 사람은, 곧 다른 사람의 사악함을 기꺼이 떠맡는 가난한 사람은, 칸트에 따르면 "도덕적으로 부유하다." 왜냐하면 그는 제한된 자산만을 가지고 있기 때문이다. 칸트는 국가의 의무를 강조하고 부자들을 날것 그대로 노출시켰던 사람들 중 하나였다. "선행을 할 수 있는 자산, 재물에 의존적인 이 자산의 대부분은 다양한 사람들의 선호에서 비롯된 성공으로서, 다른 이들의 선행을 필연적으로 만드는 '유복함의 불평등'을 유발하는 정부의 불의를 통해 성취된 것이다. 이러한 정황 속에서 부자들이 극빈에 허덕이는 사람들에게서 얻은 것이 명확한 도움은, 진정 선행, 사람들이 그다지도 자신이 스스로 성취한 것이라고 꾸미기를 좋아하는 바로 이 선행의 이름을 얻어 마땅하다."[118] 여기서 칸트의 시선은 부유한 자선가에게 향해 있다. 부자들이 선행을 통해 얻는 신망은 그 옛날 통용되던 명예의 최신 버전이다. 부자의 선행은 사회참여로서 높이 평가된다. 기부자와 자원봉사자는 그들의 관대함과 자비심을 이유로 이 평가에서 중심적 위치를 차지한다. 그들은 자신이 속한 공동체에 무엇인가 돌려줌으로써, 특혜받은 사회적 지위를 정당화한다.

특히 부자가 되기에 마땅하지 않았는데도 자산가가 된 사람들은 자신이 누리는 특혜에 대한 죄책감을 사회적 활동으로 방어해 내려 한다. 미국의 정치학자 데이비드 캘러핸David Callahan은 그의 책 『기부자』에서 다음과 같은 사실을 언급했다. 부유한 상속인이 좀 더 자유로운 사상을 가지고 있었고, 그들 사이에 진보적 지향을 가진 자선가들이 많다는 것이다.[119]

아리스토텔레스가 만들고 아우구스티누스에 의해 기독교적인 것으로 탈바꿈한 자비는 모든 정치이론가들이 환영하는 것이라 할 수 없다. 출생으로 획득되는 부와 특혜의 연관 속에서 이 자비는 의심스러운 것으로 남아 있다. 17세기 토머스 홉스는 겸손한 선행을 다음과 같이 비판했다. "우리가 거절할 수 있는 정도를 넘어서는 그와 같은 자선을 받는 것은 숨겨진 증오를 만들어 내며, 이 증오는 위선적 사랑을 창조한다. … 선행을 의무적으로 만든다. … 그와 같은 사람을 섬겨야 하는 것은 최고로 괴로운 일이다."[120] 자신의 계급적 지위를 전시하는 것은 경멸의 대상이 될 수 있다.[121] 여기서 감정의 스펙트럼은 신분적으로 각인되어 있다. 모든 사람이 아니라, 그와 같은 사람만이 중요한 것이다. 가난한 사람들은 무엇인가 돌려줄 수 있는 위치에 도달하지 못한다.

칸트의 엄숙주의를 벗어난다고 해서, 과도한 부자들이 선행을 하면서 갖는 좋은 기분을 도덕을 들먹이며 질투하려는 것은 아니다. 그럼에도 불구하고 자산가들 중 좀 더 친절한 쪽이 행하는 특정한 미덕에 의해 굴욕감이 생겨난다는 점을 드러낼 필요가 있다. 선의의 기부가 이루어질 때, 그것을 받는 사람들이 경험하는 사회적 지위의 격하와 그들이 느끼는 멸시를 간과해서는 안 된다. 이 멸시는 선행의 바깥에 있는 사람들이 아니라, 그 선행의 당사자들이 경험하는 것이다. 일부 부자들은 난민캠프나 노숙자 시설같이 가난한 사람들을 개인적으로 만날 수 있는 곳에서 직접 참여하기도 한다. 그러나 부자들의 대부분은 기부를 통해 간접적으로 참여한다.

철학사에서 선행에 대한 니체의 비판은 특히 극단적으로 이루어졌다. 그에 따르면 약하고 가난한 사람이 바로 진정한 권력자이다. 이들은 도덕에 호소함으로써 강자의 이기주의에 재갈을 물리고자 하기 때문이다. 약자를 경멸했던 파시즘이 이와 같은 니체의 생각을 차용한 것은 그리 놀라운 일이 아니다. 그러나 니체는 사회적 현실을 알아볼 수 없을 정도까지 왜곡하였다. 도덕적 자비를 요구하는 약자가 강자라는 주장은 행위 유발 요인에 대한 가정으로서만 의미가 있다. 이 세계의 가난한 사람들은 도덕적 자비를 요구할 수 있는 그 어떠한 가능성도 갖고 있지 않다. 그들은 호소조차 할 수 없다. 그들의 요청을 담당하는 주무 관청이 없기 때문이다. 우리의 세계는 세계은행 추산으로 10퍼센트의 인구, 약 7억 명의 사람들이 하루에 1.9달러 미만으로 살아가야 하는 곳이며, 이러한 곳에서는 도덕에의 호소 같은 전략은 아무런 전망이 없다.[122]

그러므로 과도한 부자들의 관대함은 진정한 공감과는 구분되어야 한다. 박애주의가 자신의 과도한 부를 정당화하는 데 기여한다면, 공감과는 별 관계가 없다. 이보다 더 중요한 것은 다음과 같은 일들이다. 즉 복지국가를 강화하고, 자산에 높은 세금 부담을 지우며, 사유재산이 형성되는 데에는 개인의 능력만이 아니라 여러 사회적인 전제조건이 있다는 점을 인정하는 것이다. 박애주의는 절대로 복지국가의 대안이 되어서는 안 된다.

개인의 박애주의가 복지국가의 집단적 연대성을 몰아내게 되면, 박애주의는 과도한 부를 정당화하는 데 핵심적인 기능을 하게 된다. 선행을 펼치는 과도한 부자는 복지국가의 업적을 몰아내고 그 자리에 개인적 자선을 올려놓을 것이다. 그러나 과도한 부자들이 자신의 선행을 위한 새로운 목표를 설정하게 되면, 그들의 자발적인 자선은 언제든지 감소할 수 있고, 심지어는 중단될 수도 있다.

이와 같은 과도한 부의 능력 차원은 다음과 같은 질문을 부른다. 과연 과도한 부자가 자신의 권력을 악용할 것인가 아니면 공동체를 위해 쓸모 있게 이용할 것인가? 이와 같은 잠재적 성격으로, 과도한 부는 민주주의와 함께할 수 없다.

진정한 공감은 과도한 부에 대항하는 결정적인 감정자원이 될 수 있을 것이다. 공감이 가진 가치 창출과 행위 조율의 능력은 필수적인 것이다. 하지만 다른 사람들도 함께 느낀다고 하더라도, 이 공감은 사랑하는 사람들, 가족구성원, 친구와 친척 등 소규모 집단에 제한되는 경우가 많다. 공감은 안전과 신뢰를 공급받을 수 있는 터전이 필요하다. 공감이라는 감정은 아주 가까운 사이가 아닌 경우에는 약화되며, 이방인에게는 한층 더 감소한다. 아리스토텔레스가 알고 있었듯이, 사람들은 대부분 자기 자신만을 신경 쓴다.[123]

정의 감각은 우정과 신뢰가 넘치는 관계에서 형성된다. 존 롤스는 희망에 찬 어조로, 가족 내에 존재하는 사랑이 확장될 수 있다고 주장했다.

그러나 사랑에 입각해서 행동하는 것은 도덕적 원칙이 거의 고려되지 않으며, 정의 문제가 그 우선순위에서 밀려나게 된다는 것을 뜻하기도 한다. 공감의 확장은 토크빌의 『미국의 민주주의』 제2권의 주제이기도 했으며, 프랑스 귀족들의 예에서 볼 수 있듯이 공감은 오직 동일한 계급 안에서만 존재할 수 있다.

빅토리아 시대의 문학 작품에서는 인생에서 각성을 일으켰거나, 결정적인 단절을 경험하게 해 준 계기들에 대한 공감이 등장한다. 이는 어디서나 흔하게 볼 수 있는 부자들의 이야기에서도 마찬가지이다.[124] 디킨스의 문학세계에 등장하는 구두쇠 영감 에버니저 스크루지Ebenezer Scrooge는 가난한 사람들에게 몇 푼이라도 기부해 달라는, 그의 입장에서는 무리한 요구에 대해 가난한 사람들을 위해 지어진 노동교화소를 가리키며 그쪽에서 알아보라고 한다. 그러나 유령의 방문을 받고 그는 단 하룻밤 사이에 인성의 변화를 일으킨다. 인자한 후원자가 된 것이다.

우테 프레베르트Ute Frevert는 『지나가 버리는 감정들』에서, 아스트리드 린드그렌Astrid Lindgren의 책에 주인공으로 등장하는 아홉 살짜리 삐삐 롱스타킹은 부끄러워하지 않는다는 가설을 세웠다.[125] 이와 다른 대안적인 독해법이 있다면, 그것은 그녀의 모범적인 공감능력에 강조점을 두는 것이다. 한 에피소드에서 부유한 로젠블룸 부인은 삐삐의 동급생 친구에게 착실한 학교 생활을 한다며 선물을 안기면서, 다른 학생들에게 창피를 준다. 여기서 삐삐는 이 창피를 주는 방식과, 권위에 의해 사전에 정해진 규칙을 거부한다. 삐삐는 학예회를 조직하고 창피를 당한 아이들에게 사탕을 나누어 준다. 이 이야기는 모범적인 공감의 감정이입 능력이 무엇인가를 보여 주며, 연대성이란 어떤 것인지 알게 해 준다. 과도한 부에 대한 모든 종류의 관심사에서, 바로 이와 같은 공감이 중요한 것이다.

애덤 스미스는 1776년 『국부론』에서 "출생과 자산, 이 두 가지는 한 사람을 다른 사람들 위로 가장 높이 끌어올리는 정황들이다"라는 말을 남겼다. "이 둘 모두 개인 사이에 차이를 발생시키는 주요 근원이며, 이에 따라 사람들 간의 지배와 예속을 발생시키는 주요 원인이 된다."[1] 이러한 생각은 오늘날에도 여전히 그 폭발력을 잃어버리지 않았다. 출신과 자산은 현재에도 불평등의 중심적 원인이다.

　제2차 세계대전 이래로 미국과 유럽에서 자산축적은 지속적으로 강화되었다. 그 어떤 초인플레이션이나 전쟁도 사적 자산을 위협하거나 녹여 버리지 못했다. 그래서 노동을 통해 벌어들인 자산에 비해 상속재산의 중요성이 더욱 커졌으며, 이러한 경향은 앞으로도 수십 년간 지속될 것으로 보인다. 상속재산이 다시금 사회적 성공의 결정적인 요인이 된 것이다. 자산집중은 앞으로도 강화될 것이므로, 과도한 부자들은 여러 세대에 걸쳐 영향력을 행사할 수 있는 힘을 확보할 수 있을 것이다.

어느 수준의 자산 크기부터 과도한 부라고 불릴 수 있는지의 문제는 결국 주관적이고 자의적이다. 그러나 이는 최대 자산 한계치에 대한 고민이 불필요하다는 것을 의미하지 않는다. 정당화된 부가 사회적으로 환영받지 못하는 과도한 부로 이행하는 과정에서는 양자 간에 질적인 차이가 발생한다. 경제적 불평등이 그 자체로서 문제 있는 것은 당연히 아니다. 그러나 완전히 한계 없는 부는 많은 자원을 몇몇 소수의 손에 집중시키며, 이를 저지해야 하는 이유는 모두가 똑같이 가져야 한다는 획일주의에 있는 것이 아니다.

과도한 부자들은 자신의 자산을 정치적 과정을 지배하기 위해 사용한다. 그들은 나머지 국민들과는 다른 사회정책적 목표를 추구하기 때문에, 기본적으로 사회에 불이익을 가져온다. 과도한 부자들에게 사회적 신분상승 가능성이란 전혀 시급한 문제가 아니며, 그들이 구직활동, 기초생활 보장, 노숙 문제에 대한 국가 보조를 지지하는 정도도 나머지 국민들보다 낮다.[2] 심지어 능력주의조차도 상속받은 자산 때문에 제대로 힘을 발휘하지 못한다. 위와 같은 명확한 불의에도 불구하고 과도한 부자들에 대한 사회적 인식은 상당히 긍정적이다. 이 책에서는 바로 그 이유가 무엇인지를 찾아보고자 했다. 명확한 대답은 아직 할 수 없다. 지난 역사를 살펴보면서 배울 수 있듯이, 부유한 사람들에게는 항상 죄악 또한 덧붙여지기 때문이다. 과연 부자가 탐욕스럽고 인색하며, 허영에 가득 차 있고 교만한가라는 질문은 수많은 철학자들이 몰두하는 주제였으며,[3] 오늘날에도 여전히 부와 관련된 논쟁의 중심에 서 있다. 그러나 이와 같은 인성의 문제에 관심이 쏠리면서 구조적 문제로 시선을 돌리지 못하게 된다. 과도한 부자들의 인성에 대한 비판은 단편적인 수준에 머무른다. 누군가 아리스토텔레스적, 또는 기독교적 전통에 입각해서 과도한 부자들의 탐욕을 대하며 그들의 인색함과 교만을 비난한다면, 자선을 펼치는 일부 과도한 부자들의 행동을 거의 설명할 수 없게 된다.

버나드 맨더빌은 이미 17세기에 위와는 다른 접근법을 선택했다. 죄악이 경제의 확장에 도움을 주며, 이로 인해 모두가 이득을 볼 수 있다는 것이다. 이 책은 이와 같은 관점과는 정반대로 논증을 진행했다. 즉 사적인 미덕이 사회적인 손해로 이어질 수 있다는 것이다. 이는 맨더빌의 가정을 뒤집은 것이다.

자비와 관대함은 과도한 부를 지킬 수 있다. 박애주의는 소유자 사회에서 중심적인 역할을 부여받는다. 만약 이 과정에서 복지국가가 시야에서 사라지게 된다면, 과도한 부자들의 선의라는 위험한 미덕이 연대성의 후계자가 될 것이다. 과도한 부자들은 과시적 자선행위를 통해 자신의 —상당 부분 숨겨져 있는— 자산을 정당화하려 한다. 그 메시지는 다음과 같다. 우리는 그것으로 여러 좋은 일을 한다. 과도한 부자들은 사회적 책임을 떠안고 스스로를 관대한 사람으로 드러낸다. 이렇게 그들이 누리는 특혜는 사회적으로 인정받거나, 최소한 그에 대한 의문이 제기되지 않게 된다. "일반인들의 심리구조에 재산의 도덕성이 얼마나 깊이 각인되어 있는가. 고정적 재산은 모든 종류의 규범이 반대하는 유동적인 무질서와 다르다. 착하게 사는 것과 선의를 갖는 것은 그 시작부터 붕괴된다."⁴ 그러나 부자들의 선행에 기뻐하는 사람은, 과도한 부자들이 국가에 보내는 의혹의 눈초리도 함께 수용하게 된다. 사악한 미덕은 과도한 부자들과 나머지 국민들 간의 "협박된 화해"(아도르노)에 기여한다. 정의원칙들만으로는 더 평등한 사회로의 길을 밝힐 수 없다. 도덕적 논증들은 모든 것을 도덕의 문제로 몰아가는 경우가 많다. 중도를 지키라는 요구는 듣는 이 없이 울려 퍼지며, 도덕적으로 부당하다는 느낌은 정치적 행동 속으로 전환되지 않는다. 현재까지 과도한 부자들이 적당한 선을 지키도록 하는 미덕을 찾는 시도는 모두 별 도움이 되지 못했다. 과도한 부에 단호하게 문제를 제기하는 사람은 과도한 부자들의 반격에 부딪혀 고생을 하게 된다. 과도한 부에 대한 문제제기를 포퓰리즘이라고 깎아내리거나, 그 뒤에 재산의 강제수용이 도사리고 있다는 음모론이 확산되는 상황 등이 예가 될 것이다.

미국과 유럽의 정치는 부자친화적으로 구성되어 있으며 증가하는 사회적 양극화를 받아들인다. 정치는 조세제도상의 허점을 개선하는 데 소극적이고, 최고위급 자산가들에 대한 경험적 자료에 기초하여 경제정책을 수립하기를 피하고 있다. 실제로 의미 있는 자산 및 상속세를 부과하여 과도한 부자들을 괴롭히지도 않는다.

1980년대 이래로 과도한 부자들은 시장에 대한 정치적 규제 약화, 민영화의 물결, 주주가치 추구 경향의 증가, 세금을 낮추려는 국제 경쟁과 조세피난처 등 여러 방면에서 많은 이득을 보았다. 국가는 과도한 부자들에게 연구 개발의 많은 부분을 의지하고 있다. 이와 반대로 기회평등이라는 사회적 목표는 교육 문제에 제한적으로 적용되는 경우가 많다.

그렇다면 과도한 부에 대항해서 무엇을 할 수 있는가? 오직 사실과 숫자를 아는 사람만이 사회를 이해할 수 있다. 정치경제적 분석과 대안 제시의 전제는 자료의 개선이다. 그러므로 자산대장이나 자산관계가 표기된 공개명단 같은 것들이 결정적으로 중요한 일보 전진이다. 이러한 자료는 투명성을 높일 뿐만 아니라, 행동의 범위를 넓혀 준다.[5] 간단히 말해, 세계적으로 주식과 채권을 소유한 사람들의 명단이 특히 중요하다. 이렇게 되면 조세피난처의 자산상황도 더 이상 은폐할 수 없다.

그렇다면 어느 정도의 자산 크기부터 과도한 부라고 할 수 있는가? 휴이 롱이 1934년에 제시한 기준인 5천만 달러를 오늘날의 화폐가치로 따지면 10억 달러 정도이다. 이 기준은 99.9퍼센트의 국민들이 가진 개인자산과 수 광년이나 떨어져 있으며 상상할 수조차 없이 높다.[6] 여기서 주목할 만한 점은, 그럼에도 불구하고 휴이 롱이 당시에 포퓰리스트라는 비방을 당했다는 것이다. 그의 정책 프로그램인 '우리의 부를 나누자'는 과도한 부자들의 가족재산도 염두에 두었다. 그가 제시한 개인자산 보유 한계치는 과도한 부자의 자손들, 손자와 증손자에 이르기까지 이득을 볼 수 있는 정도의 자산 크기였다. 이로써 휴이 롱은 정의원칙과 가족재산이 상호 갈등관계에 놓이는 것[7]을 방지할 수 있을 것으로 보았다. 그가 제시한 것은, 부자들은 앞으로도 부유하겠지만 그럼에도 불구하고 빈곤을 약화시키는 금융수단이 투입될 수 있다는 것이었다. 그의 접근방식은 분리시키는 경향 위에 무엇인가 공유하는 것들을 세우고자 한 시도였다.

불평등한 자산관계에 대응하는 일반적인 정치적 조치들은 그 자체로는 옳은 것들이지만, 그 강도가 너무나도 약해서, 사회변화를 언급하기 어려울 정도이다. 자산 및 유산세는 자유주의적 원칙에 합치한다. 경제적으로 근거를 들자면, 이와 같은 세금은 노동요소가 일방적으로 지고 있는 부담을 회피할 수 있게 해 주는 효율적인 수단이다.[8] 이와 달리 자산가에 대한 세금 우대는 명료하게, 그리고 합리적으로 정당화할 수 없다. 과세되지 않는 상속재산은 능력주의 사회에서 기회평등의 이상에 반하는 것이기 때문에, 상속재산에는 세금이 부과되어야 한다. 그렇지 않으면 자산분배상의 사회적 지위들이 애덤 스미스가 살던 시기처럼 출신과, 그와 결합된 상속으로 결정될 것이다. 상속재산과 자산이 과세되어야 하는 진보적이고 실질적인 이유는, 자산이 매우 집중되어 있기 때문이다.

그러나 자산보유의 최대 한계치라는 아이디어는 이보더 더 많은 것을 목표로 한다. 이는 사유재산을 인정하면서 그것의 한계를 설정하는 것이며, 이러한 한계는 역사적으로 논의된 적이 그다지 많지 않다. 이 아이디어는 생산적인 토론을 유발하고 의미 있는 변화를 촉발할 수 있는 잠재력이 있다.[9] 물론 어떤 한계치가 제시되면 그 수치가 자의적이라는 비난이 잇따르게 될 것이다. 이 비난을 피할 수는 없겠지만, 그다지 큰 문제는 아니다. 어차피 이 한계치는 전문가들에 의해 산출되는 것이 아니라, 공개적인 논의를 거쳐 제시될 것이기 때문이다. 몇몇 사람은 수십억 달러에 달하는 자산을 가져도 되고, 나머지 사람들은 굶어야 하는가라는 문제와 씨름해 보는 것 자체가 이미 그 논증을 명확하게 해 주는 데 기여하고, 변화의 가능성을 높여 준다.

문제는 단순하다. 정치적 평등의 관념을 방어하고 극단적인 부가 불러올 파멸적 결과를 비판하는 것이 중요하다. 이와 함께, 복지국가에 필요한 자금도 얻을 수 있다. 작동하는 민주주의의 전제는, 자산불평등이 모든 이들의 정치적 참여를 허용하는 수준에 머무르는 것이다. 가난한 시민들이 여론을 형성하고 결단을 내리는 정치적 과정에서 배제되고 중간계층은 자꾸 아래로 시선을 돌리게 될 때, 과도한 부자들은 안락하게 그들의 이해관계를 관철시킬 수 있다.

기업자산이 몇몇 소수의 사람들에게 집중되어 있기 때문에, 이 사람들은 정당에 기부하고 기업의 해외이전을 위협수단으로 사용하며, 로비를 벌이고 언론 매체에 직접적 영향력을 행사한다. 이로써 정치적 과정과 여론을 자신의 입맛에 맞게 조작할 수 있다.

이 책 속의 생각들 중 많은 것들이, 그에 상응하는 대안의 제시 없이는 사회비판적으로 실패하게 될 것이다. 모든 수집 가능한 자료들은 믿을 수 없을 만한 규모의 자산집중을 보여 준다. 자산평등을 위해 무엇을 할 수 있고, 해야 하는지에 대한 아이디어는 무수히 많다.[10] 여기서 문제가 되는 것은 자산자료에 구멍이 많다는 사실이며, 이 부에 대한 경험적 지식의 부족은 우연히 나타난 현상이 아니다. 경제학은 자산분배에 아무런 객관적 전문지식을 제공하지 않으며, 정치가들은 이 정보의 부족을 해결하는 데 주저하고 있다.

자산집중과 관련된 숫자들은 사람들을 분노하게 만든다. 왜냐하면 그 숫자들은 과도한 부에 대한 막연한 관념만을 제공하기 때문이다. 그러나 과도한 부에 대한 정의판단은 이러한 자산분배 통계와는 그저 느슨히 연관되어 있을 뿐이다. 평등, 능력, 필요 등의 정의 개념들 또한 과도한 부의 판정에 있어서는 부차적인 중요성을 갖는다. 평등은 가질 수 없는 것이고, 능력도 상속 앞에서는 별 의미가 없으며, 필요 같은 것은 빈곤 문제에서 중요한 것이지 부와 관련된 주제에서는 그렇지 않은 편이다.

그에 따라 불의의 느낌은 표류하게 되며, 특히 경제위기 시기에 과도한 부자들을 거의 보이지 않게 만드는 감정정치를 유행시킨다. 많은 것들이 감정에 기반해서 이루어지며, 특히 중간계층의 주제들인 사회적 추락에의 불안, 미래에 대한 걱정, 적당함을 지키는 것, 교육을 통한 신분상승 등과 관련된 노력이 등장한다. 이러한 초점들은 사회를 하나의 단위로서 요구한다. 그러나 소수의 손에 집중된 너무 과도한 부는 이미 오래전에 사회를 갈갈이 찢어 놓았다. 이러한 상황에서, 자칭 관대한 초부자들에 대한 사회적 인정은 거의 줄어들지 않았다. 그러므로 과도한 부자들에 대한 이미지와 우화에 맞서, 가난한 사람들, 노숙자, 난민들에 대한 현실성 있는 이야기가 제시되어야 한다.

희망과 환상은 우리가 과도한 부에 대한 생각을 금기시하는 일반적인 경향에 반항한다. 과도한 부에 대한 사고 금지 아래에는 거대한 자산격차를 수용해야 한다는 명령이 깔려 있다. 과도한 부의 제한이 가능하도록 하기 위해서 우리는 저항적 공감 — 그리고 용기를 확산시켜야 한다.

286

```
┌─────────────────────────────────────┐
│                                   주 │
└─────────────────────────────────────┘
```

머리말

1 "그러므로 다음과 같은 우리의 말은 옳다, 즉 과도한 부자들은 품행이 올바르지 못하며, 품행이 올바르지 못하면 또한 행복하지 못하다"(Platon, *Gesetze*, Fünftes Buch, p. 167).

2 제4회 빈곤과 부 보고서에서 "그저 부자인 사람과 문자 그대로의 자산가, 즉 사회적 책임을 활용할 수 있는 특별한 기회를 누리는 사람"을 구분하고 있다(Bundesministerium für Arbeit und Soziales, 2013, p. 412, https://www.armuts-und-reichtumsbericht.de/DE/Bericht/Archiv/Der-vierte-Bericht/vierter-bericht.html).

3 Fitzgerald, *Junger Mann aus reichem Haus*, p. 16.

4 Smith, *Wohlstand der Nationen*, p. 726.

5 Credite Suisse, *World Wealth Report*, Figure 5, p. 9.

6 방법론적 이유로 인해 그와 같은 자료 비교는 대략적인 접근만을 제공한다.

7 Alstadsaeter/Johannesen/Zucman, *Tax Evasion and Inequality*. 이 책의 저자들은 누출된 고객정보에 기초해서 최상위 0.01퍼센트의 부자들이 총 25퍼센트 이상의 세금을 회피하고 있다고 추정하였다.

8 Smith, *Theorie der ethischen Gefühle*, p. 93.

9 Smith, *Theorie der ethischen Gefühle*, p. 94.

10 Adorno, *Minima Moralia*, p. 211.

11 Piketty, *Kapital im 21. Jahrhundert*, Stiglitz, *Price of Inequality*, OECD, *Household Wealth Distribution*, Gilens, *Affluence and Influence*, Atkinson, *Inequality*, Alvaredo et al., *Bericht zur weltweiten Ungleichheit 2018*.

12 Piketty/Zucman, *Capital is back*, p. 1276, Piketty, *Kapital im 21. Jahrhundert*.

13 Hacker, *Winner-Take-All Politics*, Zucman, *Steueroasen*, Piketty, *Kapital im 21.*

Jahrhundert, IMF, *World Economic Outlook*.

14 Shklar, *Über Ungerechtigkeit*, p. 78.

15 Elsässer et al., *Government of the People, by the Elite, for the Rich*.

16 Smith, *Wohlstand der Nationen*, p. 729.

17 Fessler/Schürz, *Zur Mitte in Österreich*.

18 Simmel, *Philosophie des Geldes*, p. 276.

19 Simmel, *Philosophie des Geldes*, p. 274.

20 https://en.wikisource.org/wiki/The_Million_Pound_Bank_Note.

21 Rawls, *Eine Theorie der Gerechtigkeit*, p. 233.

22 Rawls, *Gerechtigkeit als Fairneß*, p. 216.

23 https://blogs.lse.ac.uk/usappblog/2013/12/07/five-minutes-with-angus-deaton-if-the-rich-can-write-the-rules-then-we-have-a-real-problem/?from_serp=1.

24 Balzac, *Vater Goriot*, p. 184.

25 Hume, *Eine Untersuchung über die Prinzipien der Moral*, p. 101.

26 Hume, *Über Moral*, p. 206.

27 Hume, *Eine Untersuchung über die Prinzipien der Moral*, p. 102.

28 Hume, *Eine Untersuchung über die Prinzipien der Moral*, p. 102.

29 Smith, *Theorie der ethischen Gefühle*, p. 78.

30 Hobbes, *Leviathan*, p. 80.

31 Smith, *Theorie der ethischen Gefühle*, p. 81.

32 Smith, *Wohlstand der Nationen*, p. 424.

33 Smith, *Theorie der ethischen Gefühle*, p. 397.

34 Platon, *Gesetze*, p. 377.

35 Platon, *Der Staat*, p. 135.

36 Bundesministerium für Arbeit und Soziales, *Armuts- und Reichtumsbericht 2013*, p. 412, Druyen, *Entstehung und Verbreitung von Vermögenskultur und Vermögensethik*, p. 32.

37 Druyen, https://www.welt.de/regionales/nrw/article825443/Blick-in-die-Seelen-der-Milliardaere.html.

38 https://www.carnegie.org/media/filer_public/0a/e1/0ae166c5-fca3-4adf-82a7-74c0534cd8de/gospel_of_wealth_2017.pdf.

39 이 인용구가 사실은 헤겔이 한 말이 아니라는 이의 제기에 대해, 루다 프랭크는 역설적으로 태연하게 대응했다. "이 부분이 헤겔에서 온 것이 아니라면, 헤겔에게 더욱 안 좋은 일이다"(Ruda, *Hegels Pöbel*, p. 69).

40 루다의 헤겔 인용, *Hegels Pöbel*, p. 67.

41 루다의 헤겔 인용, *Hegels Pöbel*, p. 69.

42 Aristoteles, *Rhetorik*, 1391a, p. 115.

43 볼프강 슈트렉(Wolfgang Streeck)과의 인터뷰: https://wolfgangstreeck.com/2015/01/08/das-kann-nicht-gutgehen-mit-dem-kapitalismus.

44 Mandeville, *Die Bienenfabel*, p. 208.

제1장 무엇이 '과도'한가?

1 Galbraith, *Die Tyrannei der Umstände*, p. 46.

2 Dimmel/Hofmann/Schenk/Schürz, *Handbuch Reichtum*, Piketty, *Kapital im 21. Jahrhundert*, Boushey et al., *After Piketty*.

3 https://www.ifo.de/publikationen/2016/aufsatz-zeitschrift/soziale-ungleichheit-und-brexit-ergebnisse-der-april-und-mai.

4 사회보조금 수령자의 계좌정보, 자동차 등록, 토지 등기 등의 조사에 대한 동의서.

5 관련 논쟁에 대해서는 다음을 참조: http://www.armuts-und-reichtumsbericht.de/SharedDocs/.

6 http://www.armuts-und-reichtumsbericht.de/DE/Startseite/start.html;jsession id=F07BF7ECDCEC5536776486783A63248F.

7 http://www.armuts-und-reichtumsbericht.de/DE/Bericht/Der-fuenfte-Bericht/fuenfter-bericht.html.

8 이와 달리 스웨덴에서는 국세청이 계좌를 들여다볼 수 있으며, 각 은행은 자동적으로 재정부에 자산정보를 제공한다.

9 http://www.krone.at/365456.

10 오스트리아에서는 20퍼센트 미만의 가구가 고가품을 가지고 있으며 해당 물건의 가치는 평균 5천 유로이다. www.hfcs.at 참조.

11   https://derstandard.at/2000076935404/Staat-schaute-6297-Mal-in-die-Konten-der-Buerger.

12   Aristoteles, *Nikomachische Ethik*, p. 73.

13   Aristoteles, *Politik*, p. 53.

14   유럽의 자산분배에 대한 경험적 자료는 다음을 참조: www.hfcs.ecb, 미국에 대한 경험적 자료는 다음을 참조: https://www.federalreserve.gov/econres/scfindex.htm.

15   Institute for New Economic Thinking(INET), *Analyzing Wealth Inequality*: https://www.ineteconomics.org/research/experts/mschuerz.

16   Fessler/Schürz, *The Functions of Wealth*.

17   오스트리아와 독일에서 자가 주택 거주자는 각각 48만 3천 유로/41만 8천 유로의 순자산을, 임대 주택 거주자는 각각 5만 유로/5만 1천 유로의 순자산을 보유하고 있다(출처: HFCS 2014, EZB).

18   Franzen, *Korrekturen*, p. 133.

19   Forbes-Liste: https://www.forbes.com/billionaires/list/.

20   Piketty, *Kapital im 21. Jahrhundert*, p. 364ff.

21   Kant, *Metaphysik der Sitten*, p. 590.

22   Fessler/Schürz, *Zur Mitte in Österreich*.

23   Lauterbach/Ströing, *Wohlhabend, Reich und Vermögend*.

24   철학자 잉그리드 로뵈인스(Ingrid Robeyns)의 *Having too much*는 예외이다.

25   https://dejure.org/gesetze/SGB_II/12.html.

26   Wehling, *Politisches Framing*.

27   www.hfcs.at.

28   Vermeulen, *The Top-tail of Wealth Distribution*.

29   노르웨이와 스위스는 OECD 회원국들 중 아직 자산세를 부과하는 두 국가이다. 오스트리아는 1994년, 네덜란드는 2001년, 핀란드와 아이슬란드, 룩셈부르크는 2006년, 스웨덴은 2007년에 각각 자산세를 철폐하였으며, 프랑스는 2018년에 자산세를 부동산세로 전환하였다. 스페인은 2008년에 100퍼센트의 세금-신용-규칙을 도입하였는데, 이는 자산세 항목을 없애지는 않지만 당분간 0유로로 유지하는 것을 의미한다. 금융위기 이후 2011년에 재산세가 다시 부과되기는 했지만, 이는 일시적인 국가 조치였다. 공제기준이 70만 유로에 달하여 높은 편이고, 세율은 0.2-2.5퍼센트

로 낮은 편이다(OECD, *The Role and Design of Net Wealth Taxes in the OECD*).

30   https://www.forbes.com/billionaires/#49f0b74c251c.

31   *World Wealth & Income Data Base*: http://wid.world/.

32   Piketty, *Kapital im 21. Jahrhundert*, p. 583ff.

33   Institute for Policy Studies, *Billionaire Bonanza 2017*.

34   Platon, *Der Staat*, p. 322.

35   Platon, *Gesetze*, p. 78.

36   Platon, *Gesetze*, p. 169.

37   Platon, *Gesetze*, p. 169.

38   Mandeville, *Die Bienenfabel*, p. 319.

39   Huey Long, *Share our Wealth*, p. 14.

40   Beckert, *Unverdientes Vermögen*, p. 231.

41   Smith, *Theorie der ethischen Gefühle*, p. 95.

42   Sherman, *Uneasy Street*, p. 232.

43   Sherman, *Uneasy Street*, p. 258.

44   참조. Stefan Bach in DIW-Wochenbericht Nr. 6/2013, 그리고 Marcel Fratscher,
     Kein Neid auf die Erben: https://www.zeit.de/wirtschaft/2017-07/erbschaften-
     erbschaftssteuer-kinder-usa-deutschland-gerechtigkeit.

45   Smith, *Theorie der ethischen Gefühle*, p. 295.

46   Hobbes, *Vom Bürger. Vom Menschen*, p. 378.

47   Hobbes, *Vom Bürger. Vom Menschen*, p. 378.

48   Adorno, *Zur Lehre von der Geschichte und Freiheit*, p. 246. 도편추방은 고대 그리스,
     특히 아테네에서 시행된 제도로서, 도자기 조각을 이용하여 시민들 중 과도한 권력
     을 가진 사람을 추방하는 데 이용되었다.

49   Adorno, *Zur Lehre von der Geschichte und Freiheit*, p. 247.

50   https://www.welt.de/politik/article1649762/Sarrazin-entwickelt-Hartz-IV-Speiseplan.
     html.

51   Meade, *Efficiency, Equality and the Ownership of Property*, p. 39.

52   Morus, *Utopia*, p. 30.

53   Milanovic, *Haves and Haves-Not*.

54 Adorno, *Kulturkritik und Gesellschaft*, p. 86.

55 Nagel, *Eine Abhandlung über Gleichheit und Parteilichkeit*, p. 188.

56 Fitzgerald, *Der große Gatsby*, p. 151.

57 Mandeville, *Die Bienenfabel*, p. 92.

58 오스트리아 가계 재정 및 소비 조사에서 확인되는 바, 상위 10퍼센트의 자산가들은 하위 10퍼센트에 해당하는 사람들에 비해 자산 관련 질문에 답변하지 않는 비율이 두 배나 된다.

제2장 무엇이 과도한 부에서 옳지 않은가?

1 Fleischacker, *A History of Distributive Justice*.

2 Augustinus, *De civitate dei*, IV, p. 4.

3 Miller, *Grundsätze sozialer Gerechtigkeit*.

4 Frankfurt, *Ungleichheit*, p. 16.

5 https://tannerlectures.utah.edu/_documents/a-to-z/s/sen80.pdf.

6 HDI der UNDP: http://hdr.undp.org/en/content/human-development-index-hdi.

7 Miller, *Grundsätze sozialer Gerechtigkeit*.

8 Krebs, *Gleichheit oder Gerechtigkeit*, Gosepath, *Gleiche Gerechtigkeit*, Cohen, *Gleichheit ohne Gleichgültigkeit*.

9 경제학에서 지배적인 관점은 불평등이 경제성장에 손해를 끼친다는 것이다. 다음을 참조: Berg et al., *Redistribution, Inequality and Growth: New Evidence*.

10 Platon, *Gesetze*, p. 377.

11 Platon, *Der Staat*, p. 132.

12 Aristoteles, *Politik*, p. 50.

13 막스 베버는 『종교사회학』에서 인도 자이나교에 대해 이와 유사한 평가를 했다. 자이나교 공동체는 많은 선행을 했다. "부의 획득 그 자체는 전혀 금지되지 않았으나, 부자를 추구하는 것과 부에 집착하는 것은 금지되었다." 재산이 아니라 재산에 대한 기쁨이 바로 버려야 할 것이었다(Weber, *Gesammelte Aufsätze zur Religionssoziologie II*, p. 212).

14 Aristoteles, *Politik*, p. 51.

15 Aristoteles, *Politik*, p. 51.

16 Aristoteles, *Nikomachische Ethik*, p. 103.

17 Kant, *Metaphysik der Sitten*, p. 536.

18 France, *Die rote Lilie*, p. 116: http://gutenberg.spiegel.de/buch/die-rote-lilie-4588/1.

19 Rousseau, *Diskurs über die Ungleichheit*, p. 273, Eckl/Ludwig, p. 108에서 재인용.

20 Rawls, *Eine Theorie der Gerechtigkeit*, p. 19.

21 Rawls, *Eine Theorie der Gerechtigkeit*, p. 23ff.

22 Rawls, *Idee des Politischen Liberalismus*, p. 68.

23 Rawls, *Gerechtigkeit als Fairness*, § 11(p. 63ff.) und § 46(p. 233ff.).

24 Hayek, *Die Verfassung der Freiheit*, p. 112.

25 Hayek, *Verfassung der Freiheit*, p. 166.

26 Green, *Rawls and the Forgotten Figure of the Most Advantaged*.

27 Gosepath, *Gleiche Gerechtigkeit*.

28 Alvarede et al., *World Inequality Report 2018*.

29 Robeyns, *Having too much*.

30 Honneth, *Das Recht der Freiheit*.

31 Rawls, *Eine Theorie der Gerechtigkeit*, p. 579.

32 Hobsbawm, *Die Banditen*, p. 44.

33 Hobsbawm, *Die Banditen*, p. 131.

34 Hobsbawm, *Die Banditen*, p. 74.

35 Cohen, *Gleichheit ohne Gleichgültigkeit*, p. 234.

36 http://www.wiwo.de/politik/deutschland/wolfgang-kersting-im-interview-gleich-gleicher-ungleich/5423996.html.

37 Montaigne, *Essais*.

38 프로이트에 대한 비판은 Rawls, *Eine Theorie der Gerechtigkeit*, p. 585ff 참조.

39 Freud, *Die Massenpsychologie und Ich-Analyse*, p. 112.

40 Pickett/Wilkinson, *The Inner Circle*.

41 Pickett/Wilkinson, *Gleichheit ist Glück*.

42 Frankfurt, *Ungleichheit*, p. 14.

43 Cohen, *If you're an Egalitarian, Why Come you're so Rich?*, p. 120.

44 Cohen, *Sozialismus. Warum nicht?*.

45 Durkheim, *Physik der Sitten und des Rechts*, p. 299.

46 Mirabeau, *Rede über die Gleichheit der Teilung bei Erbfolgen in direkter Linie*, p. 13.

47 Durkheim, *Physik der Sitten und des Rechts*, p. 297.

48 Mill, *Grundsätze der Politischen Ökonomie*, p. 267.

49 Fessler/Schürz, *Private Wealth across European Countries*.

50 Piketty, *Kapital im 21. Jahrhundert*, Grafik 11.7, p. 533.

51 Piketty, *Kapital im 21. Jahrhundert*, Grafik 11.1, p. 505.

52 Rawls, *Theorie der Gerechtigkeit*, p. 94.

53 Mill, *Principles of Political Economy*, Book V, Ch. II, V.2.28.

54 Mill, *Principles of Political Economy*, Book II, Ch. II, V.2.19.

55 Hayek, *Die Verfassung der Freiheit*, p. 161.

56 Hayek, *Die Verfassung der Freiheit*, p. 162ff.

57 Aristoteles, *Rhetorik*, p. 116.

58 http://iupax.at/fileadmin/documents/pdf_soziallehre/1891-leo-xiii-rerum-novarum.pdf.

59 Bourdieu, *Der Einzige und sein Eigenheim*, p. 14.

60 Harris, *Property and Justice*.

61 관련 내용의 개괄은 Pipes, *Property and Freedom*과 Eckl/Ludwig, *Was ist Eigentum?*
    참조.

62 Shklar, *Liberalismus der Furcht*, p. 48.

63 Shklar, *Liberalismus der Furcht*, p. 48.

64 Hobbes, *Leviathan*, p. 116.

65 Murphy/Nagel, *The Myth of Ownership*, p. 8.

66 Babeuf, *Die Verschwörung für die Gleichheit*, p. 66.

67 Babeuf zitiert in Enzensberger, *Freisprüche*, p. 16.

68 Babeuf zitiert in Enzensberger, *Freisprüche*, p. 16.

69 플라이쉬하커(Fleischacker)는 *A Short History of Distributive Justice*에서 다음과 같은
    점에 주목한다. 즉 이미 19세기 말에 자산분배를 주제로 한 몇몇 서적이 출간되었
    다(2004, p. 80ff.).

70 Babeuf, *Die Verschwörung für die Gleichheit*, p. 58.

71 Soubol, *Französische Revolution und Volksbewegung*.

72 1930년대 미국의 유산세 세율 또한 전쟁 비용을 충당해야 한다는 명분으로 결정되었다. Scheve/Stasavge 참조.

73 Soubol, *Französische Revolution und Volksbewegung*, p. 107.

74 Soubol, *Französische Revolution und Volksbewegung*, p. 102.

75 Soubol, *Französische Revolution und Volksbewegung*, p. 121.

76 진정으로 인간적인 재산에 대한 카를 마르크스의 생각은 *Ökonomisch-philosophische Manuskripten*에서 발견할 수 있다.

77 Marx, *Kritik des Gothaer Programms*, p. 19.

78 Luxemburg, *Sozialreform oder Revolution*.

79 Freud, *Unbehagen in der Kultur*.

80 Rosanvallon, *Die Gesellschaft der Gleichen*.

81 Engels, *Zur Lage der arbeitenden Klasse in England*.

제3장 정치적 도전으로서 과도한 부

1 http://www.rollingstone.com/politics/videos/jimmy-carter-u-s-is-an-oligarchy-with-unlimited-political-bribery-20150731.

2 Waldenfels, *Platon*, p. 184.

3 Winters, *Oligarchy*, Bartels, *Unequal Democracy*, Gilens, *Influence and Affluence*, Stiglitz, *The Price of Inequality*.

4 Zucman, *Steueroasen*.

5 독일 기본법 제14조에 다음과 같이 규정되어 있다. (1) 재산과 상속권은 보장된다. 그 내용과 제한은 법률로 정한다. (2) 재산은 의무를 갖는다. 재산의 사용은 동시에 일반의 복리에 기여해야 한다. (3) 재산의 몰수는 일반의 복리를 위한 경우에만 허용된다. 재산의 몰수는 오직 몰수에 대한 보상의 방식과 정도를 규정하는 법률을 통해서만, 또는 해당 법률에 근거해서만 시행될 수 있다.

6 Bartels, *Unequal Democracy*와 Elsässer/Hense/Schäfer, *Government of the People, by*

the Elite, for the Rich.

7   Gilens/Page, *Testing Theories of American Politics.*

8   Dworkin, *Gerechtigkeit für Igel*, p. 712.

9   https://www.thedailybeast.com/obama-spars-with-corporate-jet-owners-over-tax-breaks.

10 1954년에 도입되었고 1993년에 철폐된 오스트리아의 자산세 세율은 1퍼센트였다.

11 OECD, *The Fole and Design of Net Wealth Taxes in the OECD.*

12 OECD, *The Role and Design of Net Wealth Taxes in the OECD.*

13 Berger/Piketty, *Bernie Sanders, Elizabeth Warren and the Wealth Tax.*

14 http://www.faz.net/aktuell/wirtschaft/wirtschaftspolitik/frankreich-gibt-die-reichensteuer-auf-13348842.html.

15 https://www.nzz.ch/wirtschaft/praesident-der-reichen-d.1383404.

16 http://www.faz.net/aktuell/wirtschaft/franzoesische-luxussteuer-die-steuer-die-nur-einer-zahlt-15699249.html.

17 2020년 미국 민주당 대통령 후보로 출마하려 했던 엘리자베스 워런(Elizabeth Warren)은 예외이다. http://gabriel-zucman.eu/files/saez-zucman-wealthtaxobjections.pdf. 그에 따르면 약 7만 5천 가구(0.1퍼센트 미만)만이 세금납부 대상이며, 여기서 예상되는 세수는 27억 5천만 달러에 달한다.

18 Beckert, *Unverdientes Vermögen*과 Marterbauer/Schürz, *Der Streit um die Abschaffung der Erbschaftssteuer.*

19 https://www.washingtonpost.com/amphtml/us-policy/2019/01/28/top-gop-senators-propose-repealing-estate-tax-which-is-expected-be-paid-by-fewer-than-americans-year/?noredirect=on.

20 Beckert, *Neid oder soziale Gerechtigkeit*, p. 28.

21 Beckert, *Unverdientes Vermögen.*

22 Beckert, *Unverdientes Vermögen.*

23 Paine, *Die Rechte der Menschen.*

24 Scheve/Stasavage, *Democracy, War and Wealth.*

25 Scheve/Stasavage, *Taxing the Rich.*

26 https://obamawhitehouse.archives.gov/issues/urban-and-economic-mobility.

27 OECD, *A broken Social Elevator*: http://www.oecd.org/social/broken-elevator-how-to-promote-social-mobility-9789264301085-en.htm.

28 OECD, *A Broken Social Elevator*.

29 Aristoteles, *Rhetorik*.

30 Nussbaum, *Politische Emotionen*.

31 Nussbaum, *Politische Emotionen*, p. 43.

32 Nussbaum, *Zorn und Vergebung*.

33 Walther, *New Deal Photography*.

34 Dauber, *Sympathetic State*, p. 205, Tabelle 7.1.

35 Huey Long, *Share Our Wealth*, February 23, 1934.

36 Huey Long on the Floor of the U. S. Senate March 5, 1935: http://hueylong.com/.

37 http://avalon.law.yale.edu/20th_century/froos1.asp. Nussbaum, *Politische Emotionen*, p. 488.

38 Nussbaum, *Politische Emotionen*, p. 490.

39 Roosevelt, 취임사(1933): http://avalon.law.yale.edu/20th_century/froos1.asp.

40 Neckel, *Flucht nach vorn*.

41 이 장은 다음의 책에서 나온 고찰에 기반하고 있다. Mooslechner/Schürz, in: Neckel et al. (Hg.), *Strukturierte Verantwortungslosigkeit*.

42 Stiglitz, *The Price of Inequality*.

43 Mooslechner/Schürz, *Bonus! Glanz und Elend der Bankmanager*.

44 http://diepresse.com/home/innenpolitik/3816169/Spindelegger_Bettelbrief-fuer-WU-und-Forschung.

45 https://www.faz.net/aktuell/wirtschaft/unternehmen/goldman-sachs-chef-blankfein-ich-bin-ein-banker-der-gottes-werk-verrichtet-1886316.html.

46 Tocqueville, *Über die Demokratie in Amerika*, p. 287.

47 Hirschman, *Engagement und Enttäuschung*, p. 142.

48 https://derstandard.at/2000065348368/Eigenheim-fuer-Junge-immer-spaeter-leistbar.

49 Hayek, *Der Weg zur Knechtschaft*, p. 107.

50 Bourdieu, *Der Einzige und sein Eigenheim*, p. 15.

51 Engels, *Zur Wohnungsfrage*.

52 Federal Reserve Bank of New York, *The Evolution & Future of Homeownership*.

53 유로 사용 권역에서 하위 40퍼센트의 가구는 겨우 총자산의 3.4퍼센트만을 보유하고 있다.

54 Rousseau, *Ökonomie des Staates*, p. 287.

55 Mill, *Der Utilitarismus*, p. 175.

56 Wagenknecht, *Reichtum ohne Gier*.

57 Papst Franziskus, *Evangelii Gaudium*: https://w2.vatican.va/content/francesco/de/apost_exhortations/documents/papa-francesco_esortazione-ap_20131124_evangelii-gaudium.html.

58 https://www.opensecrets.org/news/2015/01/one-member-of-congress-18-american-households-lawmakers-personal-finances-far-from-average/.

59 http://www.spiegel.de/wirtschaft/soziales/donald-trump-und-sein-kabinett-so-reich-wie-43-millionen-us-haushalte-zusammen-a-1126196.html.

60 Morus, *Utopia*, p. 45.

61 Dworkin, *Gerechtigkeit für Igel*, p. 712.

62 West, *Billionaires*.

63 Tocqueville, *Über die Demokratie in Amerika*, p. 285.

64 Fraser/Gerstler, *Ruling America*.

제4장 근거 있는, 혹은 마땅한 부

1 https://www.theguardian.com/society/2015/aug/26/right-to-buy-margaret-thatcher-david-cameron-housing-crisis.

2 Smith, *Theorie der ethischen Gefühle*, pp. 367-368.

3 Mandeville, *Die Bienenfabel*, p. 81.

4 Neckel, *Flucht nach vorn*, p. 45ff.

5 Beaumarchais, *Figaros Hochzeit*, p. 88.

6 Carnegie, *The Gospel of Wealth*, p. 140.

7 Zitiert in Steiner, *Greed and Fear*, p. 142.

8 http://www.zeit.de/2010/49/Sloterdijk-Reichensteuer.

9 Engels, *Zur Lage der arbeitenden Klasse in England*.

10 Simmel, *Philosophie des Geldes*, p. 275.

11 Weber, *Religionssoziologie*, p. 242.

12 Weber, *Protestantische Ethik*, in: *Gesammelte Aufsätze zur Religionssoziologie I*, p. 190.

13 Bruyère, *Die Charaktere*, p. 163.

14 Bruyère, *Die Charaktere*, p. 151.

15 Bruyère, *Die Charaktere*, p. 151.

16 Veblen, *Theorie der feinen Leute*, p. 46.

17 Veblen, *Theorie der feinen Klasse*, p. 103.

18 Veblen, *Theorie der feinen Leute*, p. 46.

19 Balzac, *Vater Goriot*, p. 328.

20 Tocqueville, *Über Demokratie in Amerika, Kapitel 28, Weshalb die großen Revolutionen selten werden*, p. 284.

21 다음은 예외에 해당함: McCall, *The Undeserving Rich*.

22 http://www.faz.net/aktuell/politik/verurteilung-berlusconis-dieses-land-ist-nicht-gerecht-12316130.html.

23 Sinclair, *Boston*, p. 306.

24 Montaigne, *Essais*, p. 36.

25 미 [전] 대통령 트럼프는 아마도 앨런의 독자들 중 가장 유명인일 것이다. 그러나 전 연방준비제도 이사회 의장 앨런 그린스펀(Alan Greenspan)과 상원의원 폴 랜드(Paul Rand)도 그의 소설을 아낀다.

26 Rand, *Atlas wirft die Welt ab*, p. 835.

27 Mises zitiert in Frank, *Arme Milliardäre*, p. 154.

28 Shklar, *Ganz normale Laster*, p. 59.

29 Engels, *Zur Lage der arbeitenden Klasse in England*.

30 Hawthorne, *Das Haus mit den sieben Giebeln*, p. 195.

31 Shklar, *Ganz normale Laster*.

제5장 과도한 부에 대한 반감

1 느낌과 감정은 이 책에서 동의어로 사용되었다. 개념분석에 대해서는 Ben-Ze'ev (2013) 참조. 느낌과 감정에 관한 개괄적 역사에 대해서는 Jan Plamper (2012) 참조.

2 Pascal, *Gedanken*, p. 53.

3 Freud, *Aus der Geschichte einer infantilen Neurose*, p. 189.

4 Plamper, *Geschichte und Gefühl*, Frevert, *Vergängliche Gefühle*.

5 Thackeray, *Das Buch der Snobs*, p. 71.

6 Thackeray, *Jahrmarkt der Eitelkeit*, p. 309.

7 Thackeray, *Jahrmarkt der Eitelkeit*, p. 972.

8 Aristoteles, *Nikomachische Ethik*, p. 6.

9 Aurel, *Selbstbetrachtungen*, I, p. 5. Nussbaum, *Politische Emotionen*, p. 339에서 재인용.

10 Morus, *Utopia*, p. 143.

11 Hobbes, *Leviathan*, p. 154.

12 Hirschman, *Leidenschaften und Interessen*, p. 66ff.

13 Machiavelli, *Discorsi*.

14 기독교 문헌에 대해서는 다음을 참고: Peter Brown, *Der Schatz im Himmel*.

15 Zola, *Das Geld*, p. 305.

16 Platon, *Der Staat*, p. 339.

17 Smith, *Theorie der ethischen Gefühle*, p. 8.

18 Smith, *Theorie der ethischen Gefühle*, p. 236.

19 Montaigne, *Essais*, p. 37.

20 Montaigne, *Essais*, p. 137.

21 Smith, *Theorie der ethischen Gefühle*, p. 97.

22 Nietzsche, *Menschliches, Allzumenschliches*, p. 505.

23 Montaigne, *Essais*, p. 37.

24 Theophrast, *Charaktere*, p. 45.

25 Hume, *Eine Untersuchung über die Prinzipien der Moral*, p. 91.

26 Freud, *Zwang, Paranoia und Perversion*, p. 129.

27 『철학 역사사전(*Historischen Wörterbuch der Philosophie*)』은 수치심을 다음과 같이 정

의한다. "가능한 질책을 회피하고 이 자긍심의 저하를 방지하기 위한 행위 및 언어 충동을 억제하는 경향을 갖는 감정." 정신분석학에서는 죄책감과 관련된 점에 보다 더 집중한다. 이는 수치심이 [남들에게] '보여지는' 경험과 연관되어 있다는 점에 기인한다. 지크하르트 네켈은 이미 1990년대에 수치심에 대한 선구적인 사회학적 분석을 제시한 바 있다(Status und Scham 1991).

28 Williams, *Shame and Necessity*.

29 Wurmser, *Maske der Scham*, p. 78.

30 Nietzsche, *Menschliches, Allzumenschliches II*, p. 643.

31 Blackburn, *Mirror, Mirror*, p. 99.

32 https://www.zeit.de/zeit-magazin/2017/35/ion-tiriac-manager-boris-becker-rumaenien.

33 https://www.sueddeutsche.de/leben/roland-berger-interview-1.4117935?reduced=true.

34 Shaw, *Socialism for Millionaires*.

35 Smith, *Theorie der ethischen Gefühle*, p. 78.

36 Simmel, *Schriften zur Soziologie*, p. 143, Neckel, *Status und Scham*, pp. 88-89.

37 Neckel, *Status und Scham*.

38 Ermisch/Francesconi/Siedler, *Intergenerational Economic Mobility and Assortative Mating*.

39 Smith, *Theorie der ethischen Gefühle*, p. 92. 이와 같은 단체의 사례는 다음을 참조: http://www.schandfleck.or.at/presseaussendung-wer-ist-oesterreichs-schand fleck-des-jahres-2015/.

40 https://www.ftb.ca.gov/about-ftb/newsroom/top-500-past-due-balances/index.html.

41 https://papers.ssrn.com/sol3/papers.cfm?abstract_id=2558115.

42 Sinclair, *Öl*, p. 469.

43 Sinclair, *Öl*, p. 423.

44 Sinclair, *Öl*, p. 715.

45 Kolnai, *Ekel, Haß und Hochmut*, p. 89.

46 Hume, *Eine Untersuchung über die Prinzipien der Moral*, p. 105.

47 Kolnai, *Ekel, Haß und Hochmut*, p. 94.

48 Kant, *Metaphysik der Sitten*, p. 604.

49 Smith, *Theorie der ethischen Gefühle*, p. 421.

50 Smith, *Theorie der ethischen Gefühle*, p. 78.

51 Smith, *Theorie der ethischen Gefühle*, p. 78.

52 Smith, *Theorie der ethischen Gefühle*, p. 79.

53 Smith, *Theorie der ethischen Gefühle*, p. 62.

54 Smith, *Theorie der ethischen Gefühle*, p. 62.

55 Smith, *Theorie der ethischen Gefühle*, pp. 62–63.

56 Bebel, *Die Frau und der Sozialismus*, p. 633.

57 Dickens, *David Copperfield*, p. 649.

58 Shklar, *Ganz normale Laster*, p. 70.

59 Dickens, *David Copperfield*, p. 825.

60 Shklar, *Ungerechtigkeit*, p. 139ff.

61 Aristoteles, *Rhetorik*, 1378b, pp. 77–78.

62 Morus, *Utopia*, p. 47.

63 https://blog.zeit.de/teilchen/2018/01/22/reichenhetze-rassismus-alltag-oesterreich-twitter/.

64 분노의 라틴어 표현인 이라(ira)는 격분, 앙심, 또는 노여움으로도 번역될 수 있다.

65 Seneca, *De ira*, p. 275.

66 Bruyére, *Die Charaktere*, p. 293.

67 Pipes, *Property and Freedom*, p. 10.

68 타키투스(Tacitus)는 『연대기(Annalen)』에서 세네카가 네로 황제의 어머니 암살을 은폐하는 데 관여했다고 언급한 바 있다.

69 Jones, *Prolls — die Dämonisierung der Arbeiterklasse*.

70 Brecht, *An die Nachgeborenen*.

71 Smith, *Theorie der ethischen Gefühle*, p. 54.

72 Kastner, *Wut. Plädoyer für ein verpöntes Gefühl*, p. 73.

73 Montaigne, *Essais*, p. 355.

74 Montaigne, *Essais*, p. 356.

75 Sloterdijk, *Zorn und Zeit*.

76 Ritter, *Nahes und fernes Unglück*.

77 Smith, *Theorie der ethischen Gefühle*, p. 214.

註

78 Smith, *Theorie der ethischen Gefühle*, p. 80.

79 Smith, *Theorie der ethischen Gefühle*, p. 80.

80 Smith, *Theorie der ethischen Gefühle*, p. 95.

81 Smith, *Theorie der ethischen Gefühle*, p. 83.

82 Smith, *Theorie der ethischen Gefühle*, p. 219.

83 Engels, *Zur Lage der arbeitenden Klasse in England*, p. 487.

84 Wilde, *Die Seele des Menschen unter dem Sozialismus*, p. 239.

85 Wilde, *Die Seele des Menschen unter dem Sozialismus*, p. 240.

86 Wilde, *Die Seele des Menschen unter dem Sozialismus*, p. 237.

87 https://www.forbes.com/sites/corinnejurney/2015/09/18/netflixs-narcos-kingpin-pablo-escobar-a-look-back-at-his-7-years-on-forbes-billionaires-list/#507f714465e5.

88 Mandeville, *Die Bienenfabel*, p. 343.

89 Mandeville, *Die Bienenfabel*, p. 343.

90 Shklar, *Ganz normale Laster*, p. 47.

91 Smith, *Theorie der ethischen Gefühle*, p. 396.

92 http://www.cps.org.uk/events/q/date/2013/11/27/the-2013-margaret-thatcher-lecture-boris-johnson/.

93 Aristoteles, *Rhetorik*, p. 107.

94 Mandeville, *Die Bienenfabel*, p. 178.

95 Zucman, *Steueroasen*.

96 Freud, *Massenpsychologie und Ich-Analyse*, Band IX, p. 113.

97 Diogenes Laertius, *Leben und Meinungen berühmter Philosophen*, p. 107.

98 https://www.theguardian.com/news/2018/jul/06/the-george-soros-philosophy-and-its-fatal-flaw.

99 Nietzsche, *Menschliches, Allzumenschliches II*, p. 563.

100 https://www2.deloitte.com/content/dam/Deloitte/mx/Documents/consumer-business/2018/Global-Power-of-Luxury-Goods-2018.pdf.

101 Rawls, *Eine Theorie der Gerechtigkeit*, p. 586.

102 Rawls, *Eine Theorie der Gerechtigkeit*, p. 580.

103 https://www.icij.org/blog/2017/11/offshore-law-firm-appleby-explained-briefly/.

104 Sloterdijk in der *Berliner Zeitung*, September 21, 2014.

105 Smith, *Theorie der ethischen Gefühle*, pp. 82–83.

106 Machiavelli, *Der Fürst*, p. 117.

107 Platon, *Der Staat*, p. 330.

108 독일에서 『천국의 보물(*Der Schatz im Himmel*)』이라는 제목으로 출간된 피터 브라운 의 책 영어 원제는 『바늘 구멍을 통하여(*Through the Eye of a Needle*)』이다.

109 Brown, *Der Schatz im Himmel*, p. 523.

110 Brown, *Der Schatz im Himmel*, p. 757.

111 https://de.zenit.org/articles/der-lautlose-schrei-der-armen/.

112 Mandeville, *Die Bienenfabel*, p. 292.

113 McGoey, *No such thing as a free gift*, McGoey, *Philantropocapitalism and its Critics*.

114 Kant, *Metaphysik der Sitten*, p. 613.

115 Kant, *Metaphysik der Sitten*, p. 533.

116 Kant, *Metaphysik der Sitten*, p. 533.

117 Kant, *Metaphysik der Sitten*, p. 590.

118 Kant, *Metaphysik der Sitten*, p. 591.

119 Callahan, *The Givers*.

120 Hobbes, *Leviathan*, p. 93.

121 Shklar, *Liberalismus der Rechte*, p. 21.

122 세계은행 개발 지표: https://data.worldbank.org/indicator/SI.POV.DDAY?locations=1 W&start=1981&end=2015&view=chart.

123 Aristoteles, *Politik*, 1262b, pp. 22–23.

124 Schervish, *The Moral Biographies of the Wealthy*.

125 Frevert, *Vergängliche Gefühle*, p. 38.

맺음말

1   Smith, *Wohlstand der Nationen*, p. 728.

2   Page et al., *Democracy and the Policy Preferences of Wealthy Americans*.

3   이 책에서는 특히 플라톤, 아리스토텔레스, 몽테뉴, 니체의 시각을 다루었다.

4   Adorno, *Minima Moralia*, p. 210.

5   Zucman, *Steueroasen*.

6   2019년 포브스는 2,153명의 사람들을 10억 달러 이상의 자산가로 집계했다. 이
    들의 자산을 모두 합치면 8조 7천억 달러에 달한다. https://www.forbes.com/
    billionaires/#46aaf0fd251c.

7   Beckert, *Unverdientes Vermögen*.

8   그러므로 IMF와 OECD 전문가들은 자산 및 상속세에 대한 일치된 의견을 보이
    고 있다. 자세한 내용은 다음을 참조: Saez/Zucman (2019), *How Would a Progressive
    Wealth Tax Work. Evidence from the Economics Literature*, February 5.

9   철학자 잉그리드 로븨인스의 "제한설 선언(limitarian doctrine)"[우리는 부자가 되지 말
    아야 할 의무가 있다는 주장]은 예외이다.

10 Atkinson, *Inequality*, Piketty, *Kapital im 21. Jahrhundert*와 Stiglitz, *The Price of
    Inequality*, 그리고 Berg et al., *Redistribution, Inequality, and Growth: New Evidence*.

Adler, Alfred (2007), Menschenkenntnis, in: *Studienausgabe. Band 5*, Göttingen.

Adorno, Theodor Wiesengrund (1997a), Minima Moralia. Reflexionen aus dem beschädigten Leben, in: *Gesammelte Schriften. Band 4*, Frankfurt am Main.

_____ (1997b), Kulturkritik und Gesellschaft, in: *Gesammelte Schriften. Band 10.1*, Frankfurt am Main.

_____ (2001), Zur Lehre von der Geschichte und von der Freiheit, in: *Nachgelassene Schriften. Abteilung IV. Vorlesungen*, Frankfurt am Main.

Allioli, Franz Joseph (2003), *Das Neue Testament*.

Alstadsaeter, Annette/Johannesen, Niels/Zucman, Gabriel (2019), Tax Evasion and Inequality, in: *American Economic Review*, 109 (6), pp. 2073-2103.

Alvaredo, Facundo/Chanel, Lucas/Piketty, Thomas/Saez, Emmanuel/Zucman, Gabriel (2018), *World Inequality Report 2018*, Cambridge.

Aristoteles (1995a), Nikomachische Ethik, in: *Philosophische Schriften 3*, Hamburg.

_____ (1995b), Politik, in: *Philosophische Schriften 4*, Hamburg.

_____ (1999), *Rhetorik*, Stuttgart.

Atkinson, Anthony (2015), *Inequality. What Can Be Done?*, Harvard.

Augustinus (1997), *Vom Gottesstaat. De civitate dei*, München.

Aurel, Marc (2003), *Selbstbetrachtungen*, Frankfurt am Main.

Babeuf, Graccus (1988), *Die Verschwörung für die Gleichheit*, Hamburg.

Balzac, Honoré de (2007), *Vater Goriot*, Zürich.

Bartels, Larry (2008), *Unequal Democracy: The Political Economy of the New Gilded Age*, Princeton.

Beaumarchais, Pierre Augustin Caron de (2017), *Figaros Hochzeit oder der tolle Tag*, Berlin.

Beckert, Jens (2004), *Unverdientes Vermögen. Soziologie des Erbrechts*, Frankfurt am Main.

_____ (2013), *Erben in der Leistungsgesellschaft*, Frankfurt am Main.

_____ (2017), Neid oder soziale Gerechtigkeit? Die gesellschaftliche Umkämpftheit der Erbschaftssteuer, in: *Aus Politik und Zeitgeschichte*, 67, pp. 23-29.

Beckert, Jens/Arndt, Lukas (2016), Unverdientes Vermögen oder illegitimer Eingriff in das Eigentumsrecht?, MPIfG Discussion Paper, 16/8, Köln.

Ben-Zeev, Aaron (2013), *Die Logik der Gefühle. Kritik der emotionalen Intelligenz*, Frankfurt am Main.

Berg, Andrew/Ostry, Jonathan/Tsanganides, Charalambos (2018), Redistribution, Inequality and Growth: New Evidence, in: *Journal of Economic Growth*, 23 (3), pp. 295-305.

Berger, Roman/Piketty, Thomas (2019), Bernie Sanders, Elizabeth Warren and the Wealth Tax: https://www.indybay.org/newsitems/2019/05/06/18823225.php.

Blackburn, Simon (2014), *Mirror, Mirror. The Uses and Abuses of Self-love*, Princeton.

Bonica, Adam/McCarthy, Nolan/Poole, Keith/Rosenthal, Howard (2013), Why hasn't Democracy Slowed Rising Inequality, in: *Journal of Economic Perspectives*, 27 (3), pp. 103-124.

Bourdieu, Pierre (1998), Der Einzige und sein Eigenheim, in: *Schriften zu Politik & Kultur 3*, Hamburg.

Boushey, Heather/Bradford Delong/Steinbaum, Marshall (Hg.) (2017), *After Piketty. The Agenda for Economics and Inequality*, Harvard.

Brecht, Bertolt (1939), Svendborger Gedichte. An die Nachgeborenen. Audioaufnahme von 1939: https://www.lyrikline.org/de/gedichte/die-nachgebore nen-740.

Brown, Peter (2017), *Der Schatz im Himmel. Der Aufstieg des Christentums und der Untergang des Römischen Weltreichs*, Stuttgart.

Bruyére, Jean de La (2007), *Die Charaktere*, Frankfurt am Main.

Bundesministerium für Arbeit und Soziales (2013), *Vierte deutsche Armuts- und Reichtumsbericht*: https://www.armuts-und-reichtumsbericht.de/DE/Bericht/ Archiv/Der-vierte-Bericht/vierter-bericht.html.

Callahan, David (2017), *The Givers: Wealth, Power and Philanthropy in a New Gilded Age*, New York.

Carnegie, Andrew (1992), The Gospel of Wealth, in: Joseph Frazier Wall (Hg.), *The Andrew Carnegie Reader*, Pittsburgh.

Cohen, Gerald (2001), *Gleichheit ohne Gleichgültigkeit. Politische Philosophie und individuelles Verhalten*, Hamburg.

_____ (2010), *Sozialismus. Warum nicht?*, München.

_____ (2011), *On the Currency of Egalitarian Justice*, Princeton.

Credit Suisse (2018), *World Wealth Report*, Zürich.

Dauber, Michele Landis (2013), *The Sympathetic State. Disaster Belief and the Origins of the American Welfare State*, Chicago.

Dickens, Charles (2003a), *David Copperfield*, Frankfurt am Main.

_____ (2003b), *Oliver Twist*, Frankfurt am Main.

Dimmel, Nikolaus/Hofmann, Julia/Schenk, Martin/Schürz, Martin (Hg.) (2017), *Handbuch Reichtum. Neue Erkenntnisse aus der Ungleichheitsforschung*, Wien.

Druyen, Thomas (2007a), *Goldkinder. Die Welt des Vermögens*, Hamburg.

_____ (2007b), *Blick in die Seelen der Milliardäre*: https://www.welt.de/regionales/nrw/article825443/Blick-in-die-Seelen-der-Milliardaere.html.

_____ (2009), Entstehung und Verbreitung von Vermögenskultur und Vermögensethik, in: Thomas Druyen/Wolfgang Lauterbach/Matthias Grundmann (Hg.), *Reichtum und Vermögen*, Wiesbaden

Durkheim, Emile (1999), *Physik der Sitten und des Rechts. Vorlesungen zur Soziologie der Moral*, Frankfurt am Main.

Dworkin, Ronald (2011), *Was ist Gleichheit?*, Frankfurt am Main.

_____ (2012), *Gerechtigkeit für Igel*, Berlin.

Eckl, Andreas/Ludwig, Bernd (2005), *Was ist Eigentum? Philosophische Positionen von Platon bis Habermas*, München.

Ehrenburg, Ilja (1928), *Die Verschwörung der Gleichen*, Berlin.

Elsässer, Lea/Hense, Svenja/Schäfer, Armin (2018), Government of the People, by the Elite, for the Rich, MPfG Discussion Paper, 18/5, Köln.

Engels, Friedrich (1972), *Zur Lage der arbeitenden Klasse in England*, in: *MEW. Band 2*, Berlin.

_____ (1973), Die Entwicklung des Sozialismus von der Utopie zu einer Wissenschaft, in: *MEW. Band 19*, Berlin.

_____ (1976), Zur Wohnungsfrage, in: *MEW. Band 18*, Berlin.

Enzensberger, Hans Magnus (Hg.) (1973), *Freisprüche. Revolutionäre vor Gericht*, Frankfurt am Main.

Epstein, Joseph (2010), *Neid. Die böseste Todsünde*, Berlin.

Ermisch, John/Francesconi, Marco/Siedler, Thomas (2006), Intergenerational Economic Mobility and Assortative Mating, in: *The Economic Journal*, 116, pp. 659‒679.

Federal Reserve Bank of New York (2019), *The Evolution & Future of Homeownership*, New York.

Fessler, Pirmin/Schürz, Martin (2016), Zur Mitte in Österreich, in: *Sozialbericht 2016 Bundesministerium für Soziale Angelegenheiten*, pp. 270‒291.

_____ (2017), Zur Verteilung der Sparquoten in Österreich, in: *Monetary Policy and Economy*, 3, pp. 13‒33.

_____ (2018a), Private Wealth Across European Countries: The Role of Income, Inheritances and the Welfare State, in: *Journal of Human Development and Capability*, 19 (4), pp. 521‒549.

_____ (2018b), The Functions of Wealth: Renters, Owners and Capitalists Across Europe and the United States. OeNB Working Paper 223.

Fitzgerald, Francis Scott (1995), *Der große Gatsby*, Zürich.

_____ (2008), *Junger Mann aus reichem Haus*, Zürich.

Fleischacker, Samuel (2004), *A Short History of Distributive Justice*, Harvard.

Forst, Rainer (2011), *Kritik der Rechtfertigungsverhältnisse. Perspektiven einer kritischen Theorie der Politik*, Berlin.

France, Anatole (1961), *Das Hemd eines Glücklichen*, Berlin.

_____ (2003), *Die rote Lilie*, Zürich.

Frank, Robert (2016), *Success and Luck. Good Fortune and the Myth of Meritocracy*, Princeton.

Frank, Thomas (2012), *Arme Milliardäre. Der große Bluff oder wie die amerikanische Rechte aus der Krise Kapital schlägt*, München.

Frankfurt, Harry (2016), *Ungleichheit. Warum nicht alle gleich viel haben müssen*, Berlin.

Fraser, Steve/Gerstler, Gary (Hg.) (2005), *Ruling America. A History of Wealth and Power*, Harvard.

Fraser, Steve (2015), *The Age of Acquiescence*, New York.

Franzen, Jonathan (2002), *Die Korrekturen*, Reinbek bei Hamburg.

Freud, Sigmund (2000a), Zwang, Paranoia und Perversion, in: *Studienausgabe. Band VII*, Frankfurt am Main.

_____ (2000b), Aus der Geschichte einer infantilen Neurose, in: *Studienausgabe. Band VIII*, Frankfurt am Main.

_____ (2000c), Massenpsychologie und Ich-Analyse, in: *Studienausgabe. Band IX*, Frankfurt am Main.

Frevert, Ute (2013), *Vergängliche Gefühle*, Göttingen.

Galbraith, John Kenneth (1977), *Die Tyrannei der Umstände*, München.

Gilens, Martin (2012), *Affluence and Influence. Economic Inequality and Political Power in America*, Princeton.

Gilens, Martin/Page, Benjamin (2014), Testing Theories of American Politics: Elites, Interest Groups, and Average Citizens, in: *Perspectives on Politics*, 12 (3), p. 564-581.

Glatzer, Wolfgang (2009), Gefühlte (Un)Gerechtigkeit, in: *Aus Politik und Zeitgeschichte*, 47, pp. 15-26.

Gosepath, Stefan (2004), *Gleiche Gerechtigkeit. Grundlagen eines liberalen Egalitarismus*, Frankfurt am Main.

Green, Jeffrey Edward (2013), Rawls and the Forgotten Figure of the Most Advantaged: In Defense of Reasonable Envy Towards the Rich, in: *American Political Science Review*, 107 (1), pp. 123-138.

Hacker, Jacob/Pierson, Paul (2010), *Winner-Take-All Politics: How Washington Made the Rich Richer — and Turned its Back on the Middle Class*, New York.

Harris, Jim (2002), *Property and Justice*, Oxford.

Hartmann, Michael (2013), *Soziale Ungleichheit. Kein Thema für die Eliten*, Frankfurt am Main.

Haupt, Heinz-Gerhard (1989), *Sozialgeschichte Frankreichs seit 1789*, Frankfurt am Main.

Hawthorne, Nathaniel (2004), *Das Haus mit den sieben Giebeln*, München.

Hayek, Friedrich (2005), *Die Verfassung der Freiheit*, Tübingen.

_____ (2014), *Der Weg zur Knechtschaft*, München.

Heins, Volker (2008), Die Rückkehr der Eigentumskritik, in: *WestEnd*, 1/2008, pp. 44–69.

Herzog, Lisa (2013), *Freiheit gehört nicht nur den Reichen. Plädoyer für einen zeitgemäßen Liberalismus*, München.

Hirschman, Albert (1987), *Leidenschaften und Interessen. Politische Begründungen des Kapitalismus vor seinem Sieg*, Frankfurt am Main.

_____ (1988), *Engagement und Enttäuschung. Über das Schwanken der Bürger*, Frankfurt am Main.

Hobbes, Thomas (1970), *Leviathan*, Stuttgart.

_____ (2017), *Vom Menschen — Vom Bürger*, Hamburg.

Hobsbawm, Eric (2000), *Die Banditen. Räuber als Sozialrebellen*, München.

Honneth, Axel (2011), *Das Recht der Freiheit. Grundriß einer demokratischen Sittlichkeit*, Berlin.

Hume, David (1984), *Eine Untersuchung über die Prinzipien der Moral*, Stuttgart.

_____ (2014), *Eine Untersuchung über den menschlichen Verstand*, Frankfurt am Main.

_____ (2015), *Über Moral*, Frankfurt am Main.

ICRIT (2019), *A Roadmap for a Global Asset Registry*: https://static1.squarespace.com/static/5a0c602bf43b5594845abb81/t/5c988368eef1a1538c2ae7eb/1553498989927/GAR.pdf.

Illouz, Eva (2006), *Gefühle in Zeiten des Kapitalismus*, Frankfurt am Main.

International Monetary Fund (2019), The Rise of Corporate Market Power and its Macroeconomic Effects, in: *Economic Outlook*, pp. 55–77.

Jones, Owen (2012), *Prolls. Die Dämonisierung der Arbeiterklasse*, Mainz.

Kant, Immanuel (1993), Die Metaphysik der Sitten, in: *Werkausgabe. Band VIII*, Frankfurt am Main.

Kastner, Heidi (2014), *Wut. Plädoyer für ein verpöntes Gefühl*, Wien.

Kersting, Wolfgang (2010), Gefährdungen der Freiheit, in: *Merkur*, 736 (64), pp. 874–883.

Kolnai, Aurel (2007), *Ekel Hochmut Haß. Zur Phänomenologie feindlicher Gefühle*, Frankfurt am Main.

Krebs, Angelika (Hg.) (2000), *Gleichheit oder Gerechtigkeit. Texte der neuen Egalitarismuskritik*, Frankfurt am Main.

Laertius, Diognes (1998), Leben und Meinungen berühmter Philosophen, in: *Philosophische Bibliothek. Band 53/53*, Hamburg.

Lauterbach, Wolfgang/Ströing, Miriam (2009), Wohlhabend, Reich und Vermögend — Was heißt das eigentlich?, in: Thomas Druyen et al. (Hg.), *Reichtum und Vermögen*, Wiesbaden, pp. 13-29.

Lettke, Frank (Hg.) (2003), *Erben und Vererben. Gestaltung und Regulation von Generationenbeziehung*. Konstanzer Beiträge zur sozialwissenschaftlichen Forschung. Band 11, Konstanz.

Lindgren, Astrid (1987), *Pippi Langstrumpf*, Hamburg.

Long, Huey (1934), Share our Wealth. Every Man a King: www.Huey.Long.com.

Machiavelli, Niccolò (2013), *Der Fürst*, Wiesbaden.

Mandeville, Bernard (2014), *Die Bienenfabel*, Frankfurt am Main.

Marterbauer, Markus/Schürz, Martin (2007), Der Streit um die Abschaffung der Erbschaftssteuer in Östrreich, in: *WISO*, 30 (2), pp. 35-53.

Martin, Isaac William (2013), *Rich People's Movements. Grassroots Campaigns to Untax the one Percent*, Oxford.

Marx, Karl (1973), Kritik des Gothaer Programms, in: *MEW. Band 19*, Berlin.

_____ (2009), *Ökonomisch-philosophische Manuskripte*, Frankfurt am Main.

Mau, Steffen (2017), *Das metrische Wir. Über die Quantifizierung des Sozialen*, Berlin.

McCall, Leslie (2013), *The Undeserving Rich. American Beliefs About Inequality, Opportunity and Redistribution*, Cambridge.

McGoey, Linsey (2012), Philanthropocapitalism and its Critics, in: *Poetics*, 40, pp. 185-199.

_____ (2015), *No Such Thing as a Free Gift. The Gates Foundation and the Price of Philanthropy*, London.

Meade, James (1964), *Efficency, Equality and the Ownership of Property*, London.

Melchior, Josef/Schürz, Martin (2015), Gerechtigkeitsurteile und Vermögensverteilung, in:

Wirtschaft und Gesellschaft, 41 (2), pp. 199–232.

Milanovic, Branko (2012), *The Haves and Have-Nots*, New York.

Mill, John Stuart (1852), *Grundsätze der politischen Ökonomie*, Hamburg.

_____ (1976), *Der Utilitarismus*, Stuttgart.

Miller, David (2007), *Grundsätze sozialer Gerechtigkeit*, Frankfurt am Main.

_____ (2013), *Justice for Earthlings. Essays in Political Philosophy*, Cambridge.

Mirabeau (2003), *Rede über die Gleichheit der Teilung bei Erbfolgen in direkter Linie*, in:
Frank Lettke (Hg.), *Erben und Vererben*, p. 11–23.

Montaigne, Michel (1999), *Essais*, Frankfurt am Main.

Mooslechner, Peter/Schürz, Martin (2010), Bonus! Glanz und Elend der Bankmanager,
in: Claudia Honegger/Sighard Neckel/Chantal Magnin (Hg.), *Strukturierte
Verantwortungslosigkeit. Berichte aus der Bankenwelt*, Berlin, pp. 79–82.

Morus, Thomas (1964), *Utopia*, Stuttgart.

Murphy, Liam/Nagel, Thomas (2002), *The Myth of Ownership. Taxes and Justice*, Oxford.

Nagel, Thomas (2016), *Eine Abhandlung über Gleichheit und Parteilichkeit*, Berlin.

Neckel, Sighard (1991), *Status und Scham. Zur symbolischen Reproduktion sozialer
Ungleichheit*, Frankfurt am Main.

_____ (1999), Blanker Neid, Blinde Wut? Sozialstruktur und kollektive Gefühle,
in: *Leviathan*, 27 (2), pp. 145–165.

_____ (2000), *Die Macht der Unterscheidung*, Frankfurt am Main.

_____ (2008), *Flucht nach vorn*, Frankfurt am Main.

_____ (2011), Der Gefühlskapitalismus der Banken: Vom Ende der Gier als
"ruhiger Leidenschaft", in: *Leviathan*, 39 (1), pp. 39–53.

Neuhäuser, Christian (2018), *Reichtum als moralisches Problem*, Berlin.

Nietzsche, Friedrich (1988), *Menschliches, Allzumenschliches I und II. Kritische
Studienausgabe. Band 2*, München.

Nussbaum, Martha (2014), *Politische Emotionen. Warum Liebe für Gerechtigkeit wichtig ist*,
Frankfurt am Main.

_____ (2017), *Zorn und Vergebung. Plädoyer für eine Kultur der Gelassenheit*,
Darmstadt.

OECD (2018a), Inequalities in Household Wealth across OECD Countries OECD Statistics, Working Papers 2018/01.

_____ (2018b), *A Broken Social Elevator. How to Promote Social Mobility?*, Paris.

_____ (2018c), *The Role and Design of Net Wealth Taxes in the OECD*. No. 26 OECD Tax Policy Studies, Paris.

Page, Benjamin/Bartels, Larry/Seawright, Jason (2013), Democracy and the Policy Preferences of Wealth Americans, in: *Perspectives on Politics*, 11 (1), pp. 51-73.

Paine, Thomas (2017), *Die Rechte des Menschen*, Norderstedt: https://download.digitale-sammlungen.de/BOOKS/download.pl?id=bsb10423337.

Payne, Keith (2017), *The Broken Ladder*, London.

Piff, Paul (2014), Wealth and the Inflated Self: Class, Entitlement, and Narcissism, in: *Personality and Social Psychology Bulletin*, 40 (1), pp. 34-43.

Piketty, Thomas (2010), The Long-run Evolution of Inheritance: France 1820-2050, in: *The Quarterly Journal of Economics*, CXXVI (3), pp. 1071-1131.

_____ (2014), *Das Kapital im 21. Jahrhundert*, München.

Piketty, Thomas/Zucman Gabriel (2013), *Capital is Back. Wealth-income Ratios in Rich Countries 1700-2010*: http://gabriel-zucman.eu/files/PikettyZucman 2013Book.pdf.

Pipes, Richard (2000), *Property and Freedom*, New York.

Plamper, Jan (2012), *Geschichte und Gefühl. Grundlagen der Emotionsgeschichte*, München.

Platon (1998a), *Der Staat. Band V. Sämtliche Dialoge*, Hamburg.

_____ (1998b), *Gesetze. Band VII. Sämtliche Dialoge*, Hamburg.

Putnam, Robert (2015), *Our Kids. The American Dream in Crisis*, New York.

Rand, Ayn (1989), *Atlas wirft die Welt ab*, München.

Rawls, John (1979), *Eine Theorie der Gerechtigkeit*, Frankfurt am Main.

_____ (1994), *Die Idee des politischen Liberalismus*, Frankfurt am Main.

_____ (2003), *Gerechtigkeit als Fairneß. Ein Neuentwurf*, Frankfurt am Main.

Ritter, Henning (2005), *Nahes und fernes Unglück. Versuch über das Mitleid*, München.

Robeyns, Ingrid (2017), Having too much, in: Jack Knight/Melissa Schwartzberg (Hg.), *Wealth Nomos LVIII*, pp. 1-45.

Roosevelt, Franklin Delano (1938), Inaugural Address, March 4, 1933, in: Samuel Rosenman

(Hg.), *The Public Papers of Franklin D. Roosevelt, Volume Two: The Year of Crisis*, New York, pp. 11–16.

Rosanvallon, Pierre (2013), *Die Gesellschaft der Gleichen*, Hamburg.

—————————— (2017), *Die Gegen-Demokratie. Politik im Zeitalter des Misstrauens*, Hamburg.

Rousseau, Jean-Jacques (1985), Ökonomie des Staates, in: *Frühe Schriften*, Berlin, pp. 247–297.

—————————— (1990), *Diskurs über die Ungleichheit*, Paderborn.

—————————— (2001), *Vom Gesellschaftsvertrag*, Stuttgart.

Rowlingson, Karen/McKay, Stephen (2012), *The Wealth and the Wealthy*, Bristol.

Ruda, Frank (2011), *Hegels Pöbel. Eine Untersuchung der Grundlinien der Philosophie des Rechts*, Konstanz.

Saez, Emmanuel/Zucman, Gabriel (2019), How Would a Progressive Wealth Tax Work. Evidence from the Economics Literature: http://gabriel-zucman.eu/files/saez-zucman-wealthtaxobjections.pdf.

Schervish, Paul (1994), The Moral Biographies of the Wealthy and the Cultural Scripture of Wealth, in: ders. (Hg.), *Wealth in Western Thought. The Case For and Against Riches*, London, pp. 129–167.

Scheve, Ken/Stasavage, David (2012), Democracies, War and Wealth: Lessons From Two Centuries of Inheritance Taxation, in: *American Political Science Review*, 106 (1), pp. 81–102.

—————————————————— (2016), *Taxing the Rich. A History of Fiscal Fairness in the United States and Europe*, Princeton.

Schmidbauer, Wolfgang (2011), *Das kalte Herz*, Hamburg.

Schreyer, Paul (2018), *Die Angst der Eliten: Wer fürchtet die Demokratie?*, Frankfurt am Main.

Schürz, Martin (2014), Zur Rückkehr der sozialen Frage, in: *Zeitschrift für Individualpsychologie*, 41 (3), pp. 197–206.

Seneca (2007), *De ira. Über die Wut*, Stuttgart.

Shaw, Bernard (1913), *Socialism for Millionaires*, London: https://digital.library.lse.ac.uk/objects/lse:duf537zem/read/single#page/14/mode/2up.

Sherman, Rachel (2017), *Uneasy Street. The Anxieties of Affluence*, Princeton.

Shklar, Judith (1992), *Über Ungerechtigkeit. Erkundungen zu einem moralischen Gefühl*, Berlin.

_____ (2013), *Der Liberalismus der Furcht*, Berlin.

_____ (2014), *Ganz normale Laster*, Berlin.

_____ (2017), *Der Liberalismus der Rechte*, Berlin.

Simmel, Georg (1983), *Schriften zur Soziologie*, Frankfurt am Main.

_____ (1989), *Philosophie des Geldes*, Frankfurt am Main.

Sinclair, Upton (2014), *Der Dschungel*, Zürich.

_____ (2015), *Öl*, Zürich.

_____ (2017), *Boston*, Zürich.

Sloterdijk, Peter (2016), *Zorn und Zeit*, Frankfurt am Main.

Smith, Adam (2009), *Wohlstand der Nationen*, Köln.

_____ (2010), *Theorie der ethischen Gefühle*, Hamburg.

Soboul, Albert (1978), *Französische Revolution und Volksbewegung. Die Sansculotten*, Frankfurt am Main.

Steiner, Hillel (2014), Greed and Fear, in: *Politics, Philosophy & Economics*, 13 (2), pp. 140-151.

Stiglitz, Joseph (2012), *The Price of Inequality. How Today's Divided Society Endangers Our Future*, New York.

Thackeray, William (1975), *Jahrmarkt der Eitelkeit. Ein Buch ohne Helden*, Frankfurt am Main.

Theophrast (2000), *Charaktere. Dreißig Charakterskizzen*, Frankfurt am Main.

Tocqueville, Alexis de (1985), *Über die Demokratie in Amerika*, Stuttgart.

Veblen, Thorstein (2007), *Theorie der feinen Leute*, Frankfurt am Main.

Vermeulen, Philip (2016), Estimating the Top Tail of the Wealth Distribution, in: *American Economic Review*, 106 (5), pp. 646-650.

Wagenknecht, Sahra (2016), *Reichtum ohne Gier. Wie wir uns vor dem Kapitalismus retten*, Frankfurt am Main.

Waldenfels, Bernhard (2017), *Platon. Zwischen Logos und Pathos*, Berlin.

Walzer, Michael (1999), *Vernunft, Politik und Leidenschaft. Defizite liberaler Theorie*, Frankfurt am Main.

Weber, Max (1988), *Gesammelte Aufsätze zur Religionssoziologie II*, Tübingen.

Wehling, Elisabeth (2016), *Politisches Framing. Wie eine Nation sich ihr Denken einredet – und daraus Politik macht*, Köln.

West, Darrell (2014), *Billionaires. Reflections on the Upper Crust*, Washington.

Wiesing, Lambert (2015), *Luxus*, Berlin.

Wilde, Oscar (2000), Die Seele des Menschen unter dem Sozialismus, in: ders., *Der Kritiker als Künstler und andere Essays. Band 4*, Zürich, pp. 235–289.

Wilkinson, Richard/Pickett, Kate (2009), *Gleichheit ist Glück*, Frankfurt am Main.

_____ (2018), *The Inner Level*, London.

Williams, Bernard (2008), *Shame and Necessity*, Berkeley.

Winters, Jeffrey (2011), *Oligarchy*, Cambridge.

World Bank (2019) Dta Bank. Development Indicators: https://databank.world bank.org/data/home.aspx.

Wurmser, Leon (2007), *Die Maske der Scham. Die Psychoanalyse von Schamaffekten und Schamkonflikten*, Eschborn.

Zola, Emile (1995), *Das Geld*, Frankfurt am Main.

Zucman, Gabriel (2014), *Steueroasen. Wo der Wohlstand der Nationen versteckt wird*, Berlin.

과도한 부

ÜBERREICHTUM